U0127518

新旧之间

端方与清末变局

北京师范大学史学探索丛书

满蒙权贵与 20 世纪初的政治生态研究书系

孙燕京 ◎ 主编

闫长丽 ◎ 著

华夏出版社

HUAXIA PUBLISHING HOUSE

图书在版编目（CIP）数据

新旧之间：端方与清末变局／闫长丽著 . —— 北京：华夏出版社有限公司，2023.2
（满蒙权贵与 20 世纪初的政治生态研究书系／孙燕京主编）
ISBN 978-7-5222-0252-5

I. ①新… II. ①闫… III. ①端方（1861—1911）－人物研究 ②中国历史－
研究－清后期 IV. ①K827=52 ②K252.07

中国版本图书馆 CIP 数据核字（2022）第 001017 号

新旧之间：端方与清末变局

作　　者	闫长丽	
责任编辑	王　敏	
责任印制	周　然	

出版发行	华夏出版社有限公司
经　　销	新华书店
印　　装	三河市少明印务有限公司
版　　次	2023 年 2 月北京第 1 版
	2023 年 2 月北京第 1 次印刷
开　　本	720×1030　1/16
印　　张	13.5
字　　数	210 千字
定　　价	69.00 元

华夏出版社有限公司　地址：北京市东直门外香河园北里 4 号　邮编：100028
　　　　　　　　　　网址：www.hxph.com.cn　电话：(010) 64663331（转）
若发现本版图书有印装质量问题，请与我社营销中心联系调换。

出版缘起

在北京师范大学的百余年发展历程中，历史学科始终占有重要地位。经过几代人的不懈努力，今天的北师大历史学院业已成为史学研究的重要基地，是国家"211"和"985"工程重点建设单位，首批博士学位一级学科授予权单位。拥有国家重点学科、博士后流动站、教育部人文社会科学重点研究基地等一系列学术平台，综合实力居全国高校历史学科前列，被列入国家一流大学、一流学科建设行列，正在向世界一流学科迈进。在教学方面，历史学院的课程改革、教材编纂、教书育人，都取得了显著的成绩，曾荣获国家教学改革成果一等奖。在科学研究方面，同样取得了令人瞩目的成就，在出版了由白寿彝教授任总主编、被学术界誉为"20世纪中国史学的压轴之作"的多卷本《中国通史》后，一批底蕴深厚、质量高超的学术论著相继问世，如十卷本《中国文化发展史》、二十卷本《中国古代社会与政治研究丛书》、三卷本《清代理学史》、五卷本《历史文化认同与统一多民族国家的发展》、二十三卷本《陈垣全集》以及《历史视野下的中华民族精神》、《上博简〈诗论〉研究》等巨著，这些著作皆声誉卓著，在学界产生较大影响，得到同行普遍好评。

上述著作外，历史学院的教师们潜心学术，以探索精神攻关，又陆续完成了众多具有原创性的成果，在历史学各分支学科的研究上连创佳绩，始终处在学科前沿。为了集中展示历史学院的这些探索性成果，我们组织了这套"北京师范大学史学探索丛书"，希冀在促进北师大历史学科更好发展的同时，为学术界和全社会贡献一批真正立得住的学术力作。这些作品或为专题著作，或为论文结集，但内在的探索精神始终如一。

当然，作为探索丛书，不成熟乃至疏漏之处在所难免，还望学界同仁不吝赐教。

北京师范大学历史学院

北京师范大学史学理论与史学史研究中心

北京师范大学史学探索丛书编辑委员会

清末政治生态与政治史研究的几点思考（代总序）

大时代与好时代

20 世纪，全球化特征日趋凸显。它的第一个十年，资本帝国主义以血以火以资本的形式急速膨胀，被压迫国家、被压迫民族遭遇到不同程度的生存危机，一些继续沉沦，一些幡然奋起，这些变化同时解构着世界。

晚清以来，中华民族遭受了持续的苦难，强敌逼迫，国势凋敝，当权者不得不重新选择道路。走入 20 世纪，国家历史进程演绎出波澜壮阔的画面。

我一直以为，晚清不是好时代却是大时代。所谓"好时代"包括"文景之治"、唐宗宋祖等千百年传颂的妖娆，无须更多申说，大时代的意义却往往不同。之于晚清，其"大"特指"三千年未有之变局"，被迫卷入世界市场，走出专制、拥抱共和，成为亚洲第一个共和国。变动之剧，罕与匹敌。久居和平环境的我们，很难体会那种翻覆与动荡。1907 年，因涉嫌"康党"而避祸上海的孙宝瑄感慨："风气至今，可谓大转移。立宪也、议院也，公然不讳，昌言无忌。且屡见诸诏旨，几等口头禅，视为绝不奇异之一名词，诚数年前余等居海上时所梦想不及也。"[1] 如果不是身处其间，很难体会短短七八年，观念、风气、时局所发生的剧变。

解构与重构是复杂多元的裂变过程。至清末，七十年变局造就社会结构的变化，原有结构发生从中心滑落边缘、边缘位移中心的秩序塌陷。经由太平天国运动，中央地方的权力消长致使督抚始而"尾大不掉"继而"分庭抗礼"终则"离心离德"。经由新式教育、选拔人才方式的变化，导致旧士人失

---

[1] 《孙宝瑄日记》，中华书局 2015 年版，第 1157 页。

势、新知识分子崛起，士大夫与皇权"天然联系"的纽带断裂。经由湘淮军、新建陆军，扭转了将不知兵、兵不知将的局面，却反转为"兵为将有"的格局。至于国家财政的窳败、满汉矛盾的潜滋暗长、最高统治集团的内耗，皆导致了统治危局。如何才能"解套"？显然，想维系旧的改革思路是没有指望的。

困顿求生，预备立宪不期而遇。但对它的期许，简直是见仁见智、南辕北辙。革命派要取消君权、立宪派要限制君权、当权派要维护君权，几近各不相让。博弈的过程，就成了清末政治渐次脱离君主专制走向立宪、走向共和的过程。

实际上，清末政治走向有多种可能性。一味地论证王朝最高决策者如何走向失败不过是习惯上的后见之明。在研究中，以历史的结果预设"固定"的进程，会遮蔽历史演化本身的丰富内容和可能进程。历史学一向有解释的功能，我们想解释这些过程，想指出各种可能，想说明结局的偶然与必然。追寻怎样走偏、如何误入歧途以及违背初衷的蛛丝马迹，好似围棋高手的复盘，会有以史为鉴、可知兴替的现实价值与学术意义。

人们常说，堡垒最容易从内部攻破。那么，行进二百多年的清王朝"天命"中的"气数"又是何时"耗尽"，自我朽败又是怎样开始且逐渐加深加速的呢？

清末政治的研究

与清末历史同样丰富多彩的是研究的热闹非凡。就研究范式而言，革命、现代化、从西方中心到中国中心先后登场，相互砥砺；区域社会、国家与社会、中央与地方关系各领风骚，反复切磋；一些固有的热点被冷落，一些貌似不起眼的问题迸发出耀眼的光芒。

学界对清末政治的研究可谓硕果累累。例如辛亥革命，经由民国时期的英雄谱系书写、共和国时期的革命叙述，学术层层堆垒，不仅成为高原，简直就是高山巍峨。但不可否认，相当长一段时间里辛亥革命的研究畸轻畸重，轻易地抹去了革命之外丰富的历史侧面。彼时，清王朝统治阶级、精英阶层，甚至态度与立场略显温和的群体都被当作革命的对立面，甚少关注。二十世纪六七十年代，一些港台地区的学者开始把视野投向立宪派、立宪运动；八十年代后，内地研究者也陆续调整了研究视野与方法，突破了简单化、贴标签、泛革命化的框架。此后，晚清政治史至少沿着三条线索——民族民主革命的线索、政治现代化的线索、权力结构与运作的线索，在六个方面——系统化、序列化趋向；从革命史单一向度到多维视界展开、形成多元互动的态势；借鉴相关学科的研究方法与理论框架；大幅推进制度史研究；开拓政治文化史、心态史、权贵研究等新领域；整理出版大量的晚清史资料，为研究的提升奠定了基础。总体而言，近三十年的晚清政治史成果显赫。即便如此，大家都觉得仍有一些待深化、需拓展的空间。

具体而言，研究对象仍可进一步细化、深挖。政治史研究与政治人物密不可分，随着史料发掘整理，对那些以往被忽视的清廷统治集团的核心人物、核心群体、满蒙权贵仍然有研究的空间；对清廷政策的调整、立宪认识与实施、解救危机的选择仍然有推敲的余地。甚至，清末新政取自民间的巨额经费，到底给下层人民多大的压力？百姓的"税负痛苦指数"究竟如何？是否可以进一步追索与解释？其实，自2012清帝退位百年之时，不少学者已经把视野转向了清廷权贵，试图更合理地解释鼎革之际"原体制内"的变化以及内部的自我侵蚀与消融。

卡尔说，历史是历史学家和他的客观事实之间永无休止的对话。我觉得，我们并没有穷尽晚清、清末的话题（可能永远不能穷尽），很多真相还湮没在历史的尘埃中。很长时间以来，谈及20世纪初十年这一段历史，人们多把它看作辛亥革命的准备、发动、成功与失败的完整链条，言外之意，楼都塌了，分析楼的主人怎么想、怎么说、怎么做还有什么意义？其实，回到历史本身，辛亥革命只是清末十年的一部分，换一句话，清末历史的多元内容远远不是一场革命所能涵盖的。

政治史是历史研究的脊梁

异彩纷呈的历史由人类写就。很多年里，不少研究者欣喜于社会生活的多姿多彩，欣喜于"宏大叙事"、治乱兴衰之外的丰富故事，致使政治史一定程度被"轻慢"。① 但是，当我们能够回望人类社会进程时，琐碎的边边角角毕竟是海滩上的沙砾。决定历史发展进程的，还是家国大事。所以白寿彝先生才感慨"政治是历史的脊梁"。

制度、人物、治乱兴衰是政治史最基本的观察点。我们立足于这一基本认知而关注清末政治大环境，也就是政治生态。政治生态是相对于自然生态、环境生态、经济秩序而言的一种社会政治状态。关于政治生态，时人早有涉及。1900 年，孙中山在致港督卜力书信函中指出，"朝廷要务，决于满臣，紊政弄权，惟以贵选，是谓任私人。文武两途，专以贿进，能员循吏，转在下僚，是谓屈俊杰"。他把矛头指向了朝廷，也就是满蒙权贵把持的国家政权，认为他们是导致清末政治生态失衡的"罪魁祸首"。此后，研究者多承袭革命党人的申说，对清末的政治生态一言以蔽之"窳败"。那么，当权者是否知其"窳败"？是否任其发展而不想办法、不采取措施？这些措施是否全不对症、全然无效？是措施不对还是"运命"不好？换句话说，是否清廷没有一点机会、一点"历史的余地"？在我看来，至少宣统之初，少壮亲贵是有信心的。胡思敬说："载沣初摄政时，兴致甚高，凡批答各省章奏，变'依议'曰'允行'，如史臣记事之体，折尾恭誉套语辄加浓圈。后亦稍稍懈弛，视德宗时尤甚，虽交议交查密旨，或累月经年不复，亦若忘之，无过问者。"② 先是积极进取，继而懈怠疲玩，很快就书写了清末政治的一个"常态"，为什么？这与人们惯习的"扫帚不到，灰尘不会自己跑掉"的认知是不一样的。

我觉得 20 世纪初的中国，处于政治大转型时代，彼时存在着险中求胜的可能性。本着这一认知，我们重新审视这段历史，重新探讨当时的政治生态，

---

① 参见拙文《"内轻外重"抑或"内外皆轻"？——评李细珠〈地方督抚与清末新政〉兼论晚清政治史研究》，载于《近代史研究》2014 年第 2 期。

② 胡思敬：《军机不胜撰拟之任》，《国闻备乘》卷四，上海书店 1997 年版，第 94 页。

分析不同阶层、不同群体在塑造政治生态中扮演的角色。我们围绕满蒙权贵着手展开 20 世纪初十年的政治生态研究，策划了"满蒙权贵与 20 世纪初的政治生态研究"这一书系。从选题火花到逐渐清晰再到杀青历时十余年（每一种著作出版时间各不相同）。作为书系的主编，我在 20 世纪 80 年代初撰写硕士学位论文时，就特别关注晚清政治史及权贵群体。① 其后，有感于晚清政治史研究远没有穷尽，还有许多工作要做，甚至还需要"创榛辟莽、前驱先路"。心怀这个梦想，我在指导硕博学位论文时，开启了"十年大计"。我们打算从史实出发，力图还原历史的本真面貌，研究当时的权贵集团与政治生态。我们所说的"权贵"，是指统治集团中位高权重、地位显赫的群体；而满蒙权贵则专指清朝统治阶层位于权力核心的满蒙王公贵族、旗籍高官及封疆大吏；有时候范围更小一些，指的是皇族近亲，大凡取这个意思时就称之为"亲贵"。清末，由于政治权力构成的复杂性，权贵群体很难完全排除统治阶级中的汉族高官，故兼及之。研究的重点是清末政治生态的样态、成因、流变；执政的满蒙权贵的政治认同及其变化；对改革的认知、决策、争论以及政改取向；满蒙权贵对宪政理解；改革实施等关键环节，阐发体制内改革的因应及成败得失。

那么，什么样的生态造就了清末的制度变革、人物遭际以及房倒屋塌呢？

书系的构成

我们试图在全球观照下，讨论清王朝最后十年的外部逼迫与内部矛盾、政策调整、改革举措，特别是聚焦于满蒙权贵的际遇、因应、行事风格、所思所想。试图推演清末政治生态以及"危机"对改革成败的影响。

书系包括九种专著，分别是：

① 我的硕士学位论文题目是《地方督抚与晚清政局》，于 1984 年完成答辩，此后心猿意马，直到三十年后才再次回到这一领域，真应了那句"三十年河东，三十年河西"的老话。

朱文哲：《王朝与国家：清末满洲贵族的政治认同》

周增光：《宗室王公与清末新政》

杨猛：《最后的家天下：少壮亲贵与宣统政局》

梁山：《清末政治与中日关系》

周福振、庞博：《"铁帽子王"善耆与时代变局》

闫长丽：《新旧之间：端方与清末变局》

连振斌：《锡良与清末新政》

朱淑君：《赵尔巽与清末制度变革》

何思源、程学峰：《新政、新制、新文化：编订名词馆与贵胄学堂》

这些研究包含以满蒙权贵集团各个群体为视角的综合考察，以执掌中央职能部门的显赫亲王以及执政一方的满蒙督抚为中心的个案研究，还包括清末若干新设机构的个案研究。

在我们看来，清末新政乃至预备立宪既是形势所迫，也是自主选择。满蒙权贵先是颟顸不足道，后是走向世界并认识了权力的变通方式（用立宪代替专制）。尽管他们迈出的每一步都处心积虑地维护着皇权，但毕竟不知不觉地拥抱了现代制度文明。就像托克维尔在《旧制度与大革命》一书中揭示的大革命萌生于旧制度所说的那样。即使王朝覆灭以后，清末新政以及立宪的一些措施依旧延续下来，成为中国现代化进程中的一环或者一项制度性奠基。大如现代政治的形成、政治结构日趋专门化、政治职能的扩大和完善、政治组织趋于制度化、国家治理的法制化走向、选举与被选举权利的赋予、人民权利的宪法表达、现代生活观念的生成等，小如街道门牌的编制、衣食住行的变化，追根溯源，无不聚焦在那个时代。因之，考察它的过程、分析它的利弊得失、总结它的经验教训就具有了鉴往知来的意义。

我老是耽误自己。其实早些动手可以更从容地思考。但终日奔竞于日常琐事，每一次都是到交稿"大限"所剩无几才仓皇上阵，于是曾经的思考化为"大脑空白"，只好临时起意，匆匆了事。谨以为序。

孙燕京于朝阳袖手斋

丁酉腊月

目 录

绪　论

端方（1861—1911），字午桥，号匋斋（亦作"陶斋"），托忒克氏，满洲正白旗人，与那桐、荣庆被时人并称为"北京旗下三才子"。[①]端方自幼被过继给伯父桂清为子，桂清是同治帝的老师，并曾先后任内阁学士、工部侍郎和内务府大臣，故年少时期的端方便生活在满族权贵之家。光绪五年（1879），端方的养父桂清去世后，端方以荫生资格保捐，被分至工部，于满洲候补员外上学习行走。光绪八年（1882），端方中举，时年二十一岁，"入赀员外郎"，[②]准备在仕途上大展宏图。然而事与愿违，因生父母相继去世，端方丁忧在家。直至光绪十五年（1889），他方才受命筹办光绪帝婚事，因办事干练，受到慈禧太后和光绪帝的赏识褒奖，加四品衔，就职于工部。之后的十年中，端方的仕途较为顺利，先后任职张家口关税监督、工部郎中、直隶霸昌道等。但戊戌变法之前他所办事务多为皇宫内廷事务，对宫廷之外的事务接触较少。因职务与个人际遇所囿，百日维新之前，端方大多数时间在为个人的仕途打拼，尚未对时局和西学提出明确的主张。

端方在清末[③]政治舞台上崭露头角始于百日维新，他被任命为农工商总局督办，虽仅任职短短一月，却尽职尽责，屡上奏折筹办总局事务，主张农工商三者协调发展，是戊戌维新的积极支持者。戊戌政变后端方被革职，因"巧于仕宦"并进呈歌功颂德的《劝善歌》，旋被任命为陕西按察使，后历任陕西巡抚、湖北巡抚、湖广总督、江苏巡抚、湖南巡抚等职，积极推行新政，

---

① 北京市档案馆编：《那桐日记》附录《那桐亲书履历本》，北京：新华出版社，2006 年，第 1079 页；刘垣：《张謇传记》，沈云龙主编：《近代中国史料丛刊续编》第 128 册，台北：文海出版社，1974 年，第 134—135 页。

② 赵尔巽：《端方传》，《清史稿》卷 469，北京：中华书局，1977 年，第 12787 页。

③ 本文所言"清末"时限约为 1890—1911 年。

致力于任职省份的政治、经济、教育改革，推动了地方现代化的进程。光绪三十一年（1905），端方作为清廷委任出洋考察宪政的五大臣之一，赴欧美十四国、历时七个多月考察各国政治。端方首次迈出国门，亲受欧风美雨的洗礼，长期禁锢的头脑为之开化，其思想受到前所未有的冲击，盛赞欧美之政治文化。回国后，端方即四处为立宪运动奔走呼号，倡导推行君主立宪制度。光绪三十二年（1906），端方赴任两江总督，继续在地方推行各项新政举措。宣统元年（1909），因其任内两江政绩突出、"考察优评"，"蒙恩擢授"直隶总督。之后，端方在筹办慈禧"梓宫移葬山陵"之事时，以"大不敬"之罪名被罢免。然而，轰轰烈烈的保路风潮将其推到风口浪尖，清廷委任端方为督办川粤汉铁路大臣赴川镇压保路运动，结果端方却因部下哗变，客死他乡。

端方一生历仕南北，在清末政坛显赫一时，是清末满族权贵中较有才干的封疆大吏，其任职地方大员时所致力的各项实践活动，推动了清末的政治、经济、教育及社会风俗改革。此外，作为清末出洋考察宪政的五大臣之一，端方在中国宪政史和中外交流史上具有重要地位。本书试图将端方放入清末多维的社会网络体系中进行审视评价，不仅可以纵览其一生，而且可以透过他窥见清末风起云涌的政坛；同时通过端方所致力的诸如抨击科举制度、创办新式学堂、举办商品博览会等改革实践活动，来透视其思想文化及心态的变化过程，从而展示风云变幻的清末时期满族权贵的心态变化，进而探讨清末满族群体与社会变迁之间的互动关系。因此，对端方进行深入而系统的研究，具有较高的学术价值。

其一，20世纪80年代以来，中国近代文化、社会史研究逐渐兴起，涌现出大量研究论著，而学界对清末政治的关注则有所减少，对清末统治阶级的研究也相对薄弱。就清末封疆大吏、朝廷要员的研究而言，学界对曾国藩、李鸿章、张之洞等汉族实力派的研究有所偏重，而对于清末时期有作为的满族权贵、王公大臣的研究总体上相对滞后。风雨飘摇的清末时期，虽然曾经叱咤风云的满族人已日暮西山，渐失强权，但仍占据着清廷要员的半壁江山。而学界多倾向于关注汉族官员的救世济民之道，较少关注满族官员应对急剧变幻局势的救亡图存之策。因此，我们有必要加强对于清末满族上层社会的研究，改变历史研究中不平衡的状况。

其二，学界对于端方的研究仍较为薄弱，与同时代地方大员的研究相比，尚处于起步阶段，一些领域乏人问津，研究空间仍需进一步拓展。故此，本文以端方为中心，对清末时期发生的历史事件进行系统深入的研究，从多维度了解端方的政治生涯、文化思想及社会关系，从而为研究满族上层社会开拓一定的空间，同时兼及端方与清末宫廷关系的研究，期望为清末满学研究提供新的研究思路。

其三，端方作为出洋考察宪政的五大臣之一，远赴欧美各国，亲身体验西方国家的政土风情，西学对他亦产生了重要的作用及心理影响。本书力图关注端方乃至满族权贵在清末社会变迁中心态的变化，分析清末时期社会地位、生活状况的变化对此群体情感及价值观等精神层面的影响。此外，作为近代颇为著名的收藏家，端方不遗余力地收藏金石书画，刊行多种收藏目录，对近代文化传承贡献颇大，推动了近代学术文化事业的发展。因此，本文尝试对端方进行系统而深入细致的研究，期望为中国近代人物研究献绵薄之力。

从目前的研究情况看，20 世纪以来，学界对端方并未予以充分关注。20世纪 80 年代后，随着学术风气的转变，端方研究逐渐受到重视。端方幕府是清末时期幕主为满族人的较重要幕府。因端方"敬礼文士"，延揽了众多幕宾。端方的幕僚劳乃宣曾对其赞赏不已："昼则接宾客，见僚属；夕则治文书。其治事也，幕僚数人执案牍以次进，旋阅旋判，有疑义随考核加咨诹焉。谋虑即得，当机立断，未尝见其有所濡滞，亦未闻其事之有遗误也。"[1] 邵镜人亦认为端方办事机敏老练，"尤有政治才，在满人中亦不多见"。[2] 端方一生仕途中的辉煌时期是出任地方督抚，推行各项革新措施。对此，严复称其为"近时之贤督抚"。[3] 赵尔巽在《清史稿》中称赞其"性通脱，不拘小节。笃嗜金石书画，尤好客，建节江、鄂，燕集无虚日，一时文采几上希毕、阮（指毕沅、阮元）云"。"三十二年，移督两江，设学堂，办警察，造兵舰，练陆军，

---

① 劳乃宣：《端忠敏公奏稿序》，《端忠敏公奏稿》卷首，沈云龙主编：《近代中国史料丛刊》第 94 册，台北：文海出版社，1967 年，第 1 页。以下引文凡出自《端忠敏公奏稿》，皆省略出版信息。

② 邵镜人：《同光风云录》，沈云龙主编：《近代中国史料丛刊续编》第 950 册，台北：文海出版社，1974年，第 103 页。

③ 《与夫人朱明丽书·四》，王栻主编：《严复集》第三册，北京：中华书局，1986 年，第 736 页。

定长江巡缉章程，声闻益著。"①梁启超在《戊戌政变记》中将端方视为支持维新的"志士"，称其"新授三品卿衔，督办农工商局新政。今销衔撤差，后以他故，复升任陕西按察使"。②与此同时，郑孝胥曾评论清末时人"岑春煊不学无术，张之洞有学无术，袁世凯不学有术，端方有学有术"，但曾与端方任职于同城的张之洞对其则颇有些许微词。张之洞指出："至谓端有学有术，则未免阿其所好，学问之道无穷，谈何容易，彼不过搜罗假碑版、假字画、假铜器，谬附风雅，此乌足于言学耶？"③费行简也认为，端方"佻薄奸险，以新政涂饰朝野而已，乘间取贿，所藏金石书画值三百万"。④19 世纪末至 20世纪初，学人对端方的关注，多为时人的评价，尚不属于严格的学术研究。民国时期，学人对端方鲜有研究与评论。新中国成立后至改革开放前，对端方的研究仍十分薄弱。

20 世纪 80 年代以来，国内学术界研究端方的论著大致可分为以下几个方面：通论研究、改革实践研究、文化研究、社会关系研究等。

关于端方的通论研究。张海林教授的《端方与清末新政》⑤一书是代表性的研究成果，该书详细考察了端方在清末新政时期的改革实践活动，从"初任方面大员""署理苏抚""实任湘抚"，至"出任两江总督"，最终"客死资州"，全面展示了端方"绚丽而悲壮"的一生。论著评述了端方出任两江总督时期在政治、经济及文化事业上的建树，着重阐述他在清末新政时期锐意革新的改革实践，而对其文化思想、心态、与同时代人物的对比以及人脉关系的关注相对较少。如在"出洋考察宪政"一章，作者更多地着眼于叙述端方考察途中的所见所闻，而对西学对久处闭塞之境的满族权贵思想的影响论述相对较少。张海林认为端方"是一个坚定的改革论者。他对西方政治制度的推崇一点也不比当时的资产阶级人物来得逊色"，并称赞其"是一个带有中庸精神

① 赵尔巽：《端方传》，《清史稿》卷 469，北京：中华书局，1977 年，第 12787—12788 页。

② 梁启超：《戊戌政变记》，沈云龙主编：《近代中国史料丛刊》第 915 册，台北：文海出版社，1973 年，第 154 页。

③ 刘禺生撰，钱实甫点校：《世载堂杂忆》，北京：中华书局，1960 年，第 58 页。

④ 费行简：《近代名人小传》，沈云龙主编：《近代中国史料丛刊》第 78 册，台北：文海出版社，1967 年，第 207 页。

⑤ 张海林：《端方与清末新政》，南京：南京大学出版社，2007 年。

的稳健主义者，坚持一种折中中外、综观古今、务求至当的路线"。笔者认为，如果从各个方面对端方进行深入细致系统的研究，或许能做出更加立体的历史定位。季鹏、戴迎华在《回归历史的真实——读张海林教授新著〈端方与清末新政〉》一文中对此书给予了较高的评价，从端方的历史地位、端方在清末新政时期的改革实践活动、端方与中国社会诸群体的关系、保路运动与端方之死以及端方淡出史家视野的原因五个方面论述了该书的学术价值，指出张海林对端方是一位"渐进主义改革者"的历史定位，澄清了人们对于端方的错误认识，为研究清末新政提供了新的角度与视野。同时，指出该书应强化相关研究的学术史回顾，对端方改革的局限性及其与近代各群体的关系都有待继续深入透析。① 张建斌的《端方档案阅读与研究》，充分运用端方档案，选取他为政期间具有代表性的历史事件，将其置于晚清变革的背景下考察，对推进端方及清末历史研究具有重要的价值。②

范铁权、潘崇在《端方研究的回顾与思考》一文中对 20 世纪 80 年代以来至 2004 年期间的端方研究做了较为详备的评述，主要从端方与晚清文化教育、端方与晚清政治两个方面进行梳理，指出学界逐渐开始关注相对薄弱的端方研究，但尚处于起步阶段，仍有一些领域，如端方的历史定位、端方的社会关系、端方与文物收藏等乏人问津，研究空间需进一步拓展延伸。③ 何永忠从端方的政治面貌、经济思想及其在文化教育方面的建树三个方面，论证了久被误解的端方并非"一无是处"，肯定了他在维新运动和清末新政中的变革思想。④ 阿雅在《褒贬端方》一文中主要颂扬了端方在中国宪政史上的重要作用，并提及他与其所收藏的文物毛公鼎的故事。⑤

关于端方的改革实践研究。首先是关于端方的教育改革实践研究。端方在文化教育事业方面建树颇多，大多论者认为其对推动中国教育近代化做出了贡献。夏泉从端方的主要教育活动、教育思想、奏请废除科举、积极倡办

① 季鹏、戴迎华：《回归历史的真实——读张海林教授新著〈端方与清末新政〉》，《广西师范大学学报》（哲学社会科学版）2007 年第 4 期。
② 张建斌：《端方档案阅读与研究》，北京：现代教育出版社，2018 年。
③ 范铁权、潘崇：《端方研究的回顾与思考》，《历史教学》2006 年第 7 期。
④ 何永忠：《百年沧桑话端方》，《文史天地》2005 年第 9 期。
⑤ 阿雅：《褒贬端方》，《温州瞭望》2007 年第 13 期。

新式教育、派遣留学生等五个方面论述了端方对中国教育近代化所做的贡献，并指出端方虽身为"旧教育的改革者"与"近代新式教育的倡导者与实践者"，但其教育思想仍局限于"中体西用"的范畴。[1] 夏泉还撰文探讨了端方对创办暨南大学所做的贡献。文章指出，在 20 世纪兴学热潮兴起及海外华侨求知心切等背景下，端方积极奏办暨南学堂，并积极探索适合华侨子弟的教育管理方法。作为暨南学堂的创办者，端方在学校校史上有着举足轻重的特殊地位，是中国华侨事业的开拓者。[2] 刘高葆、李小蓉从创建新式学堂、派遣留学生等方面考察了端方在近代文化教育事业上的建树，认为端方作为中国近代教育的积极倡办者，不能因其"政治上与革命为敌"而抹杀其在文化教育事业方面的成就。[3] 王建华、翟海涛在《端方与清末教育现代化》一文中，通过对端方在两江总督任内积极主张废科举、改革教育行政体系，重视学堂教育、基础教育和高等教育的论述，肯定了端方作为教育改革的热心支持者，在清末教育现代化进程中所起的作用；但端方在选派留学生时并没有一定的政策和规划，"仅凭一时意兴"，致使留学生所学科目并不均衡，重"师范和军事"，轻"工科和金融"，其教育思想受到阶级的局限而体现出"新旧杂陈，且不成体系"的特点。[4] 程新国在《端方"西天取经"办教育》一文中主要对端方所致力的留学生教育、庶民教育及文教建设给予了赞赏。[5]

董宝良、熊贤君提出张之洞主政湖北期间兴办学堂，与端方、蔡锡勇、黄绍箕、梁鼎芬等人的支持是分不开的，端方等一大批清末官吏作为侧重推行的"内圈实力派"，与张之洞默契配合，与湖北教育近代化事业的铺陈与展开有着至关重要的关系。该书着重阐述了端方在普及教育、派遣留学生、开办图书馆等方面的思想与实践。[6] 江庆柏撰文指出，社会的发展进步、东西方文化的交流和出国考察的经历，使端方逐渐认识到私人藏书楼的缺点，开始筹建江南图书馆。该文从端方考察欧美诸国图书馆，聘请缪荃孙、陈庆年等

---

① 夏泉：《试论端方的教育思想》，《暨南学报》1998 年第 1 期。

② 夏泉：《端方与暨南学堂》，《暨南学报》1995 年第 2 期。

③ 刘高葆、李小蓉：《端方与我国近代文化教育事业》，《文史杂志》1996 年第 4 期。

④ 王建华、翟海涛：《端方与清末教育现代化》，《苏州大学学报》2002 年第 3 期。

⑤ 程新国：《端方"西天取经"办教育》，《世纪》2006 年第 1 期。

⑥ 董宝良、熊贤君主编：《从湖北看中国教育近代化》，广州：广东教育出版社，1996 年。

担任图书馆负责人，申请经费支持图书馆筹建，从理论上阐明图书馆的重要意义，购买私人藏书楼等方面探讨了端方在江南图书馆建设事业中的积极作用。①同样以江南图书馆为研究对象，付金柱认为端方创建江南图书馆的意义，不仅在于图书馆本身所具有的价值，还在于他开创了地方督抚创办图书馆的风气，称其"可为我国近代图书馆建设事业的开风气者和发起人"。②

其次是关于端方的经济改革实践研究。朱英探讨了端方在创办第一次南洋劝业会的过程中，从支持商家、奏准召开并积极宣传、组织直至劝业会开办的所作所为，认为南洋劝业会得以举行并产生令人瞩目的社会影响，与端方的几番努力密不可分。③张海林从支持工商企业、筹建现代交通通讯、筹办南洋劝业会和提倡农工商协调发展四个方面论述了端方在两江地区的经济举措，他的一系列市政建设措施，使得"两江的综合经济实力提高到一个新的层级"。④崔志海以1901年底至1902年初茂生洋行与元昌钱庄的业主端方之间的经济官司为切入点，通过论述因美国官方的不支持，茂生洋行未能将端方诉诸公堂这一事实，揭示了庚子之役后，美国政府与清廷之间的微妙关系。⑤

第三是关于端方与清末地方现代化的研究。翟海涛的硕士论文以端方为例论述了地方督抚在早期现代化中的作用，主要从端方与时人之关系、教育现代化、经济思想及政治变革四方面进行论证分析，指出在早期现代化中督抚的两难处境，即"领导着将会终结他们统治的改革"。⑥张海林在《端方与早期湖南现代化》一文中指出端方在湘开办新式学堂、发展地方矿业、开埠通商、建立现代军队等，是湖南早期现代化成功的关键人物，推动了湖南的现代化。⑦同时，他肯定了端方在江苏的改革实践，指出端方任职江苏的四年是江苏现代政治、经济、教育全面启动、全面发展的四年，而且"中国早期现代化的方针国策"与"长江流域现代化的运动实践"，都系着浓重的"端方

---

① 　江庆柏：《端方与江南图书馆的建设》，《南京中医药大学学报》2000年第3期。
② 　付金柱：《端方与江南图书馆》，《四川图书馆学报》2004年第1期。
③ 　朱英：《端方与南洋劝业会》，《史学月刊》1988年第1期。
④ 　张海林：《端方与清末新政》，南京：南京大学出版社，2007年，第294—329页。
⑤ 　崔志海：《端方与美商一桩未予诉讼的经济官司》，《历史研究》2007年第3期。
⑥ 　翟海涛：《早期现代化中的地方督抚——以端方为例的研究》，苏州大学硕士论文，2003年。
⑦ 　张海林：《端方与早期湖南现代化》，《南京大学学报》（哲学·人文科学·社会科学版）2007年第4期。

情结"，深受端方思想的影响。该文认为"兴学以启民智"是端方在江苏的施政重点，集中体现了其改革的渐进主义思想。[①]

第四是关于端方的宪政思想研究。端方作为出国考察宪政的五大臣之一，最引人注目之处莫过于其积极倡导立宪。侯宜杰在《二十世纪初中国政治改革风潮》一书中提及，出洋考察政治五大臣中只有李盛铎思想比较先进，其余四人皆未出过国门。端方最初曾是立宪派拉拢的对象，积极倡导宪政。然而在得悉留日学生要求归政、立宪时，却电告日本出使大臣"密加防范，勿为所惑"，其对立宪的态度不免令人生疑。此外，因五大臣在各国家所逗留时间均较短，所以对国家宪政考察得并不详备透彻，较多地是从表象上感受，但他们"长期禁锢的头脑为之开化，认识空前提高"，回国后一定程度上推动了立宪运动的发展。[②]韦庆远、高放等《清末宪政史》一书探讨了端方被选为考察宪政大臣核心的原因。该著认为，端方出洋考察宪政捞到了熟悉外情的政治资本，开阔了眼界，增长了见闻，其改革主张无疑会影响清朝最高统治集团的决策，为他们考虑大政方针提供思路。[③]

刘高葆总结了端方立宪思想的三个来源：在戊戌变法期间，督办农工商局的经历；与梁启超、张謇、郑孝胥等人交往甚密；考察宪政的经历使其政治眼界大开。该文还分析了端方对于宪政所包含的君权、民权、内阁和议会的理解，指出端方立宪思想的核心是"在中国建立与当时德、日类似的二元君主制的立宪政体"，目的在于维护君权，这是其立宪观的局限所在。但文章同时认为端方鼓吹立宪并非仅为消弭革命，而是顺应了中国政治近代化运动的趋向，而且端方和其他新派人物积极活动于立宪运动的舞台，站在了有利于革命的一方，对中国最终埋葬封建制度有掘墓之功。[④]迟云飞探讨了以端方为代表的立宪派官员对宪政的体认，他们认识到专制体制是造成中国求强求富不成的原因，专制因君主裁决无法可依，而立宪国则认法不认人。"专制常造成国家的动乱，立宪则可以保证国家的稳定"，中国除立宪外别无他途。端

① 张海林：《论端方的渐进主义思想及其在江苏的实践》，《南京大学学报》（哲学·人文科学·社会科学版）1997 年第 2 期。
② 侯宜杰：《二十世纪初中国政治改革风潮》，北京：人民出版社，1993 年。
③ 韦庆远、高放等：《清末宪政史》，北京：中国人民大学出版社，2003 年。
④ 刘高葆：《端方与清季预备立宪》，《学术研究》1996 年第 6 期。

方等主张立宪的官员希望通过立宪这一体制，使国家从政治危机转趋稳定和平衡，从而达到富国强兵的目的。[1] 同时，他在《端方与清末宪政》一文中指出端方是清廷立宪派的代表人物，积极倡导立宪运动。但其宪法与三权分立的二元君主制立宪政体思想，带有浓厚的中国传统观念和注重现实政治的色彩，端方倡导立宪的动机在于强国御侮与消弭革命。该文还简单考察了端方与立宪派的关系，并将其放入清末政争中评述。该文最后将端方定位为一个"向资产阶级转化的官僚"，但因现实未给予其从容演变的时间，在他未完成转化之时，清王朝便在革命浪潮中被击垮了。[2]

关于端方的文化研究。就笔者目前所搜集的资料，尚未见专门研究端方文化思想的论著，但有些学者开始关注端方作为收藏家的地位。作为一位金石书画收藏家，他珍藏了大量文物，为近代文化的传承发展做出了一定贡献。民国政府成立后，政府曾经发公文收购端方所藏文物，"前清端忠愍（即端方）所藏古石甚多"，"此项石刻国粹攸关"，应"估价购收"，其作为收藏家的地位可见一斑。[3] 赵瑞云、赵晓荣指出，端方是三秦度政实物收藏第一人，他热爱传统文化、建立藏书馆等，为弘扬华夏文明做出了重要贡献。[4] 铁波乐、张大川主要以轶闻趣事的形式讲述了端方所搜集的金石、藏品。[5] 陈秀则专门撰文详细介绍了《陶斋评权图》，照片摄于光绪二十七年（1901）十月六日，是端方与好友一起品评秦权时的留影，作者指出端方享有精于鉴别金石书画之盛名。[6] 张建斌在《端方收藏与晚清士风》中提到，端方嗜好金石字画，藏品丰富并常赠予友人，文章还论及晚清收藏风气的演变。[7]

关于端方的社会关系研究。尚小明的《学人游幕与清代学术》一书选择清代的幕府做个案研究，以学术活动为主线对端方幕府进行了论述。该书指出，端方在政治上是"比较开明的"，"重视发展学术文化事业，敬礼文士，在

---

[1] 迟云飞：《清季主张立宪的官员对宪政的体认》，《清史研究》2000 年第 1 期。

[2] 迟云飞：《端方与清末宪政》，中南地区辛亥革命史研究会编：《辛亥革命史丛刊》第九辑，北京：中华书局，1997 年。

[3] 中国第二历史档案馆：《北洋政府收购端方所藏文物有关文件》，《民国档案》1995 年第 2 期。

[4] 赵瑞云、赵晓荣：《三秦度政实物收藏第一人——记端方酷爱金石文化二三事》，《文博》2007 年第 2 期。

[5] 铁波乐、张大川：《端方文物传奇（上、下）》，《龙门阵》2004 年第 2、3 期。

[6] 陈秀：《端方与〈陶斋评权图〉》，《收藏家》2000 年第 5 期。"权"是指秦铜诏版及秦权量器。

[7] 张建斌：《端方收藏与晚清士风》，《档案春秋》2016 年第 8 期。

当时学界有很高的威望"，对中国的近代化有一定贡献。该书认为端方对金石、书画的搜集不遗余力，"寄情金石，用意颇深。观其一生所为，文事、政事两不废"。正因为其个人的威望，端方能够延揽到大批幕宾。在幕宾的帮助下，端方收集到大量的古物，并刊行了数种收藏目录，对近代文化传承贡献尤大。作者指出"政与学的结合成为清末幕府的主要特点"，相对于同时期的其他幕府，端方幕府在学术上的影响要大一些。^①张海林主要论述了端方与近代商绅、留学生、在华外籍人士维持着融洽的关系，从而肯定了作为趋新求变的改革进步之士，端方理应受到重视。^②潘崇在《日常生活视域下政治人物的人际关系——端方收藏及其与文化界的交往》一文中，阐述了端方收藏的概况，论述了端方与文化界以收藏为中心的交往，并指出文化界对端方多有褒扬，但官场对端方收藏的评价不佳，这直接影响了端方政治形象的构建。作者指出，对端方进行批评的言论，多建立在对满族官吏普遍贪鄙的刻板认知基础之上，而端方与文化界人士合作收藏，为保护与传承中国传统文化做出了积极贡献。文章从端方日常生活的角度分析端方的人际交往，有助于全面深入认识政治人物，对于推进端方及其所在时代的研究具有创新意义。^③

杨天石、王学庄考析了章太炎与端方的关系。章太炎由于与孙中山产生分歧，欲赴印度剃度皈依佛门，但因无经费，他曾通过刘师培、何震夫妇间接向端方谋款。该文认为，章太炎的确曾向端方谋款，并得到了一部分款项，但并不认为章太炎是端方的密探。由于章、端未达成协议，二人关系最终破裂。^④曾业英对此观点曾撰文进一步补证，他引用 1912 年 6 月 6 日《越铎日报》上刊登的章太炎复浙江统一党支部的一封信，为这一观点提供了更确凿的证据，证明章太炎并不是端方的密探，并认为章太炎是否接受了端方的款项仍需重新探讨斟酌。^⑤翟海涛等人撰文指出，端方较早认识到仅靠暴力手段

① 尚小明：《学人游幕与清代学术》，北京：社会科学文献出版社，2000 年。
② 张海林：《端方与近代中国社会诸群体关系考论》，《江海学刊》2007 年第 2 期。
③ 潘崇：《日常生活视域下政治人物的人际关系——端方收藏及其与文化界的交往》，《满族研究》2018 年第 2 期。
④ 杨天石、王学庄：《章太炎与端方关系考析》，《南开大学学报》1978 年第 6 期。
⑤ 曾业英：《章太炎与端方关系补证》，《近代史研究》1979 年第 1 期。

不能消弭革命，因此他建议民族杂居，耕作与共。为促成满汉通婚，他还将自己的女儿嫁给袁世凯的儿子。同时也指出，他的建议只能换取暂时的安定，并不能从根本上彻底地解决满汉矛盾。① 迟云飞也指出，端方的满汉政策是以消弭革命和保持大清的长治久安为出发点的。②

　　关于端方在清末变局重要历史事件中表现的研究。汤志钧在《戊戌变法史》一书中，指出戊戌变法时期"帝党"为了防止"后党"的掣肘，任用"后党"试行新政，如委任端方筹办农工商总局，将端方划入"后党"的范围。③ 尚小明探讨了端方在戊戌变法前后的表现，认为端方在变法前基本是"生活在帝党人物的圈子里"，他虽曾加入保国会，但并未与维新派建立密切的联系。戊戌变法时期是端方在清末政坛产生重要影响的起步时期。变法失败后，端方虽设法逃避惩处，但其主张立宪、推行新式教育、促进近代工商业发展等举措，与他在维新期间的表现具有思想的一贯性。④ 康式昭叙述了辛亥年间端方被杀的过程，贬损之意行文中可显见。⑤ 彭易芬撰文考证了鄂军资州杀害端方的确切时间，他根据端方之子继先的呈文、其弟端绪致内阁的呈文及四川提督田振邦的奏折，论证了端方被杀的日期应是 1911 年 11 月 27 日。⑥ 江路通过端方赠新军第九军折扇，论述了端方与武昌起义的关系。⑦ 叶秀云介绍了第一历史档案馆所公布的五件端方防范孙中山革命活动情况的密札。⑧ 潘崇在博士论文《清末五大臣出洋考察研究》中，详细论述了端方、戴鸿慈考察团的行程及考察团对政治制度、教育事业、工矿企业、公共事业的考察，并指出端方在推进中外艺术交流领域发挥的重要作用。⑨ 张建斌先后发表了数篇有关端方与清末变局中重要事件关系的研究文章。他在《端方

---

① 翟海涛、王建华：《端方与清末的满汉政策》，《江南社会学院学报》2003 年第 1 期；翟海涛、何英：《端方与清末满汉政策的演变》，《黑龙江民族丛刊》2003 年第 5 期。

② 迟云飞：《清季主张立宪的官员对宪政的体认》，《清史研究》2000 年第 1 期。

③ 汤志钧：《戊戌变法史》，北京：人民出版社，1984 年。

④ 尚小明：《戊戌时期的端方》，《戊戌维新与近代中国的改革》（戊戌维新一百周年国际学术讨论会论文集），北京：社会科学文献出版社，2000 年。

⑤ 康式昭：《辛亥潮头杀端方——故乡忆昔之六》，《四川戏剧》2004 年第 4 期。

⑥ 彭易芬：《鄂军资州反正杀端方确切时间考》，《西华师范大学学报》1981 年第 4 期。

⑦ 江路：《端方赠物　刁买人心》，《钟山风雨》2001 年第 5 期。

⑧ 叶秀云编选：《两江总督端方侦缉孙中山革命活动史料》，《历史档案》1986 年第 2 期。

⑨ 潘崇：《清末五大臣出洋考察研究》，南开大学博士论文，2010 年。

与"丁未政潮"》一文中，运用中国第一历史档案馆所藏的端方档案，论述了端方在"丁未政潮"中扮演的重要角色，揭示了清末政争的复杂性及权贵集团政治生活的真实样态。最后指出，正是因为朝中重臣长期争斗内耗，才使得清廷失去了借改革消除内忧外患的机遇。[①]在《端方与东沙岛交涉——兼补〈西沙岛东沙岛成案汇编〉之不足》一文中，指出端方对于领海主权具有深刻的认识，是东沙岛交涉前期准备工作的核心人物，在岛屿位置的确定、调查取证、舰队保障等方面做出了重要贡献。[②]

中国台湾学者张玉法在《清季的立宪团体》一书中视端方为维新派人物，积极主张实行立宪。该书指出，端方作为清室中的开明人士，戊戌时期即倾向维新，政变后常与梁启超书信来往，并请梁启超为其代撰请立宪及赦戊戌党人的密奏。端方上奏慈禧太后请立宪，遂有解戊戌党禁与"帝国宪政"之事。[③]潘崇雄论述了端方与预备立宪的关系。[④]纪钦生由端方个案研究以窥清末官僚改革的成败得失，围绕端方所致力的改革与其政治权位的关系，指出端方改革内容虽恢宏，涵盖宪政、军警、司法、教育、经济各方面，但未能挽回清廷被倾覆的命运，失败的原因在于满人亲贵的改革并非建立在制度之上，反成排汉的手段，而且为稳固个人权位不惜牺牲改革理念。[⑤]海外学者洪业则介绍了《刘师培与端方书》这一史料，将其视为清末革命史料之新发现。刘师培在这封信中向端方进献消弭排满革命之说的良策，以表明自己为清廷效力之决心。[⑥]

总体而言，近年来，满族权贵研究进一步引起史学家的兴趣，研究者开始不断关注满族权贵中的改革人物，而不再局限于汉族统治阶层实力派的研究。端方与清末新政的研究取得了一定的进展，对于端方在新政时期所推行的政治、经济改革举措，许多学者进行了翔实的探讨研究。端方与近代教育、端

---

① 张建斌：《端方与"丁未政潮"》，《近代史研究》2021 年第 3 期。

② 张建斌：《端方与东沙岛交涉——兼补〈西沙岛东沙岛成案汇编〉之不足》，《中国边疆史地研究》2017 年第 2 期。

③ 张玉法：《清季的立宪团体》，台北："中央研究院"近代史研究所，1971 年，第 311—312 页。

④ 潘崇雄：《端方与预备立宪》，《思与言：人文与社会科学杂志》1974 年第 1 期。

⑤ 纪钦生：《晚清时期的端方——一位改革官僚之研究》，台湾大学硕士论文，1973 年。

⑥ 洪业：《洪业论学集》，北京：中华书局，2005 年，第 130—134 页。

方与立宪运动是研究中的热点。就目前的研究成果而言，几乎近一半的论文是论述端方对中国近代文化教育事业的贡献的，主要从创建新式学堂、派遣留学生、改革教育体系等方面进行阐述。对于端方与立宪运动，多数学者肯定了他对近代立宪运动的积极推动作用，顺应了中国政治近代化运动的趋势。从现有的研究来看，对于端方在清末变局中的全方位研究尚留有较大空间。其一，对于端方的历史地位尚需进一步研究思考。有些研究者对端方在清末的历史地位定位太高，尚有进一步考察与剖析的必要。此外，尽管学界对端方研究已取得了一些成就，但是多数研究仍局限于某一侧面，尚未有综合的、整体全面的研究论著问世。笔者期望在前人研究的基础上更全面地呈现清末改革时期的端方，客观分析其在清末社会中的地位与作用。其二，对于端方社会关系的研究颇为薄弱。端方既是清廷满族权贵中的要员，又是举足轻重的地方大员，多年任职两江、直隶等重镇，一生在尔虞我诈的官场打拼，其与同时期的满族权贵如荣庆、那桐的关系及与同僚如张之洞之间的关系等，尚有研究空间。戊戌变法时期，端方主持农工商总局，积极推行新政，其与维新派的关系，及预备立宪时期其与立宪派的关系亦是值得深入研究的问题。其三，端方幕府研究仍需进一步拓展。其四，对于端方文化思想的研究成果不多。端方并非具有系统思想文化体系的思想家，但他与大多数满族贵族有所不同。关注端方的中西文化观念，将有助于揭示中西文化激烈碰撞下满族权贵群体心态的变化。

本书以"端方与清末变局"为研究对象，以新文化史、政治文化史为视角，尝试运用历史学、社会学、心理学等相关理论，将端方放入其生活的时代背景与社会环境中考察研究。

本书尝试以端方生平为经，以其思想为纬，在清末社会背景下全方位展示端方的一生。端方是清末满族权贵的代表人物之一，出洋考察的特殊经历使得他清醒地意识到中国不仅经济、军事不如他国，而且政治和教育制度亦落后于世界。为了改变中国的落后状况，他积极提倡改革，把筹办新政、建立宪政作为毕生的主要任务。他从清末政治改革中最棘手的官制改革入手，不顾顽固守旧人士的阻挠，整顿吏治、裁撤冗员、力荐新式人才，表现出过人的政治胆识。预备立宪是清末政治体制的重大变革，端方是清末满族官僚中立宪派的代表人物，他联合清廷重臣载泽、袁世凯等积极呼吁、奏请立宪，促使清政府做出预备立宪的抉择。端方是清季预备立宪的支持者之一，其宪政思想是立宪的基石。笔者期望通过详细考察端方与立宪派人士的关系，并分析其宪政著作《欧美政治要义》及《列国政要》，从更深层次探究其宪政思想的来源及推行宪政的实践。端方全身心投入政治改革的同时，不遗余力地推行自己的经济构想。早在戊戌维新时期，端方曾督办农工商总局，主张振兴农业，发展工商业。之后，端方在任职地方要员期间，积极实践其经济思想。他广兴实业、振兴工商、筹建现代交通通讯、举办中国第一次商品博览会——南洋劝业会，提高了其任职地方的经济实力。端方是清末新式教育的积极倡导者和实践者，他认识到西方国力强盛、经济繁荣的"本原"在教育，其积极推行教育改革，在近代文化教育事业领域建树颇丰。端方积极促成清政府废除科举制度、改革教育行政体系、提倡新式教育、创办各类学堂、重视学前教育、派遣留学生等，推动了清末教育的近代化进程。值得一提的是，不同于只专注于创办新式学校的督抚，端方十分注重社会文化事业的发展。他创办中国最早的公共图书馆——湖南图书馆，并创建清末首屈一指的江南图书馆，是近代图书馆建设事业的开风气者。同时，端方亦是一位文物收藏家，嗜好金石书画，珍藏了大量孤本、精拓，主张保留传统文化。在其幕府学者的帮助下，端方刊行了《陶斋藏石目》《陶斋藏石记》《陶斋吉金录》等收藏目录，对发展近代学术文化事业做出了一定贡献。

本书通过对端方进行全景式的研究，客观分析其在清末变局中的作用，力争对端方做出公允的评价。通过考察满族上层人士应对风云变幻的清末时局的过程，揭示满族社会近代化的进程，在一定程度上改变人们对清末满洲贵族阶层的认知模式，并期望探求以端方为代表的满族权贵淡出史学界研究视野的原因，希望能够开辟人物研究的新路径。端方是清末政坛的风云人物，处在"三千年未有之变局"的时代转型时期，带有近代新陈代谢的深刻时代烙印，恋旧亦趋新，但目前的研究成果多关注趋新这一面，有意或无意间疏忽了其恋旧的一面，本文试图以端方任职地方督抚时所致力的政治、经济、文化改革为研究切入点，在端方与同时代人物及诸群体的关系网络中透视其心态的变化过程，从恋旧与趋新两方面展示一个较为"真实完整"的端方。

本书共分为四章。

第一章主要论述端方所处的时代。端方身处新旧交替的社会转型时期，他的思想与行动明显折射出那个时代的变与不变、新与旧、革新与传统。他一面应时代之需趋新求变以维护清廷统治，一面坚守社会根基所赖以存在的思想秩序。其历任湖北、湖南、江苏巡抚，两江总督等，全面推动了所管辖地区的政治、经济、军事的现代化进程，成为清末满族官员中少有的开明人士与佼佼者。这在端方所致力的政治、经济、文化改革措施中得以彰显。

第二章主要论述端方与政治变革。端方的政治改革与清末新政的步伐和宗旨是一致的，二者的思想根基亦是相通的。无论整肃吏治、创建新军与海军，抑或是筹备立宪，都是在其固有的文化背景和思想基础下进行的。端方支持预备立宪之动机在于强国御侮、消弭革命，以立宪之旗息革命之鼓。

第三章主要论述端方与实业创新。端方的实业创新举措与构想主要表现为广兴实业、振兴工商，重视农工商协调发展。在他的理念中，或许并未真正领悟农工商三者之间的经济联系，但客观上促进了当时经济的发展。端方经济举措的出发点在于"与各国争衡"，以维持清朝的统治。端方参与交涉苏杭甬铁路，通过减免自办铁路之厘金，支持各省绅商争取铁路的修筑权，其主观目的在于使清廷"受益"，但客观上减轻了中国自办铁路的经济负担，一定程度上维护了民族的利益，使中国的铁路主权得到了维护。但端方这些经济构想，依然是在为他所效忠的清廷寻求救亡之途。端方发起并筹备南洋劝业会，显示了他具有一定的先见之明。南洋劝业会开创了中国博览会之先河，这次博览会向世人展示了中华民族的魅力，客观上增强了民族自信心与凝聚力。

第四章主要论述端方与教育变革。端方教育思想与实践的核心是"革旧布新"，追求西式的新式教育与固守旧的伦理道德。兴办各类新式高中小学堂、派遣留学生，而且还力倡女子教育，皆是"新"的表现。端方亦是华侨教育的开拓者。他主张加强对华侨学生中华文化的德育教育，增强华侨对祖国的向心力。端方制定的选派留学生的标准之一是需有深厚的"中学根柢"，留学之政治目的在于拉拢学生以消弭革命。女子教育更是不能突破"礼教之防"的范畴。端方的思想归宿仍在于用新的"形"去拯救旧的"神"，"新"是建立在"旧"的根基上的。器可变而道不可变，其实仍是"中体西用"之延续。

第一章　端方与大时代

历史人物总是生活在特定的社会环境之中，独立的人只有成为社会的人，才能拥有生机和活力。龚自珍言："一代之治，必有一代之人材任之。"[1] 每个人都担负着一份社会责任，从某种意义上来讲，每个人亦是分析社会文化的一个重要载体。在本章，我们首先熟悉端方所生活的社会，从而了解其生平，共同走进端方和他的世界。

第一节　甲午战后的中国社会

甲午中日战争，"堂堂华夏"败于"蕞尔岛国"日本，震撼了自居东方文明之中心的国人，彻底摧毁了自鸦片战争以来尚存的些许优越感，民族危机意识被激发。"中国人士不欲为亡国之民者，群起以呼啸叫号，发鼓击钲，声撼大地。或主张变法自强之议，或吹煽开智之说，或立危词以警国民之心，或故自尊大以鼓舞国民之志。未几而薄海内外，风靡响应。"[2] 自此之后，在救亡图存的道路上，传统与革新、旧与新的矛盾始终没有停止过。

---

[1]　龚自珍:《龚自珍全集》，上海：上海古籍出版社，1999年，第116页。

[2]　蔡锷:《军国民篇》，曾业英主编:《蔡松坡集》，上海：上海人民出版社，1984年，第15页。

一、不变与变——传统与革新

甲午一战，使得中国社会求变之势成为"世变之亟"。甲午之败，带来了丧权辱国的《马关条约》。这一条约成为当时中国之巨祸，却也促成了鸦片战争以来中国群体民族意识的觉醒。正如梁启超所言："唤起吾国四千年之大梦，实自甲午一役始也。"[1]沉重的战争耻辱使得国人对日本自强之本领有了深刻的认识，中国学习的榜样亦从西方转向了一衣带水的邻邦。战争的硝烟刚熄灭，《马关条约》的墨迹尚未干时，中日两国关系却进入了 Douglas R. Reynolds 所称的"黄金时期"。[2]光绪二十二年（1896），中国第一批留日学生踏上负笈东渡的征程。张之洞曾分析中国学东洋"事半功倍"之优势："一、路近省费，可多遣；一、去华近，易考察；一、东文近中文，易通晓；一、西书甚繁，凡西学不切要者，东人已删节而酌改之。中东情势风俗相近，易仿行。事半功倍，无过于此。"[3]

西学东渐所引起的传统与革新之争论，在甲午战后的中国社会渐渐分出了胜负，革新一步步演化为一场社会运动。从公车上书、康有为上皇帝书、强学会至保国会、百日维新，中国的希望和出路寄托于"求变"的情势之中。但戊戌维新未及百日便被扼杀，一时，"不变"的传统之法重登历史舞台。

二、清末新政的新与旧

20 世纪的第一个月月末（1901 年 1 月 29 日），八国联军逼至北京，慈禧在仓皇西逃的过程中以光绪皇帝的名义颁布"预备变法"的上谕："法令不更，锢习不破，欲求振作，当议更张。着军机大臣、大学士、六部、九卿、出使

---

[1] 梁启超：《戊戌政变记》附录一《改革起原》，沈云龙主编：《近代中国史料丛刊》第 915 册，台北：文海出版社，1973 年，第 133 页。

[2] Douglas R. Reynolds. *China, 1898-1912: The Xinzheng Revolution and Japan.* Cambridge and London：Council on East Asian Studies，Harvard University，1993.p23. 注：本书所引外文文献均为笔者所译。

[3] 张之洞：《劝学篇》，郑州：中州古籍出版社，1998 年，第 117 页。

各国大臣、各省督抚，各就现在情形，参酌中西政要，举凡朝章国故、吏治民生、学校科举、军政财政，当因当革，当省当并，或取诸人，或求诸己，如何而国势始兴，如何而人才始出，如何而度支始裕，如何而武备始修，各举所知，各抒所见，通限两个月，详悉条议以闻。再由朕上禀慈谟，斟酌尽善，切实施行。"① 晚清最后十年的新政由此开始。历史嘲讽了慈禧，在其诛杀维新志士两年后，她自己却扛起了"求变自救"的大旗。然因其自救是真，求变是幌，新政多被称为"假维新"。但在假维新的过程中亦实现了一部分"真改革"。②

清末新政，从历史意义上而言，是洋务运动和戊戌维新的延续。清廷统治者在新与旧的交替过程中不断做出选择。新政的实施表明清廷已开始自我挽救，但对于新政之核心——预备立宪的左躲右闪，显示了其并没有变革之诚意，取立宪之名是真，行立宪之实是假，最终以"皇族内阁"匆匆收场。时人曾评论说："今日之政府，所谓以振作为敷衍者也。昔有再醮之妇，嫁续娶之夫，人赠以一联云：'又是一番新气象，依然两件旧东西。'可以为今日政府写照。"③ 言虽刻薄，却直言新政实是换汤不换药。然新政确有崭新的一面，废除科举制度无疑是"吾国数千年中莫大之举动，言其重要，直无异古者之废封建、开阡陌"。④ 美国学者吉尔伯特·罗兹曼甚至认为废除科举制度的历史意义胜于辛亥革命，其言："1905 年是新旧中国的分水岭。它标志着一个时代的结束和另一个时代的开始。它比 1911 年的革命更具有转折点的意义。"⑤ 此外，自光绪二十七年（1901）的"变法自强"上谕始，至宣统三年（1911）清廷覆亡，清政府在政治体制、法制、军制及奖励实业方面皆有除旧布新的措施。本文的主人公端方即是这些措施的推行者和实践者中的一员，其生活在旧与新、传统与革新交替斗争的社会之中，恋旧亦趋新，然历史正是在这种反反复复的曲折中不断前进的。笔者仅选择历史长河中的一滴——端方为

① 金家瑞、林树惠辑：《有关义和团上谕》，光绪二十六年十二月初十，中国史学会主编：《中国近代史资料丛刊·义和团》第四册，上海：上海人民出版社，2000 年，第 82 页。

② 陈旭麓先生将清末新政称为"假维新中的真改革"。见陈旭麓《近代中国社会的新陈代谢》，上海：上海人民出版社，1992 年，第 196 页。

③ 孙宝瑄：《忘山庐日记》，上海：上海古籍出版社，1983 年，第 547 页。

④ 《论教育与国家之关系》，王栻主编：《严复集》第一册，北京：中华书局，1986 年，第 166 页。

⑤ ［美］吉尔伯特·罗兹曼主编，陶骅等译：《中国的现代化》，上海：上海人民出版社，1989 年，第 338 页。

点，呈现中国最后一个封建王朝即将覆灭时满族贵族的抉择，并期望展示在矛盾不断激荡的近代社会上层的生活面貌。

第二节　满人才子

晚清中后期，统治阶级对满族优渥的政策渐渐消磨了满族八旗子弟的锐气和生机，一些满族贵族甚至被责为昏庸愚蠢。作为清廷的掌权者，他们多通过捐纳、荫袭入仕。同时，满族亦享有科举取士的特权，且中举的比例远远高于汉族士人。但晚清时期满族官员通过科举入仕身居要职者并不多，主要有锡良、赵尔巽在同治十三年（1874）中举，另外还有两人即端方和那桐，分别在光绪八年（1882）和光绪十一年（1885）中举人。[①]21岁便得"科举正途入身"的端方，可谓满族贵族中自立要强、聪颖勤奋之辈。端方、那桐及端方的表兄荣庆曾被时人并称为"北京旗下三才子"。[②]可见，端方是晚清时期满族贵族中不可多得的人才之一。

一、早掇巍科

满族入关后，端方先祖由南满移居直隶。其曾祖父为郑亲王九门提督乌尔棍布，祖父文雅是嘉庆二十四年（1819）进士，其父桂和曾任直隶栾城知县，其叔父桂清是同治帝师，曾任内务府大臣，是慈禧的亲信。端方于咸丰十一年三月十一日（1861年4月20日）出生在直隶滦阳（今河北省唐山市丰

[①] Edward J.M. Rhoads. *Manchus and Han：Ethic Relations and Political Power in Late Qing and Early Republican China，1861-1928.* Seattle and London：University of Washington Press，2000.p43.

[②] 北京市档案馆编：《那桐日记》附录《那桐亲书履历本》，北京：新华出版社，2006年，第1079页；刘垣：《张謇传记》，沈云龙主编：《近代中国史料丛刊续编》第128册，台北：文海出版社，1974年，第134—135页。

润区），自幼便过继给叔父桂清。光绪五年（1879），其养父桂清过世，端方报捐荫生，被分至工部，于满洲候补员外上学习行走。光绪八年（1882），端方中顺天乡试举人，获得"科举正途出身"，拥有了入仕为官的政治资本，时年二十一岁。中举后，端方举行了结婚仪式。光绪八年八月二十八日，其表兄荣庆记录言："端午桥完婚，具仪贺之。"① 之后，端方"入赀员外郎"。② 端方正准备在仕途上有所作为，然事与愿违，其生父母相继去世，之后端方丁忧在家。时任山东巡抚张曜"闻其才，特疏荐命发山东"，端方"辞，不赴"。③

直至光绪十五年（1889），端方才受命筹办光绪帝婚事，因办事干练，受到慈禧太后和光绪帝的赏识褒奖，加四品衔，就职于工部。次年，端方在直隶赈捐局报捐花翎。光绪十七年（1891）四月，奏补员外郎，掌料估所、都水司印匙，兼任会典馆协修官、纂修官、帮总纂官。同年，端方奉旨外放至张家口任关税监督。④

二、初露锋芒

光绪十八年（1892），端方协助时任直隶总督的李鸿章办理土药税厘，军机处存记他因工作优异而获上司保奏。光绪十九年（1893）十一月，晋升郎中，奉旨任节慎库监督。光绪二十年（1894），因京察一等，奉旨准其一等加一级，记名以道府用。⑤ 光绪二十一年（1895），端方监修菩陀峪的东陵，获慈禧太后和光绪帝的褒奖赏识，加三品衔。时至宣统元年（1909），已任两江总督的端方再次因监修东陵一事受褒奖，谕旨言："定东陵工程自光绪二十一年开工以来，历经十余载，该承修王大臣督率各员悉力经营，备著勤劳，自应量予恩施，离工监督监修办事官两江总督端方等均着交部从优议叙。"端方

① 谢兴尧整理、点校、注释：《荣庆日记》，西安：西北大学出版社，1986年，第9页。
② 赵尔巽：《端方传》，《清史稿》卷469，北京：中华书局，1977年，第12787页。
③ 吴庆坻：《端总督传》，《端忠敏公奏稿》卷首，第1页。
④ 秦国经主编：《清代官员履历档案全编》第6册，上海：华东师范大学出版社，1997年，第58页。
⑤ 秦国经主编：《清代官员履历档案全编》第6册，上海：华东师范大学出版社，1997年，第58页。

在谢恩的奏折中道："臣起家水部，负土山陵，过叨慈圣之深恩。"[1] 从端方早年的从职经历可以看出，他年轻时已颇得志，常受两宫嘉奖，亦显示出端方具有一定的政治才能。

第三节　戊戌维新的"得益者"

端方显赫的政治生涯始于戊戌维新时期，他被光绪皇帝任命为专办新政的农工商总局督办。端方不负所望，尽职尽责，"每日到局议办各事，倍极勤慎"，开局十余天连上十余奏折。[2] 但未及端方施展才能，农工商总局便被撤销，新政被推翻，端方亦在被"销衔撤差"的"志士"之列，然因进呈《劝善歌》，抑或"因其为满族人"，未几便"复升任陕西按察使"。[3]

一、投身维新、督理农工商总局

光绪二十一年（1895），甲午战败后，举国震惊，人心思变，大兴改革之议。端方身处几千年未有之变局，也深受影响。为保种救国，康有为等在京师创办保国会，积极鼓吹策划变法，端方亦欣然参与其中，"以附保国会受知德宗"。[4] 光绪二十三年（1897）十一月，端方再次筹办庆辰典礼，复受嘉奖。光绪二十四年（1898）三月，由翁同龢和刚毅保荐，端方第一次受到光绪帝的召见，谕赏记名御史，以道台尽先补用。四月，奉谕旨补授直隶霸昌

---

① 端方：《从优议叙谢恩折》，宣统元年三月，《端忠敏公奏稿》卷十四，第 9 页。

② 《京师农工商总局开局》，《国闻报》光绪二十四年七月二十一日。

③ 梁启超：《戊戌政变记》，沈云龙主编：《近代中国史料丛刊》第 915 册，台北：文海出版社，1973 年，第 154 页。

④ 费行简：《近代名人小传》，沈云龙主编：《近代中国史料丛刊》第 78 册，台北：文海出版社，1967 年，第 207 页。

道。① 七月初五日，端方被光绪帝任命为农工商总局督办，与徐建寅、吴懋鼎共同督办农工商总局。其谕旨曰：

> 万宝之原，皆出于地，地利日辟，则物产日阜，即商务亦可扩充，是训农又为通商惠工之本。中国向本重农，惟向无专董其事者，非力为劝导，不足以鼓舞振作。着于京师设立农工商总局，派直隶霸昌道端方、直隶候补道徐建寅、吴懋鼎等督理。端方着开去霸昌道缺，同徐建寅、吴懋鼎均着赏给三品卿衔，一切事件准其随时具奏。其各省府州县设立农务学堂、广开农会、刊农报、购农器，由绅富之有田业者试办以为之率。至工学商局各事宜，亦着一体认真举办，统归督理农工商总局端方等随时考查。各直省即由该督抚设立分局，遴派通达时务、公正廉明之绅士二三员总司其事。②

农工商总局作为专办新政的机构，是中国传统官制中所不曾有过的。走马上任的端方不负帝望，全身心地投入新政的实践。从上任之日至戊戌政变发生，为迎合上意，端方出力颇多，尽职尽责地筹办农工商总局，这从他在此期间频繁地上奏折可以体现出来。七月十五日，其上奏农工商总局于次日开局，而且开局后十几天几乎每天都上奏折言农工商事，并曾一天连上三个奏折。对于端方的积极表现，光绪帝甚是满意并批示"着端方妥议具奏"，且不时亲自召见端方，使得胡思敬感叹农工商总局和端方"渐夺部权矣"。③ 端方所上奏折内容主要是关于振兴发展农业及农工商协调发展的，对于其主张，光绪帝多采纳并以上谕形式下发各地。如光绪帝在令各省推广农会、农报的上谕中言：

> 督理农工商总局事务端方等奏，遵议中书王景沂条陈农工商务事宜，

---

① 吴庆坻：《端总督传》，《端忠敏公奏稿》卷首，第1页。
② 朱寿朋编，张静庐等校点：《光绪朝东华录》第四册，北京：中华书局，1958年，第4160页。
③ 胡思敬：《戊戌履霜录》卷一，中国史学会主编：《中国近代史资料丛刊·戊戌变法》第一册，上海：上海人民出版社，2000年，第368页。

主事程式谷条陈推广农会、农报事宜，并端方等筹办丝茶情形各折，农务为中国大利根本，业经谕令各行省开设分局，实力劝办。惟种植一切，必须参用西法，购买机器，聘订西师，非重资不能猝办。至多设支会，广刊农表，亦讲求农学之要端，应于省会地方筹款试办，逐渐推行，广为开导，或借官款倡始，或劝富民集资，总期地无余力，方足以收实效。着各直省督抚，饬属各就地方情形，妥筹兴办，勿得视为迂图，以重农政。至丝茶为商务大宗，近来中国利权，多为外人所夺，而丝茶衰旺，总以种植、制造、行销三者为要领，并宜分设公司，仿用西法，广置机器，推广种植、制造，以利行销，并着产茶、产丝各省督抚，妥定章程，实力筹办，以保利源，并将开办情形随时具奏。端方等三折，均着抄给阅看，将此谕令知之。①

由此可见，端方推广农学、发展农业的措施得到了光绪皇帝的大力支持。

二、进呈《劝善歌》、西狩护驾

好景不长，慈禧下令推翻新政，打击、罢免帝党与推行维新之官员："撤农工商局，派办三员皆撤去卿衔。"如前所言，端方系刚毅所保荐，革职后仍求刚毅庇护，刚毅乃代其言奏，端方"八月以前与康甚密"，乃"系奉所命入康党探其消息者"。慈禧召见端方，"问其外间人言定否，对曰：'自训政后，人心大定。'太后叱皇上听之，又进《劝善歌》，太后大悦，命天下张贴，京中呼之为'升官保命歌'"。②之后端方不仅未受到惩处，而且不久即擢升陕西按察使。其中原因，费行简所记与前述苏氏所言相矛盾，其言：

---

① 《德宗景皇帝实录》卷 425，《清实录》第 57 册，北京：中华书局，1987 年，第 20—21 页。另见林树惠辑《上谕三一六条》之二二五，中国史学会主编：《中国近代史资料丛刊·戊戌变法》第二册，上海：上海人民出版社，2000 年，第 90—91 页。

② 苏继祖：《清廷戊戌朝变记》，中国史学会主编：《中国近代史资料丛刊·戊戌变法》第一册，上海：上海人民出版社，2000 年，第 349 页。

直隶霸昌道端方亦以保国会会员附有为（即康有为），获三品卿衔，总管农工商务局。后将重惩之，方托古董商投荣禄门下，贿李莲英乞助。一日，后为枢臣言，吴懋鼎、端方皆悻进，必为有为党，罪当戍新疆。禄对："端方官直隶，政声卓著，且臣素知其为人，绝非附康者。"刚毅争曰："农工商皆百姓执业，何必官为越俎，设局代谋。此皆有为为洋人汉奸，欲假此局以攘民业，卖之外夷。端方为承其乏，其不端方可知。圣论处分甚当。"而后重违禄意，不示可否，遂已。未几，莲英为后言。端方近颇刊布书籍，颂后圣德。后触禄前论，竟擢为陕西按察使。①

在戊戌政变期间，"虽司新政而迁官者仅方一人耳"。②但无论是刚毅保荐抑或是荣禄力保，摒除互相矛盾之处，究其重要原因皆在于端方所呈《劝善歌》。这是一篇歌颂称赞清朝君主尤其是慈禧太后的词文，其内容如下：

四海升平民气和，听我唱个劝善歌。……太后佛爷真圣人，垂帘听政爱黎民，官加俸禄兵加饷，豁免钱粮千万金。当时天下未平静，发捻搅乱遍行省，太后知人善任人，救民水火全性命。从此天下庆太平，鸡鸣犬吠都不惊，试问此事谁恩德，重生父母还不能。光绪初年遭荒旱，御膳房内曾减膳，省出银钱去放赈，救活饥民数百万。……今年驻跸颐和园，借此颐养稍息肩，圣心犹为天下计，忧国忧民常不眠。当今皇帝真圣孝，视膳问安尽子道，躬率臣民同祝嘏，屡为圣母上徽号。我朝恩德同天地，顽石也应知感激，如何逆党惑人心，乱臣贼子人切齿。……③

《劝善歌》全文基本都是为慈禧太后和光绪帝歌功颂德，显示了端方处危局知机变的能力，这颇博慈禧太后之欢心。慈禧太后曾一天内接连颁布两道上谕，令各处张贴宣传："谕军机大臣等：端方呈进之《劝善歌》，于人心风俗

---

① 费行简：《慈禧传信录》卷下，上海：崇文书局，1918年，第9页。
② 费行简：《慈禧传信录》卷下，上海：崇文书局，1918年，第9页。
③ 端方：《劝善歌》，光绪戊戌年顺天府署刊发，中国国家图书馆藏。另见丁文江《梁任公先生年谱长编初稿》上册，台北：世界书局，1988年，第75—76页。

不无裨益，着各该将军督抚刊印，分饬各州县于城市乡村遍行张贴，俾民间一律周知。将此各谕令知之。"

又"端方呈进《劝善歌》，着步军统领衙门，顺天府五城各行刊印，于京城内外地面各处粘贴，俾民间一体周知"。[①]

至光绪二十四年（1898）十一月二日，端方蒙恩擢升陕西按察使，次年正月十四日，其赴西安接篆视事。之后的十年中，端方的仕途较为顺利。光绪二十五年（1899）十月，陕西巡抚魏光焘暂署陕甘总督，慈禧谕旨陕西藩司李有棻护理遗缺，但恰逢李有棻因"闻讣丁忧"不能赴任，于是慈禧再谕由端方暂行护理陕西巡抚。本被革职的端方，在一年内不断擢升，使得他对慈禧太后和光绪帝心存感激之情，得知护理陕西巡抚后，即刻上谢恩折：

> 奏为暂护抚篆恭折叩谢天恩，仰祈圣鉴事。窃八月二十九日，护抚臣李有棻闻讣丁忧，当经臣电请总理各国事务衙门代奏，并将巡抚关防敬谨封存。九月初一日，钦奉电寄谕旨，陕西巡抚着端方暂行护理，钦此。于初二日，准西安府知府童兆蓉、抚标中军参将祝鉴廷将关防、王命旗牌、文卷等件赍送前来。臣恭设香案望阙叩头谢恩。祗领受事讫，伏念臣满洲世仆、曹部司员，当奏事之时陈，复藩条之忝摄，涓埃未报，悚息方深，兹乃渥荷殊恩，暂权疆寄。窃维陕省为九州上腴之壤，抚军乃千里连率之司，昔年之褐瞀交臻，则务本训农必图丰于既匮。近日之操防重要，则明耻教战，宜备患于不虞。谨利权则剂其盈亏，接僚属则区其循酷，胥关紧要，曷可因循。臣自愧庸愚，每虞陨越，念时艰之孔亟，冀纾吾君尝胆之忧惧。臣力之弗胜，益廑斯职，仔肩之重，惟有遇事会商，督臣虚衷办理，以期仰答高厚鸿慈于万一。[②]

光绪二十六年（1900），义和团如火如荼地不断发展壮大，慈禧顺水推舟，下令招抚义和团，利用其与列强作战，以便坐收渔翁之利。但信奉"刀枪不入"的义和团民很快便处于下风。八月十四日，八国联军占领北京，慈

---

① 《德宗景皇帝实录》卷428，《清实录》第57册，北京：中华书局，1987年，第621—622页。
② 端方：《暂护陕西巡抚谢恩折》，光绪二十五年九月，《端忠敏公奏稿》卷一，第1页。

禧太后与光绪皇帝仓皇西逃，驻跸西安，同时下令剿杀义和团，并将"主抚派"徐桐等官员诛杀。后逃至山西太原时，下谕旨令暂署陕西巡抚的端方"审度形势，于西安府城酌备驻跸之所"。端方即刻回电道："圣驾出京，率土臣民莫不汗泪交流，置身无地。而天恩体恤，于播越仓皇之顷，仍寓恭俭撙节之思，为臣子者惭不胜惭，罪当万死。先是，署督臣魏光焘在巡抚任内即有营建万寿宫之议，时方无事，未及举行。今年五月团教纷争，大学士荣禄知衅隙已开，而兵凶战危，宜为不虞之备，密遣幕僚来陕，令臣未雨绸缪。时当海上交锋，恐懈军心，未敢显为陈奏。"并称"臣即在满城内相度地势，划定规模，拟即次第建置。而经营伊始，已电传鸾辂西来。虽行宫一时难以鸠工，而省城新旧巡抚衙门南北两处，尚堪备暂时驻跸，其余公所地方亦可备随扈臣工栖止"。[①]两宫在朱批中着端方"在潼关迎驾，毋庸远来"。慈禧及光绪入驻西安后，使得相对冷寂的陕西巡抚衙门变成了"准京兆尹"。据费行简记载，端方借护驾之机，陈说改革思想："后既西狩，颇思变法，借示亲外人之意。端方窥旨入对时，力言新政宜行，用人宜破格。后虽黯然，而意益决。"[②]

西狩护驾之前，端方多为自己的仕途而在官场打拼，临危不乱地百般筹措，不仅为他赢得了"应变之才""能臣干吏"的美誉，而且给两宫留下了"勇于任事"的好印象。同时，端方在任职陕西巡抚期间，在镇压义和团和保护传教士方面较得力，颇受外国人认可，"陕西护抚臣则有端方，均严遏拳风，未致酿成事变"。[③]光绪二十七年（1901），清廷本已任命锡良为湖北巡抚，但因"外人不满锡良，盼以端方继"，最终命端方调任湖北巡抚，陕西巡抚由升允护理。[④]这也为端方获得慈禧太后的赏识增加了砝码。得到慈禧太后的赞誉与信任是端方政治生涯的转折点，亦是其显赫仕途的开始。之后，端方逐渐对时局和西学提出自己的明确主张。光绪二十七年三月，端方奏陈《筹议变通政治折》，提出改革中国政治的方案。他秉持"论制度则不分古今，不分中

---

① 端方：《遵旨筹备西巡及吁请迎驾折》，《端忠敏公奏稿》卷一，第16页。

② 费行简：《慈禧传信录》卷下，上海：崇文书局，1918年，第51页。

③ 《山西巡抚锡良奏请将应州知州李恕等五员即行革职片》，光绪二十七年正月十八日，中国第一历史档案馆编辑部：《义和团档案史料续编》下册，北京：中华书局，1990年，第939页。

④ 郭廷以：《中国近代史事日志》，北京：中华书局，1987年，第1137页。

西，归于求是焉而已；论学术则不问新旧，不问异同，归于务实焉而已"的原则，为晚清各项改革提供了借鉴。[①] 其奏折主要涉及"并官加俸""裁撤胥吏"的官制改革，批判科举制度、开办近代学校，"开源"与"节流"的"兴利"举措，以及针对满洲贵族与旗民的"分旗移屯"等改革措施。[②]

第四节　襄赞立宪的封疆大吏

端方一生历仕南北，主要的政治功绩是任职地方大员，推行各项新政举措。自光绪二十七年至宣统元年（1901—1909），十年间，端方历任湖北巡抚、湖广总督、湖南巡抚、江苏巡抚、两江总督、直隶总督，一定程度上推动了两湖、两江地区的政治、经济、文化的现代化进程。

一、初任地方大员——任湖北巡抚兼署湖广总督

光绪二十七年五月三日，如前所述，因洋人不满锡良任湖北巡抚，希望清廷任命端方取而代之，慈禧和光绪帝遂顺其请，调任端方为湖北巡抚。湖北省是清朝行省中政治、军事与经济综合实力较强的省份，其三个中心城市武昌、汉口和汉阳在当时中国的开放程度也在前列。光绪二十七年江汉两关口的进出口总额接近一亿两，仅次于上海。[③] 作为清廷的重镇，湖北的最高长官其实是湖广总督，其地位仅次于直隶总督和两江总督，所以湖北一直存在着督抚同城、互争权力的问题。按照清朝的官制，总督管军务粮饷，巡抚管吏治民事。但晚清以来，总督往往越俎代庖，巡抚多是其属官。端方任湖北

---

① 端方：《筹议变通政治折》，光绪二十七年三月，《端忠敏公奏稿》卷一，第 47 页。

② 端方：《筹议变通政治折》，光绪二十七年三月，《端忠敏公奏稿》卷一，第 39—47 页。

③ 武汉地方志编纂委员会主编：《武汉市志·外事志》，武汉：武汉大学出版社，1991 年，第 16 页。

巡抚约三年，迄于光绪三十年（1904）五月，其长官始终是湖广总督张之洞，二者的关系十分融洽，每有会奏之稿，张与端多互相斟酌。如光绪二十九年（1903）的"请开复蒋楷袁世敦会奏稿"，张之洞即专门致函端方请其"改定折尾"。① 张、端两人共同督鄂时期，主持江河汛防，并同时致力于发展湖北的教育事业。端方在湖北任职时，创办近代各类学堂并兴办中国历史上第一所幼稚园，"幼稚园则聘请日本女师为保姆，以教五岁至九岁幼童；初等小学堂就省城城关内外分设六十所，以教十岁以上幼童；道府师范学堂则由武昌盐法道、武昌府分设以教所属生员"。端方在湖北兴办的学堂"半皆许为完备，比较别省所立，未有逾于此者"。② 同时，端方还选派留学生至欧美及日本等国家游学，诸多举措都从客观上推进了湖北的教育近代化进程。

二、抚苏督湘——从署理江苏巡抚至实任湖南巡抚

光绪三十年（1904）四月十一日，端方受命至苏州署理江苏巡抚，同年十二月初一日，其调任湖南巡抚，直至光绪三十一年（1905）六月十四日任出洋考察大臣。端方曾言此"半年之间，长江上下周历四次"③，对于江苏、湖南两省当时的局势，其在致分省补用道的函中曰："弟抚苏数月，拟欲设施，未尽百一，循览舆论，尚未违言，因知吴中之易治，而良吏之难求。回忆吴民，为之怅惘。到湘受事，长沙争界约，粤汉争路约，极费撑距，能否补救，尚未可知。"④ 面对内忧外患的情势，端方在任苏抚及湘抚时，首先致力于整顿吏治、裁汰职缺，整肃律例。光绪三十一年四月，端方曾对湖南各道下一饬令：

> 为札饬事。照得案牍不应尘压，文武例须稽查，原所以戒僚属之玩

① ［日］佐久间桢、阎崇璩等编：《匋斋存牍》，台北："中央研究院"近代史研究所，1996年，第198页。
② 端方：《学堂筹建完备折》，光绪三十年二月，《端忠敏公奏稿》卷三，第54—55页。
③ 《端方致军章京文·工部》，《端方档案》，端564，函20。转引自张海林《端方与清末新政》，南京：南京大学出版社，2007年，第65页。
④ 《端方致分省补用道彭》，《端方档案》，端564，函20。转引自张海林《端方与清末新政》，南京：南京大学出版社，2007年，第65页。

偈，杜吏胥之弊搁也。现在政令维新，百废待举，又值邻氛未戢，警电时闻，各处文移更应迅速办理，若稍迟滞，动误事机。本部院综持庶务，披览纷纭，而事到即行，从无留牍。凡在寅恭，各应以勤相勉，合行饬札到该道，即便遵照。嗣后上申下行文牍，除事关紧要系涉军情，均随到随办外，所有例行各件应上详者，于属员禀到道三日内即行转申。其接奉督部堂、本部院批饬转行及该道自行批发属员禀详，亦均于三日内分别照转印发，均无违延。①

从这一饬令可以看出端方对其所属地方官的严格要求及废除腐败的官场习气、改革吏治的态度。

光绪三十一年（1905）八月，其时正在京的端方还参与了在朝大吏奏停科举的活动。许同莘记载道："袁督部会公（张之洞）奏请立停科举，公电复之，文甚长。今此稿已佚。盖此议发于北洋而忠敏促成之。"② 八月三十一日，已被钦命为"出洋考察政治大臣"的端方连同直隶总督袁世凯、湖广总督张之洞及署两江总督周馥等一起上呈"立停科举"的奏折：

> 臣等默观大局，熟察时趋，觉现在危迫情形，更甚曩日，竭力振作，实同一刻千金。而科举一日不停，士人皆有侥幸得第之心，以分其砥砺实修之志。民间更相率观望，私立学堂者绝少，又断非公家财力所能普及，学堂决无大兴之望。就目前而论，纵使科举立停，学堂遍设，亦必须十数年后，人才始盛；如再迟至十年甫停科举，学堂有迁延之势，人才非急切可成，又必须二十余年后始得多士之用。强邻环伺，讵能我待？……而我国独相形见绌者，则以科举不停，学校不广，士心既莫能坚定，民智复无由大开，求其进化日新也难矣。故欲补救时艰，必自推广学校始，而欲推广学校，必自先停科举始。③

① 《抚宪札饬各道文》，《湖南官报》1905 年 4 月 1 日。
② 许同莘：《张文襄公年谱》卷九，北京：全国图书馆文献缩微复制中心，2005 年，第 192 页。
③ 端方：《请立停科举折》，光绪三十一年八月，《端忠敏公奏稿》卷六，第 6—7 页。

上奏二日后，慈禧便谕准永停科举："袁世凯等奏请立停科举、推广学校并筹办法一折。三代以前，选士皆由学校，而得人极盛，实我中国兴贤育才之隆轨。即东西洋各国富强之效，亦无不本于学堂。方今时局多艰，储才为急。朝廷以近日科举每习空文，屡降明诏，饬令各省督抚广设学堂，将俾全国之人，咸趋实学，以便任使……兹据该督等奏称，科举不停，民间相率观望，欲推广学堂，必先停科举等语，所陈不为无见，着即自丙午科为始，所有乡会试一律停止，各省岁科考试亦即停止。"[1] 端方顺应时代发展的趋势，与诸位在朝总督积极果断地倡导废除科举制度这一划时代的变革，客观上推动了中国新式教育的发展和旧有社会结构的变动。

端方在任职湖南期间，还积极引进推广近代西方农业科学技术、创办工矿实业，并力倡湖南自开商埠，力争打破湘绅保守排外的政治主流。端方抚湘半年多，颇得湖南士人的赞许："锐意新政，所至以兴学为急。在湘遣出洋游学生尤众，宾礼耆硕，调和新旧，湘人士多颂之。"[2]

三、"考察列邦之善政"

甲午战争的乌云在清廷上空渐渐消散之时，日俄战争再次在中国朝野掀起巨澜。立宪的昔日附属国日本战胜了专制君主的中华帝国，而今，立宪的东洋蕞尔小国又挫败了专制的庞然大国沙皇俄国。战初，西方报纸曾指出："此战非俄日之战也，乃立宪、专制两治术之战也。"[3] 战后，中国国内时人皆认为，"此非日俄之战，而立宪、专制二政体之战"[4]，日本以立宪而胜，俄国以专制而败，"非小国能战胜大国，实立宪能战胜于专制"[5]。一时立宪之风骤

① 朱寿朋编，张静庐等校点：《光绪朝东华录》第五册，北京：中华书局，1958年，第5392页。
② 吴庆坻：《端总督传》，《端忠敏公奏稿》卷首，第1页。
③ 《论国家于未立宪以前有可以行必宜行之要政》，《中外日报》光绪三十一年八月二十二日。《东方杂志》第二年第十期转载。
④ 《立宪纪闻》，中国史学会主编：《中国近代史资料丛刊·辛亥革命》第四册，上海：上海人民出版社，1981年，第12页。
⑤ 《考察宪政大臣达寿奏考察日本宪政情形折》，光绪三十一年七月十一日，故宫博物院明清档案部编：《清末筹备立宪档案史料》上册，北京：中华书局，1979年，第29页。

起，"于是大家相信'立宪'两字是确有强国的效力了；仿佛一纸宪法，便可抵百万雄兵，中日与日俄的两次战争，便是最明白的证据"。[①]

光绪三十一年六月十四日（1905 年 7 月 16 日），清政府迫于国内立宪舆论高涨的压力，颁布了任命载泽、端方等五大臣分赴东西各国考察政治的上谕："方今时局艰难，百端待理，朝廷屡下明诏，力图变法，锐意振兴。数年以来，规模虽具而实效未彰。总由承办人员向无讲求，未能洞达原委。似此因循敷衍，何由起衰弱而救颠危？兹特简载泽、戴鸿慈、徐世昌、端方等，随带人员，分赴东西洋各国考求一切政治，以期择善而从。"[②] 八月二十六日，"考察政治之出使五大臣"于九点钟陆续至正阳门车站，送行人员亦接踵而至，然"至十一点钟开车之铃摇毕，五大臣以次登花车，将挂行李车，砰然一声震动天地，送行者及各学堂学生、巡捕、消防队等纷纷奔逃，少顷人喊儿啼，登时大乱"。[③] 青年激进者吴樾所掷炸弹的杀伤力是有限的，"炸弹猝发，戴、端、徐三大臣无恙，泽公微伤，绍大臣伤项，随员死一人，仆从死三人，士琦耳聋"[④]，但它在清廷及当时社会中所引发的精神恐慌却是巨大的。

次日，端方、戴鸿慈、徐世昌等面见慈禧时，"皇太后垂帘听纳，复慨然于办事之难，凄然泪下"。[⑤] 民间亦谣言四起，盛传京师将大乱。之后，原拟启程的考察团不得不延期。九月，清廷设立巡警部，预防革命党人的暗杀破坏行动。慈禧太后亦将颐和园围墙增高一米，以加强防备。作为满族人的端方，在京行踪更受到反满革命党的注意，为防被暗杀，他被迫几移其所。[⑥] 但这并未能改变端方出洋考察的态度。十月，当俄国宣布立宪的消息传来后，端方联合五大臣及袁世凯、张之洞奏请朝廷坚持原议派其出洋考察，并呼吁宣布立宪。十一月，清廷经过犹豫挣扎，最终再次下令派五大臣出洋考察，

① 李剑农：《中国近百年政治史（1840—1926 年）》，上海：复旦大学出版社，2002 年，第 207 页。

② 《派载泽等分赴东西洋考察政治谕》，光绪三十一年六月十四日，故宫博物院明清档案部编：《清末筹备立宪档案史料》上册，北京：中华书局，1979 年，第 1 页。

③ 《详纪五大臣火车被炸情形》，《申报》1905 年 10 月 1 日。关于此事的记载亦可见卞孝萱、唐文权编《辛亥人物碑传集》，北京：团结出版社，1991 年，第 95 页。

④ 《杨京卿送行车站受惊失聪》，《申报》1905 年 9 月 27 日。

⑤ 戴鸿慈：《出使九国日记》，长沙：湖南人民出版社，1982 年，第 42 页。

⑥ 《端中丞屡移寝室》，《申报》1905 年 10 月 15 日。

为安全计，取消了欢送仪式，并命五大臣①分两路出发：载泽、尚其亨、李盛铎前往日本、英国、法国、比利时；戴鸿慈、端方等考察美国、德国、俄国、意大利、丹麦、荷兰等。戴、端一行共三十三人（包括陆宗舆、施肇基等）②稍早出发，乘车出京。十一月二十三日，戴、端使团抵达上海，后乘美国太平洋邮政公司的"西伯利亚"号赴欧美，于二十五日先至日本参观。十二月十八日，考察团抵达美国旧金山。美国总统派耶鲁大学教授 T.U.Tenks 前往迎接，旧金山各界华人亦列队相迎。中国历史上第一个赴外宪政考察团开始了在欧美的考察活动。

端、戴考察团在美国共参观游历一个月零三天，后取道英、法抵德，继之丹麦、瑞典、挪威、奥地利、俄国等，在欧洲共逗留四个月。光绪三十二年六月一日（1906 年 7 月 21 日）五大臣回上海，出访考察共历时七个多月。端方首次迈出国门，亲受欧风美雨的洗礼，长期禁锢的头脑为之开化，其思想受到前所未有的冲击，盛赞欧美之政治文化。端、戴一行在欧美各国考察的范围极其广泛，其考察活动的主要内容有：一是参观各种场所，大至总统府、外务部、财政部、法院、医院等，小至学校、工厂、医院、邮局、图书馆、博物馆、教会等，几乎无所不包。二是访问欧美国家各阶层人员，如总统、部长、市长、海陆将校、学校校长、中小学教师、退休官员等。三是搜集翻译各类图书资料，了解调查西方各项制度。为了更有效地考察各国政治，端方、戴鸿慈还提出了具体的方针："立宗旨、专责任、定体例、除意见、勤采访、广搜罗"，并要求随同人员"各就所长，悉心采访。或查学务，或查财政，或查裁判，分途并出，俾以短期而收速效"。③端方在致京师的电奏中曾言及考察时情形："臣等于谒见美总统后，即由美廷派员导观各处，自公署、学堂、议院，下及商肆、工厂，排日考求。又至美之东境纽约、费城、波士顿等省阅视一切，所至各处，该国士民无不倾城相告，又得驻美使臣梁诚会同考核，尽心讨论，诸事更易周悉。计在美境一月有余，未尝片刻安暇，其

---

① 因前述炸弹事件，绍英受伤，另因徐世昌任巡警部尚书，五大臣人员发生变化，山东布政使尚其亨、比利时公使李盛铎加入五大臣考察团。

② 具体人员构成，见张海林《端方与清末新政》，南京：南京大学出版社，2007 年，第 110 页。

③ 戴鸿慈：《出使九国日记》，长沙：湖南人民出版社，1982 年，第 61、78 页。

有不及调查者，并派参随各员分途前往，冀收兼听之效。又于美国行政各部索取现行章程，酌派参随学生摘要译出，以资参考。"①

　　美国权威报刊《纽约时报》几乎每天都对端、戴使团的考察活动进行报道和评价。光绪三十二年（1906）1月24日该报报道，端、戴使团及驻美公使梁诚一行抵达美首都华盛顿，美国国务卿Root亲往接见。为表感谢，端方做了一个简短的演讲（梁诚为之翻译），表示赴美之目的是学而致富于中国。国务卿Root亦戏谑地答："我希望你们可以从这里学到很多，因为世界已经从中国学到了许多。"②25日，该报又详细报道了美国总统罗斯福在白宫接见使团的欢迎仪式，此日恰巧是中国的春节。端、戴两人转交了光绪皇帝表示感谢的亲笔信（1905年9月7日预先所写），指出中美关系日益紧密。美国总统罗斯福在回复时对中国现时的境况表示同情，并言新的世纪期望中国成为一个和平、富强和不断发展进步的国家。③之后，《纽约时报》又相继报道了端、戴使团参观华尔街、大都会博物馆、西点军校等事件。④中国使团连日奔波的情形，反映了以端方、戴鸿慈为代表的中国官员"考察列邦之善政"，以求"可以实行于中国"的迫切心情。纵然出洋五大臣在各国家逗留考察时间较短，对各方面了解得并不周详透彻，但是他们收集了大量珍贵资料。回国后，端方、戴鸿慈立即筹集资金、组织人员整理编纂所带回的西文资料，"酌派妥员，专司纂辑，去其繁杂，撷其精华"⑤，出版了《欧美政治要义》和《列国政要》两本书，简明扼要地介绍了欧美各国的制度和政体及各国政治的源流和概况。

　　光绪三十二年七月（1906年8月），考察政治五大臣抵京后，慈禧、光绪帝先后召见端方三次、载泽两次、戴鸿慈和尚其亨各一次。当两宫垂询各国情形时，端方奏对云："环球各国多主立宪，俄素称专制，近亦改革，盖立宪

---

① 端方：《在美考察情形折》，光绪三十二年正月，《端忠敏公奏稿》卷六，第15页。

② Chinese Envoys at Capitol，January 24，1906，*New York Times*.

③ Chinese to Roosevelt，January 25，1906，*New York Times*. 另，该报道将端方称为中国最卓越的学者之一，可见端方在当时中国之地位。

④ Chinese Envoys Here in All Splendor，February 2；Chinese Visitors See Our Museum，February 5；West Point Delights The Chinese Envoys，February 7，1906，*New York Times*.

⑤ 端方、戴鸿慈：《欧美政治要义》前附奏稿，桂林：广西师范大学出版社，2016年，第8页。

政治能使国家有万年巩固之基业，而君主有永无失坠之尊贵也。"①端方在积极游说两宫的同时，还在京城四处为立宪运动奔走呼号，倡导推行君主立宪制度。《申报》曾报道："考政大臣端午帅回国后即电商直隶袁（世凯）、江督周（馥）、楚督张（之洞）、粤督岑（春煊）、甘督升（允）、奉督赵（尔巽）、川督锡（良），七帅约同，联衔会奏，请明降十年立宪之谕，以定民志。闻各督均已复电认可。"②面对端方、袁世凯、岑春煊等权臣游说呐喊的政治压力，清廷最终下定决心，于光绪三十二年七月十三日（1906年9月1日）下诏预备立宪："时处今日，惟有及时详晰甄核，仿行宪政，大权统于朝廷，庶政公诸舆论，以立国家万年有道之基"，并指出预备立宪的基础"必从官制入手"。③接着，端方亦参与了中国预备立宪的第一步——官制改革。端方官制改革计划的灵魂是三权分立，责权相维，上下分权。其具体的改革方案主要如下："一曰宜略仿责任内阁之制，以求中央行政之统一也"；"二曰宜定中央与地方之权限，使一国机关运动灵通也"；"三曰内外各重要衙门，皆宜设辅佐官，而中央各部主任官之事权，尤当归一也"；"四曰中央各官，宜酌量增置裁撤归并也"；"五曰宜变通地方行政制度，以求内外贯注也"。④责任内阁制既定，中央各部门亦需相应归并裁撤。端方将现行之六部通过增置、撤并、更名改为九部，即：内政部、财政部、外务部、军部、法部、学务部、商部、交通部、殖务部，并新设会计检察院和行政审判院以独立监督财政和行政官员。⑤与中央官制改革相适应，地方官制亦需变通。端方认为中国现存地方官制存在三大弊处："一官署之阶级太多；二辅佐之分职不备；三地方之自治不修。"鉴于此，端方提出相应的改革方案：第一，裁去守道及知府直隶州两级，形成通行的省、州县、乡市三级。第二，省县两级增设辅佐官。第三，从速成立各级地方自治机构。⑥

① 《出洋大臣详奏立宪情形》，《申报》1906年8月21日。

② 《端午帅电商各督会奏请定立宪年限专电》，《申报》1906年8月11日。

③ 《立宪应如何豫备施行准各条举以闻谕》，光绪三十三年五月二十八日，故宫博物院明清档案部编：《清末筹备立宪档案史料》上册，北京：中华书局，1979年，第44页。

④ 端方：《请改定官制以为立宪预备折》，《端忠敏公奏稿》卷六，第44—47页。

⑤ 端方：《请改定官制以为立宪预备折》，《端忠敏公奏稿》卷六，第48—51页。

⑥ 端方：《请改定官制以为立宪预备折》，《端忠敏公奏稿》卷六，第54—57页。

　　端方官制改革的倡议很快便在京城官场引发了恐慌。端方、袁世凯的政敌瞿鸿禨、军机大臣铁良及一些既得利益者对改制进行了抵制。至八月，京城政潮迭起，朝野同党的端方、袁世凯及庆王奕劻在京师的权位告危。光绪三十二年八月二十二日（1906 年 10 月 9 日），端方受命南下赴任两江总督。

四、坐镇两江——授两江总督兼南洋大臣

　　端方任职两江总督始于光绪三十二年八月（1906 年 9 月），迄于宣统元年六月（1909 年 7 月），三年时间里，端方把他的改革理念与举措在政治、经济、文化教育等方面系统地实践开来。在政治层面，他认真筹划两江地方自治，以南京、苏州为中心，逐步向四周扩散蔓延，"一面开办宣讲，以晓颛愚，画定区域，以行选举，选举既定，议事会与董事会乃得次第组织"①，并与各地方官绅悉心研究"民情土俗、利弊情形，以便次第设施"②。开设省咨议局是地方自治的重心，端方于光绪三十四年十月（1908 年 11 月）专门设立江宁咨议局筹办处，全面规划咨议局议员选举之事。在端方的积极督促下，江苏咨议局议员分别在宣统元年四月、五月进行了初选和复选，并在九月份顺利召开了会议，这在中国地方自治史上具有重要意义。

　　振兴两江经济是端方的一个执政理念。他曾在给江西巡抚冯汝骙的信中说："各省财力日形困敝，非从实业上着力，不能有济。"③ 将开办实业、增强财力作为施政之重。对于两江的经济现状，端方亦有明确的认识："江南地大物博，出产素宏，而偶遇水旱偏灾，民情立时困苦。"究其原因，一则"皆由实业未能研求，地利未尽开辟"④，二则"中外通商以来，洋商机制货品精益求精，往往取用中国材料，还以输之中国，土货转为所拥挤，利益颇难挽回"⑤。

---

① 端方：《筹办地方自治局折》，《端忠敏公奏稿》卷十，第 28 页。

② 《江督苏抚派员调查地方自治事务》，《申报》1907 年 12 月 8 日。

③ 《端方复冯中丞》，《端方档案》，端 924，函 106。转引自张海林《端方与清末新政》，南京：南京大学出版社，2007 年，第 300 页。

④ 《江督注重农业》，《申报》1907 年 12 月 27 日。

⑤ 端方：《织呢厂请立案片》，光绪三十三年三月，《端忠敏公奏稿》卷八，第 8 页。

在这种思想的指导下，端方倡设、扶持了许多工商企业，包括矿冶业、织呢业、瓷业、印刷业等。现以端方筹建的印刷厂和扶植的自来水公司为例，探究端方的经济举措和思想。端方在出洋考察期间，曾参观过欧美国家的印刷厂，对于印刷业的重要作用，他有较深刻的认识："民智日进，则文字之用愈繁；文字愈繁，则印刷之事亦愈广。东西各国于印刷一业，不特视为振兴工艺之一端，且常借为范围法律之要具。"① 端方在到任两江总督半年后，即开始着手创建南洋印刷官厂，并主张效仿美国、日本官办印刷厂。该厂经过端方躬亲细事的筹设，于光绪三十三年四月（1907 年 5 月）创始经营。端方为该厂拟定的印刷范围主要有三项："一曰官用品，如粮串、钞票及署局文书、簿册，盐务、厘金各种票照之类是也；二曰民用品，如呈词、状纸、契券、合同、婚帖、当票、账簿、经折之类是也；三曰商用品，即商民通用品物托厂代印之件是也。"② 在经营管理方面，端方亦有自己的"设厂规则"："名虽官办，实系工商。欲求厂务之振兴，必尽去官场之习气。"并将全厂事务划为商务和工务两大部，商务专管营业，工务专管制造。③ 在端方的正确经营思想的指导下，南洋印刷官厂一直存在至南京国民政府时期，几经沉浮，后易名为三民印务局，直属于国民党中央党部，成为当时南京最大的印刷厂。

早在光绪二十三年（1897），上海江海关道曾招令商人股份成立自来水公司。但囿于人们接受新生事物程度较低，公司"安设水管无多，售水有限"。至光绪三十四年（1908），自来水公司渐渐"入不敷支"，无奈之下欲招集洋股。端方听闻后，决定由官府先行借款，收回经理权，清厘水价，筹商招股、添机、还款等事宜，待公司规模已定时，再交工程局绅董接收，并按照商律公司之章程，选举总理、协理，进而再改为地方自办。此举之目的在于"既收众擎易举之效，且免主权旁落之虞"。④ 端方对上述两公司的襄助，体现出他利用官款对近代工商业的扶持。

---

① 端方：《筹办南洋印刷官厂折》，宣统元年三月，《端忠敏公奏稿》卷十四，第 33 页。
② 端方：《筹办南洋印刷官厂折》，宣统元年三月，《端忠敏公奏稿》卷十四，第 34 页。
③ 端方：《筹办南洋印刷官厂折》，宣统元年三月，《端忠敏公奏稿》卷十四，第 34 页。
④ 端方：《自来水由官经理片》，宣统元年三月，《端忠敏公奏稿》卷十四，第 8 页。

端方在任职两江总督期间，还倾注精力建造了南京城区铁路，发起并筹备中国第一次全国规模的博览会——南洋劝业会。此外，他在重视发展工商实业的同时，也兼顾农业，曾言"世界各国无不以重农为立国大计。中国地处温带，为天然农国。只以有农事而无农学，新法新理不知研究，以致弃货于地，百产日绌，工商之业因之不进"。① 在此理念的主导下，端方一面兴办农业试验场以改良农业，一面开设农会扶持农民，可以看出他主张平衡发展农工商。

端方一向重视发展文化教育，崇奉"欲行其政，必先智民；欲智其民，必先兴学"的思想，受任两江总督使得端方得以将自己的教育思想及主张付诸实践，全面推进了两江新式教育的发展。端方先从两江的中小学教育入手，创办模范小学堂，指导修订中小学教材，进而创建高等专科学校，如两江师范学堂、两江法政学堂、南洋高等商业学堂等，对于构建两江现代教育体系具有一定的积极意义。对于其前任所设的中国公学和上海复旦公学，端方也鼎力支持，每月分别拨款一千两和一千四百两资助，并分别委派郑孝胥和严复任监督，主持学校的教育工作。② 此外，端方还非常重视女子教育和留学生教育。光绪三十三年（1907），端方利用其与耶鲁、哈佛大学校长的关系③，共选派十五名（男十一名，女四名）学生，由温秉忠护送赴美留学，四名女学生分别是曹芳芸、胡彬夏、王季香和宋庆龄④。另，端方不同于大多数督抚仅专注于新式学校的创办，而忽视其他文化事业的发展。端方在考察欧美时曾盛赞各名都巨埠图书馆"藏书之盛"，加之认识到中国传统官私藏书虽盛，但像兰台、南监这些历史上著名的藏书机构却仅"有刊书之功"，并"非储书之地"，而图书馆则可"开益神智、增进文明"，回国后便拟办现代图书馆。⑤ 光绪三十三年十月（1907 年 11 月），端方开始创办江南图书馆（今南京图书馆

① 端方：《办理农业试验场折》，光绪三十四年七月，《端忠敏公奏稿》卷十二，第 44 页。

② 端方：《筹拨复旦公学经费折》《筹拨中国公学经费折》，光绪三十三年四月，《端忠敏公奏稿》卷八，第 15—17 页。

③ 端方与戴鸿慈出洋考察期间，积极与美国各大学接洽，商讨派遣留学生事宜，最终争取到美国大学的留学生名额。

④ 尚明轩：《宋庆龄年谱长编》，北京：社会科学文献出版社，2009 年，第 32 页。另，当时年幼的宋美龄亦跟随其中。

⑤ 端方：《创建图书馆折》，《端忠敏公奏稿》卷十二，第 45 页。

的前身），筹定资金，聘请翰林院编修缪荃孙任图书馆总办规划一切。此后，其以七万三千余元的高价购得名列清末四大藏书楼之首的浙江钱塘丁丙所拥有的"八千卷楼"。宣统元年（1909），江南图书馆正式开放，这是中国最早的公共图书馆。有关端方的教育思想和文化实践活动，在之后的篇章中还会有更详细的分析和阐述，此处不再赘述。

第五节　葬身革命

　　宣统元年五月（1909 年 6 月），端方因显赫政绩获得了摄政王载沣的嘉赏，"蒙恩擢授"为直隶总督。作为疆臣之首[①]，端方正欲施展抱负之时，筹办慈禧"梓宫移葬山陵"一事，将他从政治仕途的顶峰拽入了谷底。轰轰烈烈的保路风潮将端方再次推到风口浪尖，他被清廷重新起用为督办川粤汉铁路大臣，入蜀后还未及镇压保路运动，便葬身革命，成为"叛兵赴鄂报功"[②]之证据。

一、主政直隶

　　端方于宣统元年六月二十四日（1909 年 8 月 9 日）抵天津理事，欲继续推行其在两江任上的新政理念，"力除积习，殚竭愚诚，务因时而制宜，益整

[①]　直隶总督是清朝九位封疆大吏中级别最高的，故被称为疆臣之首。端方是近代继荣禄之后，第二位任此职位的满族官员。Edward J.M. Rhoads 曾在其书 *Manchus and Han：Ethic Relations and Political Power in Late Qing and Early Republican China，1861-1928*（Seattle and London：University of Washington Press，2000）第 152 页中指出，载沣重新重用满族官员，亦显示了端方在满族官员中的优势。

[②]　《包荣浩、李希庚、王兰芬等为疆臣在四川资州地方兄弟殉难情形呈文》,《匋斋殉难资料并时人书札》，中国国家图书馆藏，线装，清末民间粘贴本。

躬而率物，勉为蚊负"①，"实心实力，黾勉图功"，努力把直隶建成地方"宪政进行之准"②。到任之初，端方即令总督衙门及所辖的各厅、州、县清理陈年积案。接着，两上《遵查知县参款折》，迅速有效地办结了"王锡光、阎骏被参案"，对于王锡光筹款办学的行为给予肯定鼓励，而对阎骏吸食鸦片的行为则予以严惩，"即行革职，永不叙用，以昭儆戒"。③

端方在直隶最重要的两项改革是"北洋军镇改良"和"裁减北洋局所的薪费"。北洋军虽已"足为各省新军之先导"，但"军事进步本无止境"，且北洋新军亦因财力之困，"军政缺略颇多"，仍需"切实筹划，拟就改良办法"。④其一，端方注重提高军官和士兵的素质。委任"在日本、德、法留学毕业归国者"任军官，"将毫无军事知识之官长逐渐淘汰"，"既使各学生等得所效用，益增军事上之经验，而全镇官长之学问程度亦自然悉臻划一"，新征士兵时择选"有普通学问者"。其二，加强改良军队武器装备。"酌量购备添练重炮队、机关枪队、交通队"，"以为将来实战之准备"，并购国有制造局自制之实弹，设置实弹射击场，以供军队实战演习之用。⑤整顿北洋新军的同时，端方开始盘查北洋各局所的财政，发现北洋的薪费"靡款较各省为尤甚"。⑥端方在天津视事后直言："直隶道府以至县佐贰、候补、候选各项差委，名目繁多，较之南洋加至数倍"，"北洋各局所从前号称有余，今则无一不左支右绌，几于挪垫俱穷"。端方推论其故，言："固由于教育未能普及，实业未能广兴，生利者少，分利者多，不得不趋于官之一途，以博利禄。"鉴于此，端方制定了裁员减薪的原则："凡原有局所，其事之可并者则并之，其可归实任司道及向无责任者则撤之，其虚耗薪费并不办事之员，则裁减而更易之。"经过端方此次盘查裁减，北洋官僚队伍得到了空前的整肃，薪费大为缩减，"岁省之数已三十余万两"。⑦

---

① 端方：《到津接印谢恩折》，宣统元年六月，《端忠敏公奏稿》卷十六，第1页。

② 端方：《胪陈筹备事宜折》，宣统元年八月，《端忠敏公奏稿》卷十六，第15页。

③ 端方：《遵查知县参款折》，宣统元年八月、宣统元年九月，《端忠敏公奏稿》卷十六，第9—11、25—26页。

④ 端方：《军镇筹拟办法折》，宣统元年十月，《端忠敏公奏稿》卷十六，第37—38页。

⑤ 端方：《军镇筹拟办法折》，宣统元年十月，《端忠敏公奏稿》卷十六，第38—40页。

⑥ 《商拟核减北洋靡费》，《大公报》1909年8月1日。

⑦ 端方：《核减局所薪费折》，宣统元年九月，《端忠敏公奏稿》卷十六，第29—30页。

二、受命陵差、被参革职

正当端方踌躇满志地在直隶推行各项新政措施之时，其被清廷任命为"山陵大差"总办，筹办慈禧"梓宫移葬山陵"之事。早在光绪十五年（1889），端方即曾办理过皇室的婚丧庆典及寝陵之事，并由此走上平坦的仕途。然而，在慈禧当政时期比较顺利的官运，在摄政王载沣掌权时却颇为不顺，端方上任直隶总督不到五个月，便因"实属恣意任性不知大体"的"不敬之罪"被革职。[①]李鸿章的孙子李国杰奏劾端方在恭办陵差时的三大罪状："沿途拍照，毫无忌惮""安然乘舆，横冲神路""风水墙内绵亘电线"。[②]此时，清廷内与端方政见相左的反对派，也开始不断参劾端方，加之失去了朝中同盟张之洞的鼎力支持[③]，最终端方被罢免了直隶总督之职。[④]对于端方被参革职一事，国内各报纸皆纷纷评论。《大公报》对于李国杰所言的"大不敬"之罪一一进行辩解："自光学发明而后有照相机之作用，自电学发明而后有电线杆之设布，我国之有此等机械犹在近数十年，故关于此等犯罪律例上无明文也。今直督端方竟因此而蒙不敬之罪，殊属出人意外。由此推之，凡近来以摄影为纪念、以电机通言语者皆以不敬待之耳，否则何解于端方之革职。"[⑤]《申报》亦言："陈璧贪黩也，而吏议革职；端方横冲神路也，而吏议亦革职。然则贪黩之与横冲神路，自吏视之，其罪适相等。溥善以卖地获咎而竟起用，端方以照相获咎而乃革职，然则不知今后设有外人照相，则何如？不知当代卖矿专家如胡聘之、聂缉椝辈，其抚髀心动则何如？且不知此次办差获咎之各大臣对于此则又何如？然则中国今日其诚所谓吏例利之天下

---

① Edward J.M. Rhoads. *Manchu and Han*：*Ethic Relations and Political Power in Late Qing and Early Republican China*，*1861-1928*. Seattle and London：University of Washington Press，2000. p151.

② 《宣统元年十月大事记》，《东方杂志》第六年第十二期。

③ 张之洞于宣统元年八月二十二日病逝，其在病榻之时，曾上奏摄政王载沣为端方据理力争："谓端方为督抚中不可多得之员，直隶之任诚为得当。应请实心倚任，不宜轻信人言。"（《张相国推重端午帅》，《大公报》1909 年 8 月 4 日）

④ Michael Gasster. *Chinese Intellectuals and the Revolution of 1911*. Seattle and London：University of Washington Press，1969.p259.

⑤ 《新罪名》，《大公报》1909 年 12 月 4 日。

哉！"①其实，端方与袁世凯的失势都既是清廷内部各派权力斗争②的结果，同时也是革新与保守之争的结果。《北华捷报》曾评论：

　　期望改革还没有成为所有官员的共识。近来被任命为御史的胡思敬结伙联名上奏，请求放弃一切宪政改革。该奏折之目的显然是尽一切可能阻止改革。由于总督端方曾是赴外考察宪政大臣，该御史认为，端方如果进入军机处，毫无疑问将把改革的精神和能量带入此一机构。为了阻止此事发生，御史使用他的惯用武器指控端方。③

久居封疆大吏之位的端方被革职后即赋闲在家。他本就喜爱吟诗赋文，其所著诗文集有《端陶斋诗合钞本》④，且嗜好金石书画，珍藏了大量孤本、精拓，并将所收集珍奇古玩绘集成册，编有《陶斋藏石目》⑤、《陶斋吉金录》⑥、《陶斋吉金续录》⑦、《陶斋藏石记》⑧等。赋闲在京期间，端方经常赴宴会朋，荣庆在其日记内有详述，如宣统二年（1910）九月初九日，端方与荣庆一起赴徐世昌处"扰饭"，"谈宴其畅"；九月二十二日，端方与"唐绍仪、徐世昌、伯轩、子年、荣庆、仲路等前往政务处谈天"。⑨在此期间，端方还创办了自己的博物馆，展览自己收藏的古玩字画。张謇在宣统元年五月二十八日的日记中记述了自己被邀参观一事："陶斋邀观所建海王村之博物馆。"⑩宣统三年（1911）三月二十七日，荣庆亦曾在日记中述及"赴午桥博物馆之招"。⑪

---

① 《朝廷举措之不测也如是夫》，《申报》1909 年 11 月 25 日。
② 迟云飞的《端方与清末宪政》（中南地区辛亥革命史研究会编：《辛亥革命史丛刊》第九辑，北京：中华书局，1997 年）一文，详细分析了这场权力争斗。
③ Opposition to Reform，July 17，1909，*North China Herald.*
④ 端方：《端陶斋诗合钞本》，国家图书馆藏。
⑤ 端方：《陶斋藏石目》，清光绪二十九年铅印本。
⑥ 端方：《陶斋吉金录》，上海：有正书局，1912 年。
⑦ 端方：《陶斋吉金续录》，上海：有正书局，1912 年。
⑧ 端方：《陶斋藏石记》，上海：商务印书馆，1909 年。
⑨ 谢兴尧整理、点校、注释：《荣庆日记》，西安：西北大学出版社，1986 年，第 171 页。
⑩ 南通市图书馆、张謇研究中心合编：《张謇日记》第六卷，第 648—652 页。
⑪ 谢兴尧整理、点校、注释：《荣庆日记》，西安：西北大学出版社，1986 年，第 190 页。

三、督办铁路、客死他乡

正当端方赋闲在家，宴饷酬和、雅赏古玩之时，清廷委任他为督办川粤汉铁路大臣赴川镇压保路运动，使得他再次走到历史的前台。

宣统三年（1911）五月，时任邮传部尚书的盛宣怀奏请将已经民营化的粤汉、川汉铁路收回国有，清廷予以准奏。前已述及，端方在筹办慈禧"梓宫移葬山陵"之事时，以"大不敬"之罪名被革职。正是在盛宣怀的推荐之下，端方被清廷重新起用，任命为督办川粤汉铁路大臣。此时，湘、鄂、川三省的铁路风潮正处在风起云涌之际，端方此次赴任不但终止了其政治生涯，其身家性命亦葬身在蜀。

端方之所以被任命为铁路大臣，一方面是由于其在任湖南巡抚及两江总督时，曾参与废约赎路活动并协助两江绅商筹办铁路[1]；二是因为他与湘、鄂两省"绅民感情尤厚"[2]，便于与地方绅商沟通，以推行清廷的政策。时任军机大臣的那桐亦推荐由端方督办川粤汉铁路，"谓端方曾任湘、鄂两省督抚，与两省士民甚有感情，若令其前去，善为劝导，必能弭患无形"[3]。然而端方其实并不赞成铁路收归国有，亦不愿南下督办，借口"恐材力不胜，拟具折力辞"。但其本是革职之人，朝廷肯弃瑕录用，已是勉为其难，无奈只得赴命。南下之前，端方几次上奏清廷或咨函邮传部，请求收回铁路国有之成命，并致函盛宣怀调取川汉、粤汉铁路之档案研究路政。[4]但清廷最终仍采取既定政策，于宣统三年五月二十一日（1911 年 6 月 17 日）发布川粤汉干路收回详细办法的上谕。[5] 6 月 29 日，端方离京启程。至鄂后，端方竭力与鄂路公司总理黎大钧、会长刘心源及刘洪烈等绅商联系[6]，"出辕遍拜鄂省官场，凡局

---

① Joseph W.Esherick. *Reform and Revolution in China：The 1911 Revolution in Hunan and Hubei*. Berkeley and Los Angeles：University of California Press，1976.p171.

② 《鄂路协会对待方法》，《申报》1911 年 5 月 29 日。

③ 《铁道国有风潮仍未平息》，《申报》1911 年 5 月 24 日。

④ 陈旭麓、顾廷龙、汪熙主编：《盛宣怀档案资料选辑》之一《辛亥革命前后》，1911 年 6 月 3 日《端方致盛宣怀等函》，上海：上海人民出版社，1979 年，第 98—99 页。

⑤ 《度支部会奏遵旨筹画川粤汉干路收回详细办法折》，《申报》1911 年 6 月 25 日。

⑥ 《端大臣抵鄂纪详》，《申报》1911 年 7 月 9 日。

所、学堂、军营、绅宅各处一概投刺回拜"①。端方动之以情、晓之以理的方式赢得了鄂省绅商的好感，但湘、川两省的绅商并不为所动，丝毫不让步，继续抗议"铁路国有"。无奈之下，端方向邮传部提出折中方案，主张将粤汉铁路改线，"过湘省之干线，改由江西直达"。②对于川汉铁路，端方专门派其幕僚夏寿田到邮传部秘密商议更改路线，将原定路线让于川绅修筑，以避争锋。③但邮传部"于此议颇费踌躇"④，其时在邮传部任职的陈毅曾致函盛宣怀，认为"川乱因路而起，而现在为乱者则非争路之人也。若在一月以前改线，诚足以息路争；目前情形，虽改线恐亦无救于乱。斯时争路诸人纵自反其从前激烈之议论，苦求乱民解散，亦不能有效。盖近年人心思乱，多因他政所召，不过借路发端"⑤。至此，端方处在欲罢不能的尴尬境地，回京不能复命，在鄂不能治事。在汉阳迁延两个月后，9月7日，因四川总督赵尔丰制造"成都血案"，致使川省绅民的保路运动演化为武装暴动。

端方对于四川保路运动的复杂情势有着比较清醒的认识，他明白自己和国家的命运都危在眉睫，屡次请辞赴川的使命。即使在赴川途中，他仍致电盛宣怀，期望取消此行："惟鄙人（指端方）究系办路之人，川人不晓鄙意，误以为朝廷遣鄙人前往，意主从严；季帅（指赵尔丰）不晓鄙意，误以为鄙人前往，将取而代之。两处各挟疑团，此事何从着手？固鄙人辞之，奏申明请派与路事毫无干涉之人，是明言此役非独鄙人不宜，即莘帅（指端澂）亦不宜。"⑥端方竭尽所能说明他去四川是办铁路之事，而非去剿办匪徒。然而他未意识到这实际上是一场因铁路之事引起的变乱，而且一场即将席卷而来的革命风暴正在酝酿。最终，清廷拒绝了他的辞职，端方得到的依旧是火速入川的严旨。端方不得不带领湖北新军第八镇两标士兵离开武汉，这恰恰造成

① 《端大臣行辕之见见闻闻》，《申报》1911年7月13日。
② 《京师近事》，《申报》1911年7月23日。
③ 《端督办主张更改路线》，《申报》1911年8月19日。川汉铁路原定路线系由宜昌至万县，由万县至重庆，由重庆至成都，现端方主张改由潼关达川北保宁府，由保宁达成都，以与洛潼路、汴洛路联接。
④ 《端督办主张更改路线》，《申报》1911年8月19日。
⑤ 陈旭麓、顾廷龙、汪熙主编：《盛宣怀档案资料选辑》之一《辛亥革命前后》，1911年9月16日《陈毅致盛宣怀函》，上海：上海人民出版社，1979年，第153页。
⑥ 陈旭麓、顾廷龙、汪熙主编：《盛宣怀档案资料选辑》之一《辛亥革命前后》，1911年9月13日《端方致盛宣怀电》，上海：上海人民出版社，1979年，第148页。

了武汉的军备空虚，给革命党人发动起义提供了一个绝佳的机会。宣统三年
（1911）10 月 10 日，数百湖北新军发动起义，星火之势很快燎原，这就是推
翻了千年帝王统治的辛亥革命。11 月 13 日，端方所带领的一行湖北新军抵达
四川资州，此时，武昌起义胜利的消息传来，人心彷徨不定，军心愈发动摇。
虽然端方为稳定军心，极力笼络部下，对士兵嘘寒问暖，为求生甚至弃满族
权贵身份于不顾，但是最终仍未能脱身，连同其曾留学日本研究铁路的弟弟
端锦，均丧命于乱刀之下，身首异处，成为其随从新军中的革命党人急求自
明、邀功求官的证据。[①]

　　清廷闻端方客死资州后，特赐谥号"忠敏"。1912 年 4 月，张謇为端方
撰写挽联："物聚于好，力又能强，世所称者，燕邸收藏，三吴已编匋斋录；
守或匪亲，化而为患，魂其归乎，夔云惨淡，万古同悲蜀道难。"[②]这副对联是
张謇对端方一生较鲜明的归纳和写照。

小　结

　　清末十年是晚清社会风云变幻的十年，清廷的掌权者满族贵族尽其所能
维护行将就木的统治。地方督抚是清政府政策的推动者与实践者，其所致力
的各项改革举措皆是时代的产物与缩影。端方一生主要的活动即集中在此时，
身居新旧交替的社会转型时期[③]，其思想与行动明显折射出那个时代的不变与
变、新与旧、革新与传统。作为"北京旗下三才子"之一的满族贵族，端方
"早掇魏科"，因办事干练，颇受两宫厚爱，本应像祖父辈一样，位居高官显
职，终生享受优渥的待遇。然身处危局，当大多数满族权贵对政治"懵懂不

---

① 对于端方死难之原因，张海林教授在《端方与清末新政》一书中对史料和传闻有详细剖析，主要总结
了"勤王遭拒"说、"闹饷勒银"说、"民党谋刺"说、"欲谋独立"说四种版本。
② 张謇：《张季子九录·专录》卷十，上海：中华书局，1932 年，第 16 页。
③ Douglas R. Reynolds. *China，1898-1912：The Xinzheng Revolution and Japan*. Cambridge and London：
Council on East Asian Studies，Harvard University，1993.p2.

觉",或自觉"大势已去"①之时,端方却投身于改革思变的大潮中。他投身维新、督理农工商总局,力倡设立中国传统官制中不曾有的新机构,成为戊戌维新的参与者和支持者。戊戌政变,慈禧下令治推行维新官员之罪。端方凭借一篇歌颂清廷功德的《劝善歌》,成为唯一一位"虽司新政而迁官者"。西狩护驾、"严遏拳风"、保护洋教士得力,端方博得了光绪帝与慈禧太后的赞誉,亦颇得外国人推崇,他的政治生涯由此踏上坦途。

出洋考察政治的特殊经历,使其长期禁锢的思想为之开化,回国后即致力于倡导立宪运动。端方一生主要的仕宦经历是任职地方大员,推行各项新政举措。自光绪二十七年至宣统元年(1901—1909)十年间,端方历任湖北巡抚、湖广总督、湖南巡抚、江苏巡抚、两江总督、直隶总督,全面推动了所管辖地区的政治、经济、军事的现代化进程,成为清末满族官员中少有的开明人士。升至疆臣之首,却因筹办陵差"大不敬"之罪名,在政治权力斗争中失势。被参革职、赋闲在家后,端方本欲借铁路风潮之机重回政坛,不承想,中经变故,殒身革命。作为一代"治者",端方身处晚清社会转型时期,一面应时代所需趋新求变以维护清廷统治,一面坚守社会根基所赖以存在的思想秩序,这在端方所致力的政治、经济、文化改革措施中历历可见。

_____

① 详见孙燕京《从〈那桐日记〉看清末权贵心态》,《史学月刊》2009 年第 2 期。

第二章　端方与政治变革

端方推行的政治改革与清末新政宗旨是一致的，内容主要包括整肃吏治与力荐人才、军事改革实践、支持预备立宪。端方推行的改革都是在其固守的文化背景和思想基础之上进行的，改革之目的在于维护清朝的统治。

第一节　明臣与能吏

政治变革需要过人的政治胆识，因为任何细微的改革都可能损害既得利益者或守旧官僚的权利。晚清的选官体制，其基本格局为科举一枝独秀，荐举、捐纳、军功等其他辅助模式不同程度地存在。① 科举作为选官正途，不可否认曾输送了大批才俊，降至晚清，其实际社会效用则每况愈下。荐举作为消除科举弊端的补救之途，其与生俱来的痼疾亦日益显现，有论者言："自古人才之敝有二：一在于学非所用，用非所学。夫学非所用，用非所学者，此科举之敝也。科举敝则科举中之人才已莫能见，况科举以外者乎？一在于名不副实，实不副名。夫名不副实，实不副名者，此保举之敝也。保举敝，则保举所可及之人才已莫能见，况保举所不能及者乎？"② 晚清的一些政

---

① 赵炎才：《晚清选官制度的基本特征》，《云南社会科学》2004 年第 1 期；袁伟时：《晚清大变局中的思潮与人物》，深圳：海天出版社，1992 年，第 35 页。
② 黄爵滋：《敬陈六事疏》，中国史学会主编：《中国近代史资料丛刊·鸦片战争》第一册，上海：上海书店出版社，2000 年，第 458 页。

客虽知悉选官制度的弊端，但大多缄口不言。端方历任地方大员，曾在选官制度方面进行了一些改革，涉及地方官制中选拔、考核、奖惩、举荐诸环节，力求从整体上改变地方官制的面貌。端方顺应社会历史的发展进程，依据才能选拔官员，在一定程度上有利于改善清末地方官制的一些弊端，具有一定的进步性，然其目的仍在于加强对地方官员的管理，以更好地维护清廷统治。

一、整肃吏治

（一）去陋除弊

去除陋规、革除旧弊是整顿吏治中比较棘手的问题。光绪三十年（1904）七月，端方刚刚上任江苏巡抚两个月，便将上任之前江苏吏治的弊病详加彻查，将各项陋规一律裁革，整顿江苏省军政、缉捕、学务与圜法的积弊。其一，对于"营务败坏、匪势日张"的军政，端方提出"军政、缉捕两事本属相通，现在严饬水陆各营即以缉捕（枭匪）为其专责"，经过一月有余的整顿，"各营已有振奋之意"，并调武备学堂的毕业生为管带，训练新招募的常备军；其二，对于"学堂规模未备"的学务，端方主张先将中西学堂改为高等学堂、中学堂改归苏州府经理，应改规的学科，由所设立的学务处统一延聘人才办理，并建师范学堂为中小学堂提供师资，建方言学堂使游学者先习语言；其三，对于"章程俱未周妥"的圜法，端方认为其弊在于奸商囤运铜币，因此其在"外洋订购印花机器多部，俾得广为开铸，办有成效即由官运销各属"，大力整顿官铸制钱。最后，端方指出江苏"事事积疲，诚非有振作鼓动之精神，不能冀有实效"，显示出其革除陋规旧弊的决心与信心。[①]

光绪三十二年（1906）十月，升任两江总督的端方预告全省官员，将所有"闲差"一律裁去，所有各关局卡、会办、提调及城门差使均须裁撤。之后，端方率先垂范在两江总督衙门取消旧书吏，改变旧的官员制度。同时，为了保证官员能够及时地"通达民情、考求吏治"，端方专门设"收词委员"，

① 端方：《整顿苏省积弊折》，光绪三十年七月，《端忠敏公奏稿》卷四，第8—10页。

令他们"不分告期、不拘格式"收受人民的呈词。最初，"收词委员"共二十人，后为精简开支，提高效率，只选取其中四人留任，并转为督辕职员。①端方此次去陋革新的举措，为地方吏治整顿树立了榜样。同时，对于"捐纳、保举两项得官较易"的陋规，端方主张暂停。同年十二月，端方在奏折中明确指出江苏候补道员拥挤过甚，流弊颇多，"各道缺不过七员……局差亦只二十余处，其候补道员乃至二百余人"，且候补道员只"论官职之崇卑，不问人材之称否"，并指出"此二百余人长日加益，贤者骤无以自见，不肖者且专务钻营，其生计较裕之员则游衍征逐，酒食喧呶，弊中于吏治，而害成于风俗"，建议将捐纳劳绩道员停止分发三年，以整顿吏治。②

对于曾被误判的冤假错案，端方敢于除旧弊，勇于纠正谬误。光绪三十一年（1905），常镇通海道郭道直因隐匿税银、有心蒙混，被吏部革职。光绪三十三年（1907）九月，端方彻查此事，核实郭道直并无隐匿蒙混之事，于是专门奏请将其官复原职。③同年十二月，端方对知县洪寿彭纵容革属岑盛昌串通其家丁张贵"招摇诈骗"一案的处理，更能显示他整饬吏治的政治智慧。一方面，端方称："江苏近年官场习气实为恶劣，贿买差缺、营求撞骗之事，时有所闻，该督（指张之洞）承积弊之后，严刑重典能令匪徒震悚，洵足以挽救颓风"，主张严惩招摇诈骗、贿买官职之人。另一方面，端方又指出，吏部以"纵容家人在任所招摇诈骗"的罪名将洪革职并不妥当，因为岑盛昌是暂代洪的家丁服役，并非洪的家人，且经审问，洪的家丁张贵并不知情，其罪在于失察而非纵容；而且洪寿彭"其人操履不苟，学识优长，为近今不可多得之员，当此需才孔亟之际，废弃殊属可惜"，"为爱惜人才起见"，希望能撤销其处分继续留用。这显现出端方为政求实效的吏治思想。④

（二）奖功惩劣

整顿吏治之时，端方主张奖罚分明，激浊扬清。他指出："官不容贪，贪

---

① 《札饬停止收词委员》，《申报》1907 年 9 月 15 日。
② 端方：《请停道员分发折》，光绪三十二年十二月，《端忠敏公奏稿》卷七，第 22—23 页。
③ 端方：《请开复道员折》，光绪三十三年九月，《端忠敏公奏稿》卷九，第 53 页。
④ 端方：《撤销革员处分片》，光绪三十三年十一月，《端忠敏公奏稿》卷十，第 9 页。

则厉民；官不可穷，穷亦害事。疆臣所以能奔走群僚，责其尽心民事、力行新政者，禄足以养之故也。"① 端方早在任职陕西按察使时，即曾奏劾劣员甘肃试用道张庆焕"为富不仁，声名恶劣，倚恃缙绅，恣行乡里"，请将其即行革职，并交地方官严加管束，以免滋生事端。② 对于亵渎职守的官员，端方主张一律裁撤，绝不留情。光绪三十四年（1908）七月，端方奏请将私自出卖土地的蓝翎同知衔候选中书科中书杨梓即行革职。③ 对于败坏吏治的劣迹官员，端方同样主张严惩不贷。宣统元年（1909）二月，江苏补用道李本森遣人向江苏布政使瑞澂行贿一千元银票，端方厉斥："李本森竟敢以厚贽相投，实属胆大无耻，除银票饬该司发充地方善举外，相应请旨将江苏补用道李本森即行革职，以示惩戒。"④ 宣统元年五月，端方核查广盈库大使彭庆善以卖官卖缺诳骗候补盐经历潘熙昌银两一案，查明属实之后，将两人一并革职并发配新疆效力赎罪。⑤

端方一方面严肃整饬劣员，另一方面，对奉公守法、恪尽职守的官员则予以奖励表扬，为其他官员树立了榜样。端方任职陕西巡抚期间，曾专上奏折陈述河南大挑知县赵贾芳帮办赈务、清查户口、就地劝捐等尽职之事，后该员在回县途中因山路崎岖，马行失利，跌崖受伤，医治无效身亡。端方主张应对该官员"从优议恤，以慰幽魂而昭激劝"。⑥ 光绪三十四年八月，端方曾嘉奖桃源县李县令："具见尽心民事，殊堪嘉尚。学堂为自强始基，警察、习艺所均为地方要政，仍应将办理情形分别专案禀候查核。近来银价奇昂，各州县平余顿减，困苦亏垫，自系实情。本部堂深知其故，亟思设法维持。……该令仍须振奋精神，将地方一切应办理事宜，随时实力经理，勿稍始勤终怠为要。"⑦

光绪三十四年九月，端方胪陈江苏江浦县知县邝兆雷的政绩，从处理民

---

① 端方：《杜官亏而重吏治折》，光绪三十四年九月，《端忠敏公奏稿》卷十三，第 1 页。

② 端方：《奏劾在籍劣员折》，光绪二十五年十月，《端忠敏公奏稿》卷一，第 4 页。

③ 端方：《请将候选中书革职片》，光绪三十四年七月，《端忠敏公奏稿》卷十二，第 47 页。

④ 端方：《惩戒道员片》，宣统元年二月，《端忠敏公奏稿》卷十三，第 35 页。

⑤ 端方：《审明革员按例定拟折》，宣统元年五月，《端忠敏公奏稿》卷十五，第 10 页。

⑥ 端方：《请恤办赈委员片》，《端忠敏公奏稿》卷一，第 22 页。

⑦ 《江督奖励桃源县》，《申报》1908 年 9 月 4 日。

教关系、赈灾、兴办教育等多方面，称赞该知县"有益于民生"：

> 首以宣通民隐为务，严惩痞棍，约束书差。民间控诉立时讯断，有美国牧师因堂产与民构讼，一经讯结，两造翕服，于民教辑睦绝少龃龉。查拿盗拐多所破获，内外监狱尤注意清理，遇有犯病捐资医治。（光绪）三十二年秋间，大水为灾，米价翔贵，奸民借口，时有抢米之谣。该员开导弹压，一面督绅筹办平粜。是年，各处抢米之案纷起，而浦邑独安靖如常。嗣后办理工振，官款不足，复捐廉以继之。此外，如助设学堂、购置书籍，并振兴农工实业，创办桥梁水利，凡有益于民生者，无不极意图维，力求实际。方今时事日迫，民困日深，全在牧令得人，方足以培元气而固邦本。江苏吏治经臣等力加整顿，其能自振作者固不乏人，而该员实为之冠。伏惟政治之本在牧令，而激扬之权在朝廷。……该员邝兆雷恂恂无华，劳心抚字，考验成绩，参访舆论，实属治行昭然，不愧循良之选。……仰恳天恩，俯准将江浦县知县邝兆雷破格录用。该员自当益加奋勉，力图报称，实于振兴吏治、鼓舞群材之道大有裨益。①

因端方整顿吏治的业绩突出，清廷军机大臣常寄密函请其查明被参官员的虚实。如光绪三十四年（1908）四月查明两淮运司赵滨彦营私蔑法参款一案、十二月遵查安徽省吏治窳败民困贪残一案②等。对于上述两案中查无实证的官员，端方力陈应委以重任。而对于"小有瑕疵"的官员，端方主张惩罚的同时，也建议取其长略其短。如光绪三十四年三月初八日，端方遵查江西布政司沈瑜庆结党营私、劣迹昭著等所参各款，查无实据后，端方主张将上参折的升补义宁州知州陈思忠、候补知县施谦等一并革职，以示惩戒。③同年九月初九日，端方奉谕旨查明江南司道员赵滨彦、朱之榛等吸食洋烟、官卖私盐、侵吞缉私一案，特派江宁提学使陈伯陶、常镇通海道刘燕翼前往苏扬查核。经调查，赵滨彦所兴建的洋楼并非吸食鸦片所用，而是办公会客之地，参

---

① 端方：《胪陈贤吏政绩折》，光绪三十四年九月，《端忠敏公奏稿》卷十三，第3—4页。
② 端方：《遵查皖省参案折》，宣统元年闰二月，《端忠敏公奏稿》卷十三，第49页。
③ 端方：《尊查藩司参款折》，《端忠敏公奏稿》卷十二，第1—6页。

款一事亦无实据。故端方主张："时事多艰，人才难得。任事者每不免于疑谤建言者，时或误于传闻。以赵滨彦之气性方严，朱之榛之综核精密，皆能任劳而任怨，因之招忌而招尤。原参最重者在吸食洋烟，而该司道实无斯痼疾，其余各节，即使小有疵瑕，犹当略短取长为人才惜，况一并查无实据，自应请免置议，以彰公道而励贤明。"① 这显示出端方识才、爱才、惜才的政治才能。

此外，端方还将整顿吏治与地方自治结合起来，探索处理地方吏治的新方法。光绪三十三年（1907）十二月，端方奉旨查办上海工程局局董被参一案。上海工程局在光绪三十一年（1905）七月，由上海道袁树勋改为绅办，局董由县绅开会投票公举，莫锡纶等五人被公举为董事，接办局事。之后袁树勋与莫锡纶被人参奏"私相句（勾）结，得居首列，自接办后勒捐苛罚，在原有房捐外另加重捐，照明季间架捐法逐间计算，虽贫户不能免，偶遇理论，即拘局押缴，下及船捐、车捐、杂捐，无一不捐。接办甫及一年，怨咨交作，民不聊生"。端方委派上海巡警局候补道汪瑞闿按照原参各节逐一查明，"该董事等所办事件均为公益，并非私计，质之公正绅士，实无闲言。原奏所参各节大都得诸传闻，略无左（佐）证，应请毋庸置议"。并进而指出："预备立宪各省州县逐渐讲求自治，以地方之人办地方之事，不能不取资于地方之财。事有不便徇情，势必因之招怨，但使实属因公，自应量予维持，俾办事者不致为浮言所中。"② 这在一定程度上体现了端方与时俱进，力图建立新的从政理念与政治生态的设想。

二、举荐人才

端方对于各方面的专门人才，多进行举荐。《端忠敏公奏稿》中共有将近六十个奏折是有关保奖官员的。其中又可细分为保举贤才、将才，奖励屡有善举的职官，奖励洋务人员，奖励兴学办教育者等。从力荐人才数量上来看，端方比较注重奖励追求新知的官吏。

---

① 端方：《查明司道参款折》，《端忠敏公奏稿》卷十三，第 29 页。
② 端方：《查明局董参案折》，光绪三十三年十二月，《端忠敏公奏稿》卷十，第 18、23 页。

（一）保举贤才

早在光绪二十七年三月（1901 年 4 月），端方时任湖北巡抚，清廷"立意振兴"，饬令各督抚保荐有用之才，端方即奏荐"济变之才"、江南道监察御史于式枚及"敦信朴学、廉干有声"的安徽青阳县知县汤寿潜。[①] 而且，于式枚时任御史，按旧章本不准疆臣保荐。但端方认为人才难得，胪举人才以裨时局之需，不必拘泥于旧章，敢于破旧立新，大胆举荐，可见其求贤若渴之心。时隔半年，端方再次保举汉阳知府余肇康等员。[②] 次年二月，端方与时任湖广总督张之洞、湖南巡抚俞廉三恭折奏请，旌奖湖北补用从九品余永清。该员乐善好施二十余年，在湖北、湖南创办经营救生局三所，因年近八旬请求卸任，并将历年募置产业岁入稞数、各署月季捐款及原定章程，造册禀明立案，三局事务归并，由附近善堂接办。端方奏请为其建坊以昭激励。[③] 九月，端方再上《敬举贤才折》，并自称身膺疆寄，目击时艰，并且身处"吏道淆杂之时，尤以不染习气为贵"，故有廉能可举之人，不敢壅蔽。此折中端方举荐了"勤求民瘼"的罗田县知县陈树屏、"戡暴安良"的襄阳县知县李祖荫、"将全境矿山收买归公，杜绝外人觊觎，保持自有权利"的湖北候补知县萧端澍、"智略优裕、规划精能"的湖北候补知县宝丰等。[④]

（二）奖励洋务人员

晚清以来，外交事务较前日益增多，出使人才关系紧要，"自非学优才赡不足以资任使而济时艰"。清廷各官员往往中学根柢深厚，而未能熟悉外情、通知时变。"其精通西文、稍识交涉者，又或沾沾自喜、器识未克闳深，专对之才，殊难其选。"端方保荐内阁学士兼礼部侍郎吴郁生，称赞其："学术纯正、才识通敏，于交涉事件尤极究心。前在四川学政任内，创设东文学

---

① 端方：《保荐于式枚等折》，光绪二十七年三月，《端忠敏公奏稿》卷一，第 36—38 页。
② 端方：《保举人才折》，光绪二十七年九月，《端忠敏公奏稿》卷二，第 2—3 页。
③ 端方：《职官创办善举请奖折》，光绪二十八年二月，《端忠敏公奏稿》卷二，第 6 页。
④ 端方：《敬举贤才折》，光绪二十八年九月，《端忠敏公奏稿》卷二，第 15 页。

堂，派遣学生留学日本，多所成就。"同时，还举荐随同其考察政治的参赞温秉忠。温秉忠是留学美国的毕业生，且对中学亦颇有涉猎，出使各国考察时"遇事留心增长知识"。①二员皆胜任出使之选，保荐以应录用。由此可知，端方所举荐之官员为各式各类的人才，特别是办理新式事务较得力的官员。端方举荐这些新式人才和官吏，是希望他们更好地为清廷办事，维护清朝的统治。

端方还奏请奖励办理洋务的各员。其曾上奏言，武汉为南北枢轴，随着创兴铁路、商务日辟，"已骎骎直达上游"，天下大势日渐趋重于鄂中。各国宾客络绎不绝，电牍纷纭而至，日不暇给，鄂省洋务之繁重不下于南北洋。所有随办洋务各员都十分勤勉，故请每届三年照章请奖一次。②光绪二十九年（1903），端方与张之洞联奏陈请，湖北洋务交涉日益繁重，历年随办洋务人员异常出力，再次奏请奖励。③光绪三十三年（1907），时任两江稽勋司主事劳乃宣因修墓请假回籍。端方奏陈劳乃宣在办理洋务事件时"尽心筹划，悉协机宜"，且该员学术纯正、学贯中西，并自称"遇有一切交涉无不与该员熟思讨论、斟酌施行"，故奏请赏加五品卿衔以示优异。④光绪三十四年七月（1908 年 8 月），端方奏请保奖江南制造局得力人员。他首先陈述制造局的重要性："强国首在练兵，而练兵尤重制械。军器专门之学，中国甫有萌芽，培植人才，洵为急务。"接着又指出，江南制造局在上海设立逾四十年，所制造枪炮弹药比以前大有进步，但仍无法与"西国媲美"，这一方面是由于财力匮乏，另一方面亦是因为该局办事各员未受到鼓舞。而且制造局的总办力图整顿，平日奔走指挥异常辛劳，"虚词奖勉有时而穷，是以历练稍深、讲求有得者，辄思他往，乏术羁縻，自非择尤奖励，无以收因材器使之效"。⑤故端方推荐江苏试用知县刘原道、翟佩铎等最为得力的七员，奏请给予奖励，以为制造局储备人才。

---

① 端方：《保荐使才折》，《端忠敏公奏稿》卷八，第 43 页。
② 端方：《请奖洋务人员片》，光绪二十八年九月，《端忠敏公奏稿》卷二，第 25 页。
③ 端方：《奖励洋务人员片》，光绪二十九年四月，《端忠敏公奏稿》卷三，第 13 页。
④ 端方：《请赏办理洋务人员卿衔片》，光绪三十三年八月，《端忠敏公奏稿》卷九，第 13 页。
⑤ 端方：《保奖制造局人员折》，光绪三十四年七月，《端忠敏公奏稿》卷十二，第 40 页。

（三）嘉奖兴学育才官员

端方是"教育为本"[1]思想的实践者。[2]对致力于兴学育才的官员，端方更是大力举荐。振兴学堂，必先扶植师范。光绪三十年（1904）二月，端方延聘内阁中书衔前直隶霸州训导纪钜维为两湖文高等学堂监督，其训课精勤，成材日众。又"开办文普通中学堂，复聘兼充该学堂监督，一切教课管理章程皆其手定，条理缜密，多士服从。足为各学堂所取法。察其操履端严、宗旨纯正，实今日师范中不多见之才"，故奏请"以内阁中书用"以资激励。[3]缪荃孙是近代著名的教育家、藏书家和史学家，曾是端方幕府的幕宾，也是近代图书馆和教育事业的先驱者之一，曾创办南菁书院、南京钟山书院等。光绪二十八年（1902），缪荃孙将钟山书院改为江南高等学堂，任学堂监督，同时负责筹建江南最高学府三江师范学堂，并于光绪二十九年（1903）携柳诒徵等教员赴日本考查学务。归国后，仿日本东京大学建南京高师，是为南京大学校史之开端。光绪三十三年（1907），受端方之聘，筹建江南图书馆。鉴于缪荃孙"宅心纯笃、学识渊通、淹贯古今、深明教育"，光绪三十四年（1908）正月，端方专上奏折陈请"赏加四品卿衔以昭奖励"。[4]端方不但推崇自己幕府之人，还大力举荐社会上对教育事业有杰出贡献的人。光绪三十二年（1907），庞鸿书调翰林院庶吉士林世焘至湖南办理农业学堂，成效显著。光绪三十三年十二月，端方调林赴宁办理学堂；三十四年正月，又调其任江南高等学堂教务长。在湘办学三年，"计所成就之学生，（光绪）三十三年（1907）上学期，湖南农业学堂旧班生毕业一次；（光绪）三十四年上学期，高等学堂预科毕业升入本科。又推广升学新班学生一百余人，比照原额几加一倍"。并查林世焘经术湛深、才猷练达、热心教育、成材众多，"自任高等学堂教务长以来，著有学约，谆谆以敦品励学、正心修身为劝，尤于世道人心有济"，故奏请"照进士馆毕业例引见授职"。[5]

---

① 夏泉：《试论端方的教育思想》，《暨南学报》1998年第1期。

② 关于端方的教育思想与实践，在本书第四章有详细论述。

③ 端方：《请奖学堂监督片》，光绪三十年二月，《端忠敏公奏稿》卷三，第58页。

④ 端方：《请赏办学人员卿衔片》，光绪三十四年正月，《端忠敏公奏稿》卷十，第39页。

⑤ 端方：《教务长请奖折》，宣统元年二月，《端忠敏公奏稿》卷十三，第31页。

三、爱民济民

民为邦本，本固邦宁。端方在讲求吏治的主张中，曾述及为官之道，其要义在于为官要以爱民为己任。端方历任地方大员，非常注意争取民心，重视爱民济民。

（一）关心民疾

端方在湖北任湖北巡抚、湖广总督三年有余，一直致力于治理江河与防洪抗汛事务，将关心民疾民瘼的思想付诸实践。光绪二十七年（1901），端方调任湖北巡抚不久，便实地考察湖北省城堤坝修筑事宜，在给光绪帝的奏折中多次提到堤坝失修对沿江人民的生活造成的影响："沿江一带南路旧堤年久残废，仅有堤形可按。北路间有小埂，每年夏间必为江水灌入，堤内之田数十万亩悉成湖荡，坐弃膏腴，居民耕种失业，极形困苦。"为此，端方提出修筑沿江堤坝的方案："其旧存堤址大半距江岸甚遥，今则于沿江附近改作新堤，使旧日滨江被淹之地并包于新堤之内，涸出田亩不可胜数。南堤绵亘五十里，增筑一丈余不等，堤面一律宽二丈……外江之水既有堤以御汛涨，内湖之水须有闸以资宣泄，因与（于）南北两堤择地建闸数座，因时启闭，蓄泄有资。"在修筑大堤和闸坝的过程中，端方"督率民夫日夜赶筑，晴雨无间"，"每于闸堤出有险工，亲往查勘，督饬各员极力抢险"。①

光绪三十二年（1906），淮北一带因"小满前后阴雨连绵"，之后又"烈风猛雨历数昼夜之久，盐池冲毁，一片汪洋，尽成泽国"，使得盐产量减半。②次月，端方便上《宽免盐务提解银两片》，请示"因灾未办，江运与历年情形不同"，"此项提款遂无所出，岁入养廉银两仅敷公用，再令照常筹缴实属力有未逮"，希望"暂准宽免一年"，减轻百姓的负担。③总之，端方在担任湖北巡抚、湖广总督、两江总督期间，注意减轻徭役杂捐，兴修水利工程，同时

---

① 端方：《修筑沿江堤岸涸复田亩折》，光绪二十八年九月，《端忠敏公奏稿》卷二，第16—18页。

② 端方：《淮北灾重歉产折》，光绪三十二年十月，《端忠敏公奏稿》卷七，第10—11页。

③ 端方：《宽免盐务提解银两片》，光绪三十二年十一月，《端忠敏公奏稿》卷七，第14—15页。

他并未端坐高堂，而是深入百姓之中，了解百姓的疾苦与需求，解决了一些百姓迫切需要解决的问题。

（二）督办赈务

清朝以来至民国之前，由清政府组织的官赈一直在赈务中居于主导地位。赈务能否有效解决地方荒政，很大程度上取决于地方官员对于赈务的重视与督办程度。端方历任地方大员时期，十分重视赈务的管理与监督，并奖励督办赈务有力的官员与筹办义赈的绅商，为后世的灾荒赈济提供了些许历史借鉴。光绪二十六年（1900），端方上任陕西巡抚第二年，恰遇陕西大旱，整个"陕省灾重且广"，"亢阳少雨干暵日甚，以致麦豆禾苗夏收全行失望。秋粮未种，种者亦鲜长成"，有些地方的灾民已经"有剥掘树皮草根以延残喘者"，许多州县出现了"哀鸿遍野"的危迫情势。对此，端方接连上奏折陈述灾情，并指出其为救灾采取的措施："整顿厘税，讲求垦荒，重办土票捐输，议加路盐价值以及裁节粮饷，撤并局所。凡有可以开源节流之处，无不次第举办，搜括靡遗。今则源无可开流无可节，而事变猝起，要需迭增，遂致库储倏空，势成坐困。至于办赈，必以筹粮筹捐为先。"因"上谕凡车驾所经之地，悉免钱粮"，所以他提出"惟盼（皇上）西幸"，"得仰借宸慈镇抚黎庶，不至因饥馑而别出事端"。[1]

对于督办赈务得力的官员，端方不计其过，大力举荐嘉奖。光绪三十二年（1906）十月，福建按察使杨文鼎因过错被降调。之后，端方委任其督办江北赈务。次年五月，端方上奏折为其请求开复，指出杨文鼎"独任艰巨，殚心区画布置，悉协机宜，一月之内将留养数十万众资遣完竣，全活灾黎无算，大局转危为安，江淮士民同声感颂"，并称"方今时局艰难，得人为亟"，而且杨文鼎"此次办理江北赈务坚苦卓绝，力果心精，弭患无形，厥功尤伟"，"才猷政绩确有实效，求之近今司道中，洵属不可多得"，所以才"据实论荐"。[2]同年八月，端方还专门上奏折请奖励办赈的义绅，凡是在江北水灾中出过力的义绅，择优一一列出其筹办赈务的事迹，特别详述了吕海寰、盛

---

[1] 端方：《请截饷发帑改拨折》，《端忠敏公奏稿》卷一，第 19 页。

[2] 端方：《请奖督办赈务人员片》，光绪三十三年五月，《端忠敏公奏稿》卷八，第 33 页。

宣怀筹赈款与办义捐的事宜，并"恳颁赏匾额，以示旌奖"。^① 同是关于江北赈务，对于办理赈务不力的官员，端方则严惩不贷。光绪三十二年十一月，端方在另一份奏折中纠参十几名官员，明确指出："朝廷设官，原以为民。乃于救荒要政且亦漠不关心，平日吏治尚可问乎？"对"（赈务）办理不善各员，亟应随时分别撤换严参"。^②

第二节　军事改革实践

一、裁旧练新——创建新军

端方比较重视军队建设，从任湖北巡抚创办武备学堂，直至任两江总督进行军事改革，取得了些许成就，客观上对地方军事现代化有一定的推动作用。

早在任湖北巡抚时，端方就参与了湖北武备学堂与新军的创建工作，"常时到学堂认真考查其战法、舆地、算学、测绘、军械、台垒、体操、步队、马队、炮队各门功课"，且"亲到讲堂、操场考试优等毕业生"，并选派"技艺既臻纯熟，学问均甚切实"的优等生充任各防营督带、管带及各学堂教习。^③ 端方署理湖广总督期间，为了响应清廷新政编练新军，即着手训练荆州驻防旗营，"于驻防官弁及举贡生监中选择品端才敏、年在三十以内者"，送入省城将弁学堂学习，三年毕业后回荆州授任。^④ 之后，他选送一千名满族八旗驻军赴武昌新军学习训练，分别编入"新募各营，一体教练。俟三年操有成效，饬令回荆，再行轮换"。^⑤ 这样就可以把荆州的守备军全部训练为新

---

① 端方：《请奖办赈义绅折》，光绪三十三年八月，《端忠敏公奏稿》卷九，第18—19页。

② 端方：《纠参办赈不力各员折》，光绪三十二年十一月，《端忠敏公奏稿》卷七，第14页。

③ 端方：《武备学堂请奖折》，光绪三十年二月，《端忠敏公奏稿》卷三，第65—66页。

④ 端方：《荆州驻防官弁一体教练折》，光绪三十年二月，《端忠敏公奏稿》卷三，第66—67页。

⑤ 端方：《荆州驻防官弁一体教练折》，光绪三十年二月，《端忠敏公奏稿》卷三，第66—67页。

军。不久，湖广的新军很快便成为新政改革训练较积极活跃的一支。^①端方在湖北培养了一些人才，后来其任职地方官员时，常任用他们来教练士兵。光绪三十年（1904），北京练兵处调用湖北陆军毕业生文华、吴祖荫、吴禄贞等人赴京工作，并欲再调蓝天蔚。但端方欲留住人才在湖北，不愿派送，便致电时任湖广总督的张之洞，"练兵处调舒、龚、敖三生，并未告鄂，续调六生，系在公电未到之前两日。方意本不欲尽派，一恐此时不允，即有电旨来调，尔时如何应付？"^②经二人协商后，端方以"鄂省添练常备各营，约束训练在在需人"为由婉拒。^③可见端方在湖北创建新军卓有成效，而最终清政府的掘墓人出现在湖北，亦与端方筹建新军不无渊源。

端方任职湖南巡抚虽仅半年时间，仍筹建新军。湖南的地方军队多是由绿营、湘营改练而来，因而军队训练操法和武器相对落后，现代化程度也较低，"湘省旧有各营，从前未习新操，初无合格将领，一时难以骤改"。^④光绪三十一年（1905），兵部侍郎铁良巡视湘军时曾言此情形："兵勇有赤足者，有着草鞋者，官长衣袖或过膝，操法兼采德日所长，一切均未如式。"^⑤"又值粤氛未戢，增兵设防，边事戒严，不遑他顾。"但端方在"百事创举、饷力支绌、人才缺乏"的艰难情形下，仍竭力筹办，设立督练处，亲自讨论教练事宜，并奏调日本游学毕业生舒清阿至湘协练新军。端方还按新章详细拟定了湖南常备新军步队一协营制饷章清单，恭呈光绪帝御览。随后他又自兼总办，专设督练公所总管筹建新军事宜，负责考核章制、审度教练、筹备饷粮。至于具体整练新军之办法，端方决定先练一协两标，"第一标就湘省新募劲字四旗挑选改编，不敷即在湘威三旗及锐字旗内补挑足数，委舒清阿为标统。……其第二标则须另筹集募，查尚有游学生陈其采堪膺标统之选，各营管带均用陆军毕业及武备将弁学堂出身之学生。新挑兵丁均皆合格，教练务求一律，

① Edward J.M. Rhoads. Manchu and Han: *Ethic Relations and Political Power in Late Qing and Early Republican China, 1861-1928.* Seattle and London: University of Washington Press, 2000.p88.

② 张之洞：《武昌端兼院来电》，光绪二十九年十二月十二日，苑书义等主编：《张之洞全集》，石家庄：河北人民出版社，1998年，第9123页。

③ 《上军机大臣庆亲王》，《端方档案》，端567，函23。

④ 端方：《改练新军筹办情形折》，光绪三十一年五月，《端忠敏公奏稿》卷五，第21页。

⑤ 《钦差大臣兵部侍郎奏陈查阅各省营伍炮台武备学堂情形折》，《东方杂志》第二年第四期。

不许稍涉参差"。任命"练习新操治军严整"的姚广顺为协统。[①] 在端方的筹备下，军官素质有了一定程度的提高，新军军官多为军事学堂的毕业生，且有些是日本游学归来的士官，在其离任时，湖南新军已初具规模。[②]

两江之区是军镇要地，"上则控制江淮，下则海线绵亘"。两江总督任职内，端方致力于兴建一支具有现代意义的南洋新军。两江境内本有总督直辖新军第九镇一镇、江苏巡抚率之一协、江北提督统率之一协，然这些新军都面临着人员缺额严重、财力艰窘等问题。例如，"即已成之一镇挪垫至三十余万，缺额至千数百人，步队仅四标，马队只半数，余如车辆、骡马、桥梁、电信，凡行军机关概多阙略"，故端方认为增练新军益不可缓行。至于具体的教练办法，其言："臣此次增练新军，力矫其失，必俟各项筹办有绪，始行征集。兵士既聚，则训练约束悉遵定章，不得逾越尺寸。军纪、军实皆全军命脉所系，尤当兢兢奉持。其已成之一镇，当从严整顿，力图进步。沾染习气之弁目，均予随时撤换。"[③] 一年后，端方在致陆军部的电报中详细汇报了所做事宜：

> 现在三十四、五标兵房、工程辎重兵房虽经落成，而三十六标及马炮两标尚未鸠工。马匹经两次采办，差能足额，亦非三四月间不能到宁。炮位于去冬饬员向德商订购，分四年交款，合同内载明，本年五月始能运到。除旧有六门外，尚欠一营，亦非续行订购一营，不能一律。余如工程队、电信材料、辎重营捆载器具以及马炮各队战时应用物品，皆待备办。约计款项已不下八十万金。即或删除购炮分年应交之款，再将第一营陆路炮缓办，犹非四十万金不可。[④]

在端方的整肃下，南洋新军成为当时除北洋新军之外比较先进的地方新军。

---

① 端方：《改练新军筹办情形折》，光绪三十一年五月，《端忠敏公奏稿》卷五，第 21 页。

② 《抚宪端立常备新军二营札委协统管带督队各员饬令善后局遵照新章发给薪水公费札》，《湖南官报》1905 年 3 月 23 日。

③ 端方：《扩充新军办法折》，《端忠敏公奏稿》卷七，第 28—30 页。

④ 《端方致北京陆军部电》，光绪三十四年二月初七日，《端方档案》，端 402，去 48，各省公事去电。转引自张海林《端方与清末新政》，南京：南京大学出版社，2007 年，第 402 页。

端方筹建完善南洋新军后，曾引用"蝮蛇螫手，则壮士断腕"的古人之言，来比喻今日练兵之急迫心情，甚于饥渴之求饮食。[1] 他认识到"非练兵无以立国"的重要性。宣统元年（1909）五月，端方因在两江的卓越政绩调任直隶总督。上任之前，端方赴京见摄政王载沣面陈政事时，即提出了有关提高清廷军事实力的八项改革建议：一、协调南北洋陆军之关系；二、加速三十六镇新军建设；三、采用日本式征兵制；四、建设军用铁路；五、军校毕业生应至军队提高实战训练水平；六、筹建宪兵；七、创建海军部；八、建立海军学校。[2] 这些军队改革建议及筹建新军的经验，对于当时清政府进行军事改革具有一定的借鉴意义。

二、"未雨绸缪之计"——谋建海军

端方筹建海军的实践始于暂署两江总督（1904）之时，他认识到训练海军的重要性："近来时局危迫，首宜精练陆军，而江南当江海要冲，海军之学尤当注意。江宁虽设有水师学堂，而于风涛、沙线、行船驾驶之法，均未亲身阅历，非选派出洋游学不能切实研求。"而鉴于近年来出洋学习的陆军不乏其人，但学习水师者则绝无仅有。恰逢英国驻上海领事馆商议，选派南洋水师的优秀官兵前往英国水师总兵各舰学习。一则节省游学生出洋学习之经费，二则英国舰队近在上海，便于约束管制所派官兵。故端方抓住此次时机，迅速从江宁水师学堂中挑选了六名优秀学生前往学习，以两年为时限，学费出自通州纱厂官本利息。[3] 次年，继任总督周馥又送四名水师学堂学生赴英舰学习。至端方任两江总督（1906）时，赴上海英舰学习的十名学生皆由英海军提督考核合格准予毕业。

南洋海防经费是两江海军建设的资金基础。对于南洋防费的重要性，端方在请清廷加拨经费的奏折中言："南洋防费关系江海防务，额支及活支有定，

① 端方：《扩充新军办法折》，《端忠敏公奏稿》卷七，第29页。
② Viceroy Tuan's Suggestions, August 14, 1909, *North China Herald*.
③ 端方：《学生学习水师片》，光绪三十年十月，《端忠敏公奏稿》卷四，第42页。

各款断难缺乏。况现值整顿海军，修复兵练舰艇以及炮台雷营，水师、陆师各学堂、制造各局等用项，均关切要之图，应需经费更属刻难延缓。"①自光绪二十一年（1895）始，南洋海防经费由户部指拨江苏厘金三十二万两、江海关洋税二成、浙海关洋税四成，与北洋各半分拨。但历年皆以入抵出，向属不敷。故不得不将万户沱加抽四川盐厘之款拨归海防之用。光绪二十四年（1898）后，因七处盐货厘金抵偿洋款，户部原拨的江苏厘金中，仅剩金陵厘捐局分认的八万两尚能照数解齐，而苏州、松沪两厘局分认之二十四万两无从解应。二十六年，万户沱加抽四川盐厘、浙海关洋税也因抵还洋债而停拨。南洋防费无着之款有"浙海关、万户沱两处每年均有十二万余两，苏、沪两厘局每年应解二十四万两，合计近来每年短收之数共有四十八万两之多。有着之款系金陵厘局认解之八万两，又江海关二成洋税尚有数十万两。然多寡不能预订，设遇税收不旺，拨解即属无几"。②南洋防费可使用的款项，其实仅有江海关两成洋税及金陵厘捐局拨款。"鉴于宁省财力困乏，挪垫俱穷，此项防费实为计授要需，不能稍有短绌。若非预为筹定，不独无以备缓急，亦且无以资应付，必致贻误事机，所关甚重，自非据实声请另拨的款，别无善策。"③

端方向清廷申请经费的同时，也增加地方财力对海军的投入。光绪三十四年（1908）五月，江南财政局拨专项款为南北洋海军添造上下三层的洋式楼房为办公房屋，设立了南北洋海军总理衙门。④六月，端方在《续造兵轮配募员役折》中提到，以汇丰银行所存的一百万两，购置日本川崎船厂所建的江元、江亨、江利、江贞四艘浅水兵轮及添置炮械。⑤可见，端方对于两江海军建设比较注重。

对于中国海军的现状及海陆两军的关系，端方在与西方各国的比较中有着一定的认识：

海军之不立，不徒无军，是不有其海也。欧美各国视海权与国权等

---

① 端方：《海防经费请改拨折》，《端忠敏公奏稿》卷七，第27页。
② 端方：《海防经费请改拨折》，《端忠敏公奏稿》卷七，第26—27页。
③ 端方：《海防经费请改拨折》，《端忠敏公奏稿》卷七，第27页。
④ 端方：《海军添造办公房屋奏销折》，光绪三十四年五月，《端忠敏公奏稿》卷十二，第15页。
⑤ 端方：《续造兵轮配募员役折》，光绪三十四年六月，《端忠敏公奏稿》卷十二，第24页。

重，军港舰队经营不遗余力，下至测量海线之法，驾驭风涛之方，亦无不分科讲求，蔚为专门之学。中国海军自甲午一役挫失无遗，人财并穷，规复难望。胶州、旅顺军港为人所租借，论者谓中国几于无海，可为寒心。然当此时局艰窘之秋，不得不为未雨绸缪之计。夫以海面绵远为各国之所无，若陆军渐有规模，独海军不谋成立，譬如筑室者，外无墙垣，虽有守御之人，仍不免于重困。①

鉴于此，端方制定了海军建设的具体计划，先指定一专款备用，不准挪移，分年筹划，"以五年为期，造就军官若干人，兵舰若干只，军港若干处，工厂衙署若干所，逐款预计，决一定数，分年而筹，即分年而举，不至有枝枝节节之苦"。若如此，则"一年有一年之收数，一年即有一年之成绩，更不至有半途中辍之虞"。②对于功绩卓著的海军将领，端方亦时有体恤照顾并上请嘉赏。光绪三十三年（1907），长江水师总兵高光效因伤疾复发，请求开缺回籍。端方在奏请圣鉴时，曾褒奖高光效虽逾八旬，而于所辖水师仍复整饬，任总兵二十余年间，久历戎行、战功卓著、廉明朴实、办事认真。

加强海防建设亦是海军建设的重要组成部分。晚清以来，清廷的现代化海军建设属起步时期，防务管理建设也在初创时期。端方履任两江总督时，对海防事务亦有一定的认识，曾上奏有关长江防务的往来密电使用辰字密码，以期慎密。③两个月后，又上奏军机处请催湖广、湖南、江西、安徽各省妥筹长江沿江巡防。④端方曾到长江下游阅视，考察长江的防地形胜与防御情形，提出了一些改良办法。在实地考察之后，他上《改编长江要塞折》请扼重江阴，恳饬拨款。首先，他指出防务与要塞两者之不同："建威销萌以有备为无患，是之谓防务；设险守国以全力注一隅，是之谓要塞。要塞之义，兵学家所谓重地，《大易》所谓地险，大块资我守御者也。"⑤其次，他结合两江实际财力，在

---

① 端方：《军政重要请取法各国以图进步折》，《端忠敏公奏稿》卷六，第90—91页。
② 端方：《军政重要请取法各国以图进步折》，《端忠敏公奏稿》卷六，第91页。
③ 《为长江防务紧要祈发密本事》，光绪三十三年六月十五日，《端方档案》，端478，电33。
④ 《为宁省沿江巡防章程已议有端倪事》，光绪三十三年八月初四日，《端方档案》，端827，电33。
⑤ 端方：《改编长江要塞折》，《端忠敏公奏稿》卷十二，第48—51页。

长江现设的宁、镇、澄、淞四路防务要地中选择最优形胜江阴建设要塞。最后，制定建设江阴要塞工程的计划，设计行军电线、铁路等"交通机关"，配备各式新式"炮车器具"，一切建筑皆采用新法，"以求宏大坚实"。① 清廷批准兴建江阴要塞工程后，端方再上奏折请求陆军部遴派要塞专门人员，前来南洋监视此项工程，以昭慎重而期周妥，这在一定程度上有利于整改长江防务。

端方在筹建新军和谋建海军的实践中，涉及了军事改革的一些内容，客观上有利于提升晚清军队的素质，但其改革的目的仍在于增强军队实力，以更好地维护清廷的统治。

三、"提倡士气之道"——兴军事教育

兴办军事教育是从根本上改变军队素质和提高军队质量的途径，即所谓标本兼治之法。清朝新军多是"有练而无训"，"技术已进于娴整"而"德育智育不免欠缺"。端方在比较德国与日本的军事教育时言："昔普国受创，于威廉第一思雪其愤，创训兵之旨，以保守其尺寸土地为先，设为尽忠义、正礼义、尚武勇三条，而注意于仇法，故一战而胜法；日本维新以来，宣布敕令二次，为全国军人共守之训，其中亦分尽忠节、正礼仪、尚武勇、崇信义、守质素为五条，尤以守质素一条为东方之国粹，日人常取敕训各条作为精神教育教科书，反复详解，军人奉之如金科玉律。"② 故德国社会气象整齐，日本一战而胜俄国。而中国当屡败之后，"士气久馁，若但练习形式而不淬厉精神，纵使约束严明，犹恐未能一战"。鉴于此，端方提出了增强中国军事实力的具体办法：一、高等兵学宜速成修习；二、贵胄子弟宜出洋入伍；三、军火器械宜建厂自办；四、战时计划宜预先筹备；五、军人位置宜优定章程。实施之目的在于"不徒求形式而激励精神，不自恃完全而力图进步。有精神有进步，则虽兵少饷单亦可谓之有效；无精神无进步，则虽兵多饷足亦可决其无

---

① 端方：《改编长江要塞折》，《端忠敏公奏稿》卷十二，第48—51页。
② 端方：《军政重要请取法各国以图进步折》，《端忠敏公奏稿》卷六，第92页。

功。且中国今日不重在有兵，而重在能战"。①

至于兴办军事学堂，端方建议先在京师开办军事大学堂，选各省军队优秀人员入堂学习，期满速成后回各队，将所学课程转相传授，若如此，既节省财力又有成效，可谓是"筹款兴学、一举两得"之计。为了使"文明军队中人无一人不受军事教育，虽至医兵工长，亦不使未经训练"，于是在新军中设立专门学堂，如卫生学堂、兽医学堂，延请日本技师为教习，学成后归队，"不使未经训练者，滥竽其间"。②在上述军事改革建议中，端方皆言中国须取法各国"群相仿行"，才能与世界同步，显示了其与时俱进的一面。

为了进一步提高军官的素质，在举办军事学堂基础上，端方常派各类军官赴国外学习。③光绪三十四年（1908）八月，其选派南洋新军步、炮、工、骑四科专门军官各一人，随陆军第九镇统制徐绍桢赴日考察，要求他们深入日本军队切实考察，以资南洋新军考镜，而不仅仅是游观。④他亦鼓励文职人员选修军事学，夸奖候补道刘体乾赴陆军学堂及讲武堂听讲，足见其虚心，不以故步自封。⑤为了提高军官士兵的学习积极性，他特制定军官升阶制度，将军官的学历、文凭与职级、官衔结合起来，"其非由学堂出身者严加甄别，量予试用"。⑥对于加强普通士兵的管理，端方提出编定新的军律。仿照德国军律，设立上、中、下三级军事裁判所，专门办理全国军人的诉讼事件。高等设于京师，中等设于省会，初等设于军队所在地方，并"请饬下军机大臣会同陆军部、法部，将陆军刑法、陆军惩罚令速行条议编定，颁示遵守"。然而，从整体上提升军队的质量，还须从兵源入手。晚清新政所招募的"新军"仍采行旧式的募兵制度，所以整体素质较低。出洋考察时，端方见识到西方征兵制的优点，欲在两江地区率先试行。"改募为征，特札派第九镇协都统孙铭于明春驶抵镇江开征第二镇之兵士。"⑦其言征兵之举含有选举之意义，"于

---

① 端方：《军政重要请取法各国以图进步折》，《端忠敏公奏稿》卷六，第92—97页。

② 端方：《设立卫生学堂及兽医学堂片》，光绪三十四年六月，《端忠敏公奏稿》卷十二，第29—30页。

③ Edward J.M. Rhoads. *Manchu and Han：Ethic Relations and Political Power in Late Qing and Early Republican China，1861—1928*. Seattle and London：University of Washington Press，2000.p89.

④ 《江督札派随员赴日考察武备》，《申报》1907年9月14日。

⑤ 《江督札准刘体乾听讲武学》，《申报》1907年7月7日。

⑥ 《详准毕业学生选充军官》，《申报》1907年8月20日。

⑦ 《江督派定征兵官》，《申报》1907年2月3日。

普通兵中选举其现役者云尔"，并建议清廷明降谕旨，仿照各国征兵之法颁布实施，使人人皆知当兵为国民义务。[①]

纵览端方军事改革的实践主要有，效法欧美，与时俱进，海陆军兼顾，注重军事教育，由标至本地提高新军的质量和素质，从而培养"士气"。但端方所言的"士气"，在于振奋国家之精神，而在他的思想意识中，君即国家，其实是指振奋清廷的精神。

四、"致治之本、形神兼备"——改良警察制度

中国古代社会并没有专职警察，警察的职能多由军队和地方的行政官吏兼涉。[②]晚清近代警察制度，始于袁世凯在天津所建的巡警总局。之后，清廷谕令各省遵照办理。端方在任职地方督抚之时，恰逢各地区警察制度建设的起步时期，他参与了相关地区的警察制度建设。

首先，端方历任地方大员时，注意扩充和改良现有警察队伍，他认为警察是社会的"致治之本"，在学习西方警察之精神时，应求"形神兼备"，不能只学习表面。光绪三十年（1904），端方任江苏巡抚时，针对江苏警察"体格皆未完全，巡捕既不出自学堂，捕员亦罔知其义务，因陋就简，审视度宜，虽已变警察之名，仍未尽革保甲之习"[③]的现状，撤销知府兼任警察总局总办之规定，专设苏松太督粮道陆元鼎负责警察事务。并派员赴日本学习警务，开设巡警学堂[④]，一定程度上提升了江苏警察的素质。

次年，端方接任湘抚后，曾密派专员访查省城和各地的警察创建情况。"知于所颁章程未能划一符合，而其所用警役，则或抽取团丁，或借拨营勇，又或驱市人而为之。故开办虽非虚名，而循核难言实效，其有一二州县，于举行之后成绩昭著、盗窃屏迹者，则实该地方官及在事员弁躬亲其事、昕宵

---

① 端方:《敬陈军政大纲折》，光绪三十四年四月，《端忠敏公奏稿》卷十一，第48页。
② 彭雪芹:《近代中国早期警察观念探析》，《河南大学学报》（社会科学版）2009年第11月。
③ 端方:《整顿警察折》，光绪三十年九月，《端忠敏公奏稿》卷四，第23页。
④ 曹允源:《吴县志》卷五十四，兵防考二，苏州：文新公司，民国二十二年（1933）。

督率有以致之，以语夫警察自治之功，固万不容几及。"为使警察达到"形神兼备"之境界要求，必须由学堂入手，加强教育与训练。他选派专班学生赴日本考察研究日本警务，并编纂成讲义课本，分批分期寄回，以供学习参考。①同时，端方在长沙开办警察学堂，选择"宗旨纯正、条理精详者"为教官，学习速成警察法，三个月毕业，分派各州县担任教习、仿办学堂，期望由"始基一篑"，渐至"九仞之峰"，并由之"改良社会"，达到"移风易俗之机"。②截至宣统元年（1909）十月，湖南警察学校共有七百多名警员毕业，成为该省警政事业的骨干力量。③

光绪三十二年（1906），端方调任两江总督，注重扩建江宁警察。他首先令江南财政局随时腾挪经费以济要需，多方筹措资金，选派警官赴日本考察宪兵警察事宜。同时，端方认识到上海警察的重要性："上海系江海要冲，华洋商民财产甲于他埠，尤不得不设法保护，计出万全。"④故其力主在紧临租界的华界扩充巡警队伍，以保障商民安全，并电饬上海道员瑞澂筹议襄办。⑤后随着城市的不断迅速发展，上海巡警须重新规划和扩建。端方特上《上海推广巡警添拨经费折》，陈述扩充沪警的具体举措。一方面，亟宜之举是仿照中西形式，建造新的巡警总局，并重新规划上海的各巡警区局，绘图配岗；另一方面，广设巡警学堂，增加警费投入，全面招练学生，并添设消防、清道、马巡警察等。⑥至宣统元年（1909），端方再上《续筹推广上海巡警折》，筹议增设水巡警、骑巡警、刑侦警及外事警察等。⑦经过几次改良，上海警察在清末时期已逐渐成为警种较为完备、区划渐趋合理的近代警察队伍，客观上为以后的上海警察体制奠定了初步基础。

其次，端方在发展警察队伍的同时，亦关注改良狱政、筹办罪犯习艺所。清末的监狱改良始于光绪二十八年（1902）的修律活动，刑法首当其冲。以身

① 端方：《筹办警察情形折》，光绪三十一年六月，《端忠敏公奏稿》卷五，第33页。
② 端方：《筹办警察情形折》，光绪三十一年六月，《端忠敏公奏稿》卷五，第33页。
③ 张朋园：《中国现代化的区域研究：湖南省（1860—1916）》，台北："中央研究院"近代史研究所，1983年，第202页。
④ 端方：《推广上海华界巡警折》，光绪三十三年三月，《端忠敏公奏稿》卷八，第9页。
⑤ 《江督电饬沪道推广巡警》，《申报》1907年4月3日。
⑥ 端方：《上海推广巡警添拨经费折》，光绪三十三年七月，《端忠敏公奏稿》卷九，第6—8页。
⑦ 端方：《续筹推广上海巡警折》，宣统元年闰二月，《端忠敏公奏稿》卷十三，第45页。

体刑为主体的刑罚体系[①]，逐渐被以剥夺自由为主体的自由刑所代替，作为刑罚执行场所的监狱已无法适应新的需求。"庶政改良自刑法始，而监狱为执行刑罚之机关，改良刑罚监狱岂容缓哉？"[②]从光绪三十二年（1906）起，清廷开始着手进行司法改革，所谓"监狱与司法、立法鼎峙而三，纵有完备之法典与明允之法官，无适当之监狱，以执行刑罚，则迁善感化，犹托空言"[③]，监狱改良亦由此开始。设立罪犯习艺所和建立模范监狱是新监狱建设的基本内容。

　　光绪三十一年（1905），在翰林院撰修吴荫培的奏请之下，清廷谕令于各省府州一律分设罪犯习艺所[④]，京师习艺所亦被提上议事日程[⑤]。光绪三十二年（1906）之前，虽有上谕的催促，两江地区所办的习艺所仍寥寥无几。端方上任后，认为"事关要政，未可视为缓图"，严饬无论经费如何为难，也要设法开工兴建。于是，在端方的直接指导下，"参仿天津及日本成规"，开始修建江南习艺所。"所内监房大致以能容三百人为率计，杂居监六所，分房监二所，女监二所，病监、传染病监各一所，大小工场八座"[⑥]，改变以往监狱瘟气传染、敲诈勒索的痼习，换之以教术完备、房宇整洁的新貌。《上海监狱志》中记载有南汇县罪犯习艺所的具体章程，其首先阐明改罪犯习艺所之职责为收在禁及押所罪犯，并兼收城乡呈送莠民。章程包括总纲、职员、巡役、莠民、工作、货物六章，详细规定了各自的职责，甚至对于习艺犯人的衣食都有明确的规定。如"习艺人犯，照各处订章，每日早晚两餐，每月给荤膳两次。自清明至白露，每日加给一餐"。第四章三十二条规定"每逢万寿节、端午、除夕、元旦至初三，并元宵，各停工休息一日，给荤食一餐。每逢星期下午停工，由坐办邀请学堂教员演讲修身、勤业、因果各事实，以冀改悔感悟"[⑦]。规章制度比较详备，体现了端方对创办两江罪犯习艺所的重视。

---

① 参见赵尔巽《清史稿》卷144，北京：中华书局，1976年，第4217页。

② 《拟上直隶各宪改良监狱条陈》，《大公报》1908年7月28日。

③ 《修订法律大臣沈家本奏实行改良监狱宜注意四事折》，光绪三十三年四月十一日，故宫博物院明清档案部编：《清末筹备立宪档案史料》下册，北京：中华书局，1979年，第831页。

④ 朱寿朋编，张静庐等校点：《光绪朝东华录》第五册，北京：中华书局，1984年，第5338页。

⑤ 中国第一历史档案馆选编：《清末开办京师习艺所史料》，《历史档案》1999年第2期。

⑥ 端方：《筹办罪犯习艺所折》，光绪三十四年二月，《端忠敏公奏稿》卷十一，第1页。

⑦ 《上海监狱志》编纂委员会编：《上海监狱志》，第十四章"文献：《南汇县罪犯习艺所章程》（1909.5）"，上海：上海社会科学院出版社，2003年，第816—819页。

随着改革的不断推进，监狱改良的重点由设立罪犯习艺所逐渐转移为筹建模范监狱，法部议准于各省会或通商口岸先造一所。[①]端方收到谕旨后，即刻札饬在省会要区江宁及通商大埠上海，采用欧美良法，规划建筑。且在饬令中言及考察欧美时，其所察看各国监狱：

> 法良意美，虑其资生无术，则为之教授工艺；悯其逞忿忌身，则为之演说道德。凡犯罪入狱者，但失自由之权，而他无所苦，禁满出狱，畀以工作，所积之资，往往改行为善，论者遂指监狱为改过迁善之地。至于房屋精洁、器用完备、卫生之法，无微不至。犹其余事，虽中西民风习惯稍有不同，自应择善而从，力图整治。[②]

可见，端方主张效法欧美各国监狱制度，以建立模范监狱。

两江监狱改良中，较具革新意义之举当属举办学堂，培养并储备监狱管理人才，期冀以"新人"行"新法"，"治人"与"治法"相辅相成，以收改革之成效。截至清亡，江苏省共创设有江南监狱传习所、法官养成所暨监狱专修科、看守养成所、监狱官吏养成所四所监狱类学堂[③]，数量居各省份之首。其中宣统元年（1909），江南监狱传习所"因来学者众，特于明瓦廊地方推广办理"，次年，"学员达二百余名"；[④]更有李女士"自备资斧，由督宪咨送赴日考察女监"。[⑤]这与端方的积极筹办不无关系。

最后，端方还将创建警察与租界联系起来。他对比日本租界与上海租界之异同。日本"于租界四围均辟为杂居地，仿照租界章程，由本国自办，务求更胜于租界。外人如愿与本国人杂居，则一律享受保护之益。故当租界未废以先，旅居外人均暗归管理，不啻已放弃其治外法权。此日人用心之巧，深可取法"。端方进而指出，上海租界商旅荟萃，几乎无隙地可容，欲与外人

---

① 《法部议覆实行改良监狱折》，《东方杂志》第四年第十二期。
② 《江督札饬采用西法建造监狱》，《申报》1907 年 7 月 12 日。
③ 王长芬：《"声噪一时"与"改而不良"：清末监狱改良再考察》，华东师范大学硕士论文，2006 年，第 55 页。
④ 《监狱传习所盖归官办》，《大公报》1909 年 2 月 28 日。
⑤ 《李女士赴日考察女监》，《申报》1910 年 3 月 16 日。

杂居，求其受治于我，并非易事。^① 外人以"我警政未臻完备"为由，扩展其法权、警权，故若整顿治理上海的巡警，完善警务，外人见一切规制权利与彼无异，那么他们拓展租界的计谋将不能得逞。^②

经过端方的整顿，两江地区的警察制度在管理体制、创办理念和狱政改良方面，有了一定的提高和飞跃。端方在离任江督北上时，曾上《省城巡警情形折》以总结其取得的成就：

> 臣抵任之始，即注意于此。更换局员，严加整顿，巡官以下各定考成，信赏必罚，时复亲出巡视，谆谆告诫。两年以来，省城地面颇称安静。昔时城北荒僻之地，杀人越货岁有所闻，近则桴鼓不惊，闾阎安枕……虽以限于经费规制未臻完密，未能与各国高等警察较短絜长，然扫除保甲之具文，渐收卫民之实效，似已椎轮粗具，不无覆篑之功。^③

端方在学习西方警察制度时，虽然提出务求"形神兼备"，但在具体实践的过程中仍浮于表面。其一是因为急功近利，通过办速成班以求立竿见影之效；其二在于他仍将改革限定在其固守的思想观念之内。

第三节　支持预备立宪

一、"请定国是以安大计"

光绪三十二年（1906）八月，包括端方在内的考察政治五大臣回京。在各国考察宪政期间，诸位大臣为了找到适合中国立宪改革的速效之方，他们

---

① 端方：《密陈上海整顿警务片》，光绪三十三年三月，《端忠敏公奏稿》卷八，第11页。
② 端方：《密陈力保主权片》，宣统元年闰二月，《端忠敏公奏稿》卷十三，第47—48页。
③ 端方：《省城巡警情形折》，宣统元年三月，《端忠敏公奏稿》卷十四，第19页。

走访议院、公署，拜访君主、大臣，了解各国政治组织概况，并且尤其重视对君主立宪制的英、日、德三国进行考察，考察内容涉及议会制度、君主权限、司法制度以及中央与地方政府的关系等。回国后，五大臣便立即上奏慈禧太后请准立宪。①但清廷恐立宪致乱，犹豫不决，一月内分别召见端方三次、载泽二次、尚其亨和戴鸿慈各一次。端方每次皆具奏立宪之请，"第一折敷陈各国宪法，第二折言必须立宪，第三折则请详定官制"。②载泽亦言立宪有三大利："皇位永固、外患渐轻、内乱可弭。"③军机大臣亦各有所陈奏，鉴于枢臣与考政大臣意见趋于一致④，清廷立宪之意终决。9月1日，清廷下诏预备立宪，晚清新政改革迈出实质性的一步。

从光绪三十二年（1906）八月抵京至十月南下任职两江⑤，端方居京近三个月的时间内，为了游说慈禧太后和光绪皇帝，屡上宪政改革的奏折，其中最重要的便是《请定国是以安大计折》，其内容主要包括：立宪是国富兵强之本、立宪政体的形式及立宪的预备期。

第一，端方首先分析清廷与东西洋各国交战通商，几十年来皆处于失败之地的原因。其表面原因在于"我之兵强不如彼，我之国富不如彼"。中国数十年来致力于学习各国富国强兵之法，练陆军、设海军以求强，筑铁路、务工商以求富，然求强反以益弱，求富而反以益贫者，非富强之不可期，乃未知致富强之真正原因，在于整理内政。内治不修，则不能富国强兵；内政不修，则外交不能制胜。而内政是否"修"的标准在于明确"政体之为何"。端方认为，世界政体有二：立宪政体与专制政体。二者的区别在于，专制之国任人而不任法，其国易危。专制之国委任各级官吏治民事，君主多因官吏不贤不善而为人民所怨，则君主危，国事亦难治。立宪之国任法不任人，其国

① Douglas R. Reynolds. *China，1898-1912：The Xinzheng Revolution and Japan.* Cambridge and London：Council on East Asian Studies，Harvard University，1993.p188.

② 《立宪纪闻》，中国史学会主编：《中国近代史资料丛刊·辛亥革命》第四册，上海：上海人民出版社，1981年，第14页。

③ 载泽：《奏请宣布立宪密折》，中国史学会主编：《中国近代史资料丛刊·辛亥革命》第四册，上海：上海人民出版社，1981年，第28—29页。

④ Samuel Chang–ling Chu.*Reformer in modern China：Chang Chien，1853-1926.* New York：Columbia University Press，1965.p63.

⑤ 1906年9月2日，端方被任命为两江总督兼南洋大臣，10月28日方才抵江宁省城南京。

易安。其所重者，在宪法而不在君主。宪法，作为一国根本之法律，不可动摇，不易更改，其余一切法律命令皆不能出其范围，自国主以至人民，皆当遵由此宪法而不可违反。故"专制政体不改，立宪政体不成，则富强之效将永无所望。……中国而欲国富兵强，除采用立宪政体之外盖无他术矣"。[①] 端方亦以其考察政治的实践论述道："臣等以考察所得，见夫东西洋各国之所以日趋于强盛者，实以采用立宪政体之故。因而推之于俄国，其所以骤邻于弱败者，实以仍用专制政体之故，更进而观于我国数十年来之未臻富强而外交之事无不失败者，亦与俄国有同一之理。由专制政体之国万无可以致国富兵强之理也。"[②]

第二，对于中国立宪政体的形式，端方主张采纳英德或日本的君主立宪制[③]，而回避美法的民主立宪政体。他认为专制与立宪有优劣之分，而君主立宪与民主立宪只是形式之分。端方推崇君主立宪源于中国的文化传统。中国作为数千年之古国，深厚博大的固有文明，在世界上本具有甚高价值，若一切舍己从人，理所不可。况各国历史情事不同，一国有一国之国是，绝非可以完全相袭。端方以自己考察政治时的所见所闻阐述："所至各国，见其国之政治往往与其人民风俗之程度互相比附，及交其贤士大夫，与之议论，益深知其政策之行不能各国统一而微有所异同参差者，非不欲尽趋于至美至善之一域也，实以人民之程度不均，施措因之而微异。"[④] 对于民主立宪国，端方亦溢满赞叹之情，曾称瑞士"世界最完全之国民自治国"[⑤]，然论及中国数千年的历史传统，向无宪制之习惯，仅有君权神圣的文化传统，人民对国家、社会与道德的认同，皆与君主密切相关。若打碎君主的意义，解除君主的职权，则社会易因失去认同中心而趋于混乱。故中国由专制政体向民主政体转变最有效的方式是于"君"的外壳之中注入"法"的精神。

---

① 端方：《请定国是以安大计折》，《端忠敏公奏稿》卷六，第29—36页。

② 端方：《请定国是以安大计折》，《端忠敏公奏稿》卷六，第34页。

③ Daniel H. Bays. *China Enters the Twentieth Century*：*Chang Chih-tung and the issue of a New Age，1895-1909*. Ann Arbor：The University of Michigan Press，1978.p199.

④ 端方：《考察学务择要上陈折》，《端忠敏公奏稿》卷六，第76—77页。

⑤ 戴鸿慈、端方：《列国政要》卷七"宪法七，义大利等十国"，上海：商务印书馆，光绪三十三年（1907），第11页。

关于立宪政体的运行体制，端方主张应采用责任内阁、议会、司法三权分立制度。三者彼此之间，"各有其权能，各有其职守，各有其职任。不能于宪法所规定者有一毫之移动，有一步之出入"。端方建议仿照日本改革官制的方法，实行责任内阁制。所谓责任内阁，于内阁中设总理大臣一人及国务大臣数人，国务大臣以各部之行政长官充之，是谓阁臣。阁臣代君主对人民负责，其行政善则位安，不善则为人民所怨。① 言及具体的改革办法，端方亦做了详细的阐述：

> 以军机处归并内阁，而置总理大臣一人兼充大学士，为其首长，以平章内外政事，任国政责成。置左右副大臣各一人，兼充协办大学士，为其辅佐，以协同平章政事，共任国政责成。……而令各部尚书皆列于阁臣。此三大臣者，常与各部尚书入阁会议，以图政事之统一，会议既决，奏请圣裁。及其施行，仍由总理大臣、左右大臣及该部尚书副署，使职权既专而无所掣肘，责任复重而无所诿卸，如此则行政之大本立矣。②

那么，如何监督和限制内阁的行政权力呢？端方进而指出建立人民的代表机构议会，由人民选举议员组成议会，以议会之可否而觇国民之意愿。"一国有议会，则政府之行动，人民可以知之；人民之意志，政府亦可以知之。上下之情相通，合谋以求一国之利益，故国事因此而得理，国家亦因此而安。"③ 端方同样认识到法治与司法独立的重要性。其在演说中曾言："今之世界，法治之国无不兴，非法治之国无不亡。本部堂游历欧美考察政治，观于其朝野上下，无不范围于法之中。虽有大力，莫或通假。其政治之机关，既极完备，其人民之公私界限，又极分明，有秩序，有规则。"④ 而最重要的是，司法权须独立于行政之外，不受行政官吏之干涉。端方还设计了中国司法运行的具体操作方案，将全国司法事务独立，与行政官相离，取全国各县划为

---

① 端方：《请定国是以安大计折》，《端忠敏公奏稿》卷六，第31—33页。
② 端方：《请改定官制以为立宪预备折》，《端忠敏公奏稿》卷六，第45—46页。
③ 端方：《请定国是以安大计折》，《端忠敏公奏稿》卷六，第32—33页。
④ 端方：《法政讲习所演说》，《端方档案》，函字76号。转引自迟云飞《清季主张立宪的官员对宪政的体认》，《清史研究》2000年第1期。

四区，区设裁判所，其上设县裁判所，县之上再设省裁判所，又其上为全国之都裁判厅，级级相统而并隶于法部。"凡民间民事、刑事，小者各诉于其区，大者得诉于其县，其不甘服判决者，自区裁判所以至都裁判厅，均得层层递诉。"而各司法裁判所的官制"不与行政各官同，其升转事权分析，两无牵涉"。[①]

在中央与地方关系上，端方主张分权，在基层社会实行地方自治，由人民自己选举贤能治理地方事务。其论证言："地方自治之制亦以国事之一部分委之人民之自理，以补官吏之不及，此皆所以分行政官吏之责任，而使其事专而权一，得尽其职而日进于贤者也。"[②]

第三，立宪不是一蹴而就的，需要有一段时间的预备期。端方首先分析日本的"预备过渡时代"，言："日本天皇亦知非立宪不足以谋其国之安且富强也。欲即立宪，则东方治国制度与此不能遽入，故先以五事定国是，旋乃定开设国会之期，而使全国之官吏与人民于若干年中为立宪之预备，实行种种之改革焉。及乎实施宪制之时，而一切法制皆已周备，无忙迫不及之弊，此其所以能从容变专制为立宪，无丝毫之流弊，而有莫大之利益，故开议会后仅五年而其国力已足胜我也。"[③]而中国目前之情势与日本无异，故立宪也宜模仿日本至良甚美之法。先下定国是诏宣示天下，使官民有所预备，而后逐年推行，方可行。若"漫无方针，漫无把握，徒使名目繁多，头绪纷乱，名为涂饰新政，实为扰乱旧章，不惟无益，而且有损"。[④]接着，他将中国的宪政改革分为预备和实行两个阶段。

为了保证预备立宪有计划、有步骤地稳步进行，端方建议清廷在预备期内力争做到：其一，化除畛域，举国臣民置于同等法制下，并使人民练习议会之事，允许人民发表意见，为将来各省地方议政机构、中央议会做准备；其二，厘定中央与地方、政府与内宫的权限与界限，切实推行地方自治；其三，于学术、于教育、于法律制度，采世界各国之所长，"不存中外之见，惟以是非为准"。至于预备期的时间，端方主张以十五至二十年为宜，"中国数千

---

① 端方：《请改定官制以为立宪预备折》，《端忠敏公奏稿》卷六，第58页。
② 端方：《请定国是以安大计折》，《端忠敏公奏稿》卷六，第33页。
③ 端方：《请定国是以安大计折》，《端忠敏公奏稿》卷六，第37页。
④ 端方：《请定国是以安大计折》，《端忠敏公奏稿》卷六，第41页。

年来无宪制之习惯，且地方辽阔，交通不便，文化普及非可骤几，若为期过促，则一切预备未周，至期不能实行，反为阻文明之进步矣"。[①] 同时，端方亦认识到立宪与国民教育程度的关系，清政府办新政不能取得实效的关键在于"无行法之人，则名存而实亡，饰貌效颦而神乃不似；无守法之人，则少数人倡举之，而多数人破坏之。如是者虽百废俱兴，亦百兴而百废"。因此，宪政能否成功推行，当"归本于教育一途"。[②] 而今中国"民智犹湮，一乡之中，愚者百，不愚者一；四民之内，学者一，不学者三"[③]，此种情形下，立宪无从谈起，又何以为异日下议院之基础。根据中国教育的历史与现状，端方提出了五项具体的革新方案：厘定教育行政机关，采用模范试点规范办学，明定"严毅自治之性质"与"自爱爱国之道德"的教育宗旨，实行初级义务教育，订定学堂冠服以一民志。[④] 鉴于中国悠久的封建君权传统，加之人民受教育程度较低，因此，端方主张中国采用类似德国、日本的君主立宪政体，并以教育改良为手段，逐渐过渡到资本主义宪政时代。

纵览《请定国是以安大计折》，可以看出端方的立宪思想较为系统，代表了一些开明官僚的立宪态度。但遗憾的是，我们目前还无法判断该折是否出于端方本人之手，也有可能是由其幕僚代写的。但端方上奏此奏折，至少可以说明他比较认同立宪之主张。

二、"平满汉畛域"

清朝作为一个少数民族建立的政权，自建立以来便存在着民族矛盾问题。为了维护统治，满族统治者采取了一系列的高压手段，推行了一些带有民族歧视性质的政策，迟云飞教授将其归结为四点：第一，官缺分满汉，满族官员可任汉缺，汉族官员却不能任满缺，同一职务如尚书、侍郎，满族的权力

---

① 端方：《请定国是以安大计折》，《端忠敏公奏稿》卷六，第 42 页。

② 端方：《考察学务择要上陈折》，光绪三十二年七月，《端忠敏公奏稿》卷六，第 76—77 页。

③ 端方：《谢赏学堂匾额折》，光绪三十二年六月，《端忠敏公奏稿》卷六，第 98 页。

④ 端方：《考察学务择要上陈折》，《端忠敏公奏稿》卷六，第 71—87 页。

大于汉族。第二，满汉不准通婚。第三，满族人只能为职业军人，不准从事生产劳动，满族人民的生活全靠政府财政供应。第四，对满族、汉族实行不同的法律，各自的审判机构独立，但一般满族所受的处罚要比汉族轻。[①] 满族作为入主中原的异族，且在人数上处于劣势，出于巩固统治的需要，不得不联合汉族地主阶级一起治理国家。同时，满族贵族逐渐接受儒家文化，渐渐摒弃满文满语，移风易俗，不断汉化融合，满汉之争至清中叶，已渐平息。

及至 19 世纪中后期，席卷全国的太平天国运动迫使清廷起用大批汉族官员，汉族官僚势力急剧膨胀，并与满族官僚之间的民族分化不断加大。之后，清廷在与西方列强的交战中，军事外交上的丧权辱国导致了广大人民和汉族知识精英的不满与批判。到了清末最后十年，满汉矛盾更加突出，满族特权成为革命党人的矛头指向，光绪二十九年（1903）三月，《苏报》曾刊载《释仇满》一文，其文言："世界进化，已及多数人压制少数人之时期，风潮所趋，决不使少数特权独留于亚东之社会，此其于政略上所以有仇满之论。"[②] "排满"渐成革命舆论的主基调。《民报》亦言："夫以民籍计之，满人之数，裁当汉人百之一，而服官者，其数乃等于我，天壤间不平之事未有若斯之甚者！况夫借口于不分满汉，举枢要之职，壹以属彼族之私昵。"[③] 光绪三十三年（1906），清政府在各种压力和呼声下实行预备立宪。近代宪政的一个基本原则是国民人人权利和义务平等，至此，满族特权成为不得不改革的问题，平满汉畛域也成为筹备立宪的重要内容。

端方作为清末重要的满族官员，其较早认识到满汉畛域的问题。[④] 光绪二十七年（1901），端方曾上《筹议变通政治折》，建议："民旗杂居，耕作与

---

① 迟云飞：《清末最后十年的平满汉畛域问题》，《近代史研究》2001 年第 5 期。

② 《释仇满》，张枬、王忍之编：《辛亥革命前十年间时论选集》第一卷下，北京：生活·读书·新知三联书店，1960 年，第 678 页。

③ 《预备立宪之满洲》，《民报》第十九号，1908 年 2 月 25 日。

④ Edward J.M. Rhoads（*Manchus and Han*：*Ethic Relations and Political Power in Late Qing and Early Republican China*，*1861-1928*. Seattle and London：University of Washington Press，2000.p55，202）提到端方的祖先实为浙江籍汉族，晚清时方加入满族正白旗，并指出端方临被害之前，特意提出汉族祖先一事以取得生还之机，但未能成功。另，Pamela Kyle Crossley（*A Translucent Mirror*：*History and Identity in Qing Imperial Ideology*. Berkeley and Los Angeles：University of California Press，2002.p48，337）亦认为端方的祖先实为汉族。但笔者未能找到其他资料相印证，只能存疑。

共，婚嫁相联，可融满汉畛域之见。"①因端方满族官员的身份，加之慈禧太后的信任，至光绪二十八年（1902）二月一日，慈禧太后下令准满汉通婚。其懿旨曰："旧例不通婚姻，原因入关之初，风俗语言，或多未喻，是以著为禁令。今则风同道一，已历二百余年。自应俯顺人情，开除此禁。所有满汉官民人等，着准其彼此结婚，毋庸拘泥。"②之后，端方将自己的女儿嫁于袁世凯的五子袁克权，首开满汉通婚之风气。

光绪三十二年（1906），端方等五大臣考察政治归国后，载泽和端方分别奏请慈禧改革满汉关系。端方提出的改革建议更直接详细。他刚赴欧洲旅行考察归来，更敏锐地察觉到种族矛盾对政治稳定的重要影响。他将满族和汉族与奥地利和匈牙利人进行比较，指出他们的冲突使得哈布斯堡王朝分裂。因为满汉在过去的二百多年中紧密地生活在一起，他们的语言、宗教和习俗等很多方面是一样的，但过去的通婚限制使他们在种族认同上有着明显的区别，结果，少数狂妄的人错误地指责满汉不平等。孙中山演讲和革命党的出版物在这一点上取得了广泛的一致。镇压并不是解决办法。在发生贵族和平民冲突的所有国家里，贵族也许会赢得最初的胜利，但是最终一定是平民赢得战争的胜利，就像在法国。清廷一贯平等对待满汉两族，但是在某一些小的事件上可能存在不平等，叛党就抓住这一两件小事作为其为叛乱争辩的依据。于是，端方总结出两个解决中国满汉问题的办法。一是实行立宪让那些离间叛乱的人恢复希望，二是削弱对于种族不平等的革命指控。对于后者，端方提议两项改革。首先是提倡废除双头政治，种族职位划分已在新的四部体系中消失，因此也应从都市行政管理系统中消除。除此以外，追溯至张之洞1901年的奏议，端方提议解散地方驻军（但明显不是专指都市八旗士兵），并引用日本明治维新时期发放养老金给退伍武士作为解散士兵的成功先例。③

随后，端方又专上《请平满汉畛域密折》，系统论述满汉问题。首先，他分析了满汉问题成为革命矛头的原因："盖缘睹外国之富强，愤中国之积弱，

---

① 端方：《筹议变通政治折》，光绪二十七年三月，《端忠敏公奏稿》卷一，第42页。

② 朱寿朋，编，张静庐等校点：《光绪朝东华录》第四册，北京：中华书局，1958年，第4808页。

③ Edward J.M. Rhoads. *Manchus and Han*：*Ethic Relations and Political Power in Late Qing and Early Republican China，1861-1928*. Seattle and London：University of Washington Press，2000.p106.

既绝望于维新，乃丛怨于政府……既丛怨于政府，乃迁怒于满人。……满汉之间权利义务不甚均平者，逆党即假为口实，肆其鼓簧。"①接着又分析了满汉畛域对中国造成的不良影响："满汉畛域为中国新政莫大之障碍，为我朝前途莫大之危险。"并以世界上其他国家为例，如挪威与瑞典的分离，比利时脱离荷兰自立，奥匈帝国、俄国的衰败皆是民族矛盾的结果，进而认识到"家无论贫富，而兄弟阋墙者必败；国无论大小，而人民内讧者必亡"。而与之相对，英国、美国虽各民族杂居，但"国中无论何族，皆受治于同一法制之下，权利义务，悉皆平等，故种族虽异，利害不殊，民自乐于趋公，而以阋墙为大耻"。因此，端方得出结论："苟合两民族以上而成一国者，非先靖内讧，其国万不足以图强；而欲绝内讧之根株，惟有使诸族相忘，混成一体，此实奠安国基之第一要义。"②如果国内满汉纷争不止，则是给外国以绝好机会，结果只能是满汉俱伤，甚则同归于尽。

其次，端方指出了平满汉畛域的策略："一曰用严峻之法，摧锄逆氛；二曰行公溥之法，潜消戾气。"但实际上前者之法难以实行，其原因在于革命党人"以破除专制为借词，以抵抗满人相号召，多戮一人，则彼辈多一煽动之口实，一逆党戮而百逆党生"。端方进而分析，革命党人"大率皆年少气盛，辨理不真，激于一时之感情……苟一旦破其执迷，导以希望，或反能为国效力，变为有用之才"。那么，解散铲除革命党的有效途径是什么呢？唯有于政治上导以新希望，从种族上杜革命党之借口。端方进而提出两策：一曰定官制，除满汉缺分名目。"所有堂官司员，不问籍贯，惟才是用……以示满汉一体之仁。"二曰撤各省驻防。端方认为驻防对国家、汉人、满人有三弊。对国家而言，则"岁縻巨帑，以养有名无实之冗员，徒为财政一漏卮"；对旗人而言，"既注名于兵籍，而农工商诸业皆在所禁，不能独立以谋生计"；对汉人而言，"名曰驻防，而所驻者在腹地，所防者为何人？既已天下一体，又何防之与有？"此外，"驻防旗员散居各省而不受所在地方官之管辖，一若国际上之

---

① 端方：《请平满汉畛域密折》，中国史学会主编：《中国近代史资料丛刊·辛亥革命》第四册，上海：上海人民出版社，1981年，第44页。

② 端方：《请平满汉畛域密折》，中国史学会主编：《中国近代史资料丛刊·辛亥革命》第四册，上海：上海人民出版社，1981年，第39—41页。

享有治外法权者，然就行政论，既动多窒碍；就国法论，亦稍失均平"。故只有裁撤各省驻防，才能"示朝廷之大公，定全国之舆论"。①

最后，端方指出了平满汉畛域的益处所在。祛除满汉之间的不平等，扫除满族贵族的特权，才能为宪政做准备，同时可以消弭排满风潮，避免革命运动，使国内局势渐趋稳定，从而达到"立宪则皇上可世袭罔替"②之最终目的。

光绪三十三年（1907年）7月6日，安徽发生徐锡麟刺杀巡抚恩铭事件，时任两江总督的端方负责查缉此事。这一事件使他进一步意识到平满汉畛域的重要性。7月31日，端方代安徽旌德廪生李鸿才上《条陈化除满汉畛域办法八条折》，其中包括满汉通婚、取消满汉分缺、刑律归一等。次月，端方又提出化除满汉畛域办法四条：其一，旗人就原住地方照军籍例编为旗籍，与汉人一律归地方官管理；其二，旗丁分年裁撤，发给十年钱粮，使其自谋生理；其三，移驻京旗屯垦东三省旷地，或自耕或召佃取租以资养赡；其四，旗籍臣僚一律报效廉俸，以资移屯经费。③同时，端方还将这些措施付诸实践。其在两江设立了旗民工艺厂，招募旗民入厂学艺，并鼓励优秀八旗子弟进入学校接受新式教育，为以后生存下下基础。

当时的有些评论认为，满汉之争是"宪政不立"的"莫大之总因"，然"人人能知之，而无一人敢倡言之"。④作为满族大吏，端方较早提出平满汉畛域，且屡上奏折请旨，在当时引起了不小的争论。一时间，平满汉畛域的呼声不断高涨。张之洞、袁世凯等大臣纷纷上书请化除满汉畛域。在此背景下，光绪三十四年（1908）八月，清廷宪政编查馆和资政院编订《预备立宪逐年筹备事宜清单》，规定设立变通旗制处，筹办八旗生计，融化满汉事宜。计划在第八年，"变通旗制，一律办定，化除畛域"。⑤

端方的满汉政策具有进步的历史意义。一方面，作为满族贵族，端方首

---

① 端方：《请平满汉畛域密折》，中国史学会主编：《中国近代史资料丛刊·辛亥革命》第四册，上海人民出版社，1981年，第39—47页。

② 魏元旷：《坚冰志》卷一，《魏氏全书》第17册，民国二十二年（1933）刻本。

③ 端方：《均满汉以策治安折》，光绪三十三年七月，《端忠敏公奏稿》卷八，第45—51页。另见《德宗景皇帝实录》卷576，《清实录》第59册，北京：中华书局，1986年，第630页。

④ 《论消融满汉之政策》，《东方杂志》第四年第七期。

⑤ 《宪政编查馆资政院会奏宪法大纲暨议院法选举法要领及逐年筹备事宜折》，光绪三十四年八月初一日，故宫博物院明清档案部编：《清末筹备立宪档案史料》上册，北京：中华书局，1979年，第61—66页。

倡废除满人特权，可谓开明之举，迫使清政府转换思想，一定程度上推动了政治民主化的进程。另一方面，"平满汉畛域"在当时对于缓和满汉矛盾、加强民族团结起到了积极的作用。但不可否认，端方的满汉政策，具有一定的片面性。出国考察的经历，使他认识到只有改革立宪才能富国强兵，而立宪又必须先铲除满族特权。从维护整个满族政权的利益出发，端方希望通过自上而下的改革，以牺牲满族贵族的部分特权，来保护满族统治阶层的既得利益，同时达到消弭革命的目的，从而赢取清廷的长治久安。而大部分满族贵族仍被长期唯我独尊的陈腐观念所束缚，他们认识不到历史的发展潮流和趋势，不愿放弃自己手中的任何特权。光绪三十四年十月（1908 年 11 月），光绪帝、慈禧太后先后过世，载沣摄政，确立了皇族集权的"皇族内阁"，致使社会各阶层对清廷彻底绝望，最终导致了革命的爆发和清朝统治的崩溃。

三、宪政思想述略

端方是清朝统治阶级中的开明分子，是主张立宪较有影响的人物。端方从最早参与维新变法的经历中，对西学和新政有了初步的了解和认识，从固守祖宗之法的顽固满族官僚中游离出来，不断结交立宪派人士，与张謇、郑孝胥、严复等立宪派的骨干力量交往甚笃。[1]出国考察政治的经历，使他眼界更加开阔。归国后，他请梁启超代拟考察宪政奏折，并据考察的所见所闻，编辑《欧美政治要义》和《列国政要》[2]，系统阐释和宣传宪政思想。在《列国政要》一书的序言中，端方自言编辑此书的目的："旨哉是言，余反复其文，屡眷斯义，载驰而西，每怀靡及，殷忧烦心，欲有以扶长宗邦，远其害沴，则列强确立之格范，必由之术径，固示我周行行人所咨诹咨询者也。然则是书之辑，倘所谓每国辨异之，以周知天下之故者非耶，庶知言之君子有

---

① 端方曾采纳张謇的建议，筹建南洋工科大学；与郑孝胥发起筹备南洋劝业会；支持严复任监督的复旦公学和郑孝胥任监督的中国公学。

② 《欧美政治要义》和《列国政要》两书名义上是端方与戴鸿慈共同编辑，实际上是端方一手主持的。参见林增平、李文海主编《清代人物传稿》下编第三卷，沈阳：辽宁人民出版社，1987 年，第 71 页。

以览其得失也。"① 结合清廷现状、效法西方立宪，是端方编著介绍欧美各国政治、经济、军事与教育的本旨所在。张百熙曾致函称赞其书为"经世之鸿文也"。② 同时，端方不遗余力地鼓吹立宪，连续上折奏请立宪，主要奏折有三件：《请定国是以安大计折》《请改定官制以为立宪预备折》和《请平满汉畛域密折》。端方的宪政思想主要体现在上述奏折和书中，笔者就其立宪的动机与目的、宪政思想的主要内容及宣传立宪所达到的主客观效果做一简单评述。

第一，端方主张立宪的主要目的在于强国御侮、消弭革命，以立宪之旗息革命之鼓。其言："中国今日正处于世界各国竞争之中心点，土地之大，人民之众，天然财产之富，尤各国之所垂涎，视之为商战、兵战之场。苟内政不修，专制政体不改，立宪政体不成，则富强之效将永无所望。"③ 对于世界上的两种政体——专制与立宪，端方认为专制常造成国家的动乱，立宪则可保证国家的稳定。这是因为，在专制国家中，国家治理由君主一人决断，无法可依，治理能力低下的官员不作为，人民就会将对官吏的不满转移到君主一人身上，从而容易引起革命，导致君主地位不稳，国家动荡。而立宪国家是由责任大臣按照法律治理国家，代替君主对人民负责，君主不用承担政治责任。"立宪政体于宪法之中载明君主无责任，则可以转危为安，何也？君主既无责任，则官吏对于人民即有不善之政，亦非君主之咎，故其君常安而不危。"④ 于是，端方认为，实行君主立宪有助于转移革命目标，消弭革命，达到维护清王朝统治的目的。

第二，端方的立宪思想主要体现在其对君权、民权及宪法的理解与诠释上。作为朝中大臣，无论是所编之书还是奏折，皆是呈请慈禧太后与光绪皇帝御览。因此，虽其主张限制君权，但所呈请建议多对如何削弱君权避而不谈，皆言立宪之益处。端方认为君主不是行政权政府的一部分，而是高于政府，且君主总揽政治权，依宪法之条规行之，君主一身不可侵犯。君主专制国家与君

---

① 戴鸿慈、端方：《列国政要》，端方自序，上海：商务印书馆，光绪三十三年（1907），第3页。
② ［日］佐久间桢、阎崇璩等编：《匋斋存牍》，台北："中央研究院"近代史研究所，1996年，第202页。
③ 端方：《请定国是以安大计折》，《端忠敏公奏稿》卷六，第36页。
④ 端方：《请定国是以安大计折》，《端忠敏公奏稿》卷六，第32页。

主立宪国家唯一的区别在于，立宪国家的君权载于宪法之中。"君主于宪法制定以前总国政之全权，国家一切政务皆取决于民主，而宪法制定以后亦非大有变更，君主仍为最高之机关，宪法特就国中各部机关明定其权限而已。故君主之权力不仅明记于宪法者已也，即宪法所不载者，凡关于国政之权力，君主仍得行之。"① 既然君主的权力没有变更，那么中国为何要实行立宪呢？原因在于宪政制度下，君主不负政治责任，而由责任大臣负责。

> 君主一身不可侵犯，是无责任之义，自存于其中矣。但君主即误政道，或违宪法，终不得加以指斥，是必至于无可匡正其过失之途，则宪法条规亦将有名无实。……君主有误政道或违宪法，则为辅弼者未尽责任，故政府大臣必代君主负其责任，此之谓责任大臣。②

宪法中载明君主为行政责任，则官吏对人民有不善之政，亦非君主之咎，可常安而不危。实行君主立宪，君权没有削弱且不负政治责任，清廷必乐而为之。端方的"君权"观念，反映了其立宪观念不可能超越"皇位永固"的藩篱，迎合了清廷的心意。但他的立宪观中亦包含着"法治"的思想。"凡君主之大权，皆明记于宪法之上，其未明记者，君主绝不得行此。"③ 君主行使权利，亦须按宪法行事，这是端方君权思想中的进步因素。

第三，民权思想是最能体现端方宪政思想政治识见的部分。端方将人民称为"臣民"，他认为臣民的基本权利有：人身之自由、家宅之安全、居住移转之自由、信书之秘密、所有权之保障、信教之自由、言论著作印行结社之自由、请愿之权利、裁判之公平和登用之均等。④ 并要求将臣民之权利载于宪法予以保证，无论在何时，不得以行政之目的侵犯之。"凡对于臣民之行政事宜，无不准乎法律及法律范围内所发之命令，使有司执行之。又为保护臣民生活之重要权利，不许以行政权有所侵损。又如司法权从一切行政事宜中分划独

---

① 端方、戴鸿慈：《欧美政治要义》，桂林：广西师范大学出版社，2016年，第85页。
② 端方、戴鸿慈：《欧美政治要义》，桂林：广西师范大学出版社，2016年，第84页。
③ 端方、戴鸿慈：《欧美政治要义》，桂林：广西师范大学出版社，2016年，第86页。
④ 端方、戴鸿慈：《欧美政治要义》，桂林：广西师范大学出版社，2016年，第354—366页。

立，以公平保护臣民之权利。其国务大臣收支国币，又必先以预算之数，经国会参与，极其平准乃行。凡此等类，皆为立宪政体最为枢密之要目也。"①同时，端方建议君主与臣民应分担责任，共同管理国家。边陬之民，选举地方或国会之议员，间接参与国家事务；被选为议员的臣民，直接参与国务。臣民不能自视处于国务之外，而应视国家为自己之一家，忧国家如忧自己之族，"使臣民一人生活与国家全体之生活有合为一致之观，上下一心，共同经营，此立宪政体之妙义"。②只有把人民动员起来，才能"助长民生"，从而"增进国力"，达到富国强兵之目的。③

第四，关于宪法的重要性。宪法是立宪政体的基础和中枢。对于宪法的重要性，端方曾言："所谓宪法者，诸法之渊源也，一国之大本大法也，故又称国家之根本法。盖所以规定国家各部机关之编制及权限，并臣民之权利及义务，在一切法律之上而可为国家一切政务之基本者。"④宪法的制定权在人民的代表机构国会手中。端方认为宪法的制定有三种方法，敕拟宪法、共议宪法与民主宪法。敕拟宪法指"君主命其臣僚拟具宪法之草案，下之于高等顾问府，使议定而裁可之，以公布于天下"。所谓共议宪法就是"其宪法非由敕拟而定，必以之询议于臣民之代表机关，君民共议而始确定者"。民主宪法指"当革命之后人民先开宪法构成会议以议定宪法，因此以选定君主"。三者之间，端方主张中国采行共议宪法。因为"以敕拟而定者，亦得以敕废止变更之，则宪法不能固定而终归于无效，此其一也；且宪法所定条项若不洽于人民之意，则反动力因之而生，或反致于危国，此其二也。因此二者，故敕拟宪法不如君民共议宪法之易于遵守"。⑤至于民主宪法，由臣民定宪法选君主，在尚是君主专制的中国是万万行不通的。因此，由君主与官吏草拟宪法，而最终决定权在民选的国会，可谓是上佳的选择。端方认为国会的职责在于"通上下之情，其执行之权则归诸政府，而明定国会大臣之责任，于是因国务

① 端方、戴鸿慈：《欧美政治要义》，桂林：广西师范大学出版社，2016年，第21—22页。
② 端方、戴鸿慈：《欧美政治要义》，桂林：广西师范大学出版社，2016年，第29页。
③ 端方、戴鸿慈：《欧美政治要义》，桂林：广西师范大学出版社，2016年，第83页。
④ 端方、戴鸿慈：《欧美政治要义》，桂林：广西师范大学出版社，2016年，第55页。
⑤ 端方、戴鸿慈：《欧美政治要义》，桂林：广西师范大学出版社，2016年，第58页。

大臣之所献替与国会之所参与，以为摄理大政制定法律之本"。[①] 但清廷只采纳了"敕拟"并未由国会"共议"，《钦定宪法大纲》的出台，没有换来臣民的向心力，反而引发了四处的"反动力"。

纵览端方的宪政思想，其核心是建立二元君主制的立宪政体。其主观目的在于通过一定程度的削弱君权以取得主张立宪人士的支持[②]，从而帮助清政府改变内外交困的现状，以达到"皇位永固"的目的，进而最大限度地维护君权。因此，端方的宪政思想是具有局限性的。端方与资产阶级立宪派的利益与立场是不同的，[③] 其向往三权分立的西方资本主义制度，又幻想不触动君主政体，其总的政治倾向是保守的。但同时，端方又具有改革精神，主张建立君主立宪政体，对封建专制制度进行否定，客观上削弱了清政府的集权专制。而且，作为清末叱咤风云的封疆大吏，端方的立宪主张影响了朝中一些大臣如袁世凯、张之洞的政治倾向，给清政府造成内部压力，促使清统治阶级内部分化，推动清廷实行预备立宪，客观上有利于清末立宪运动的发展。宣统元年（1909），端方被罢免后，清廷中已无力主立宪的大员[④]，清政府亦不肯再推进宪政，随着辛亥革命的爆发，清廷预备立宪遂宣告破产。

小　结

端方的政治改革与清末新政的步伐与宗旨是一致的，二者的思想根基亦

---

① 端方、戴鸿慈：《欧美政治要义》，桂林：广西师范大学出版社，2016年，第21页。

② Joseph W.Esherick. *Reform and Revolution in China：The 1911 Revolution in Hunan and Hubei*.Berkeley and Los Angeles：University of California Press，1976.p92.

③ 迟云飞教授将清廷中主张立宪的端方、袁世凯、奕劻等称为"新洋务派"，张海林教授则将端方定位为"渐进主义改革者"。

④ 端方被罢免后，南北洋总督分别由反对立宪的张人骏和陈夔龙接替。地方大员中积极主张立宪的，仅有东三省总督锡良和湖广总督瑞澂，但此二人不足以影响清廷的决策。

是相通的。无论是整肃吏治、创建新军与海军，抑或是筹备立宪，都是在其固守的文化背景和思想基础下进行的。

整顿吏治，端方摒弃捐纳保举之旧法，采用考试、考核之新法，注重奖励追求学习新知之官吏，力争以才取人，被称为晚清少有的明臣与能吏。但当故人相托求助之时，端方依然竭力相助。光绪二十九年四月，时任河南巡抚的陈夔龙，为使其侄入湖北学堂学习，函寄端方请其"推爱关垂，勤施涓督"。① 同年九月，宝熙为同年罗善宝谋官，请求端方赏委罗善宝"一稍优之差"或"一佐杂之缺"，"藉资糊口"。② 在直隶总督任上时，端方亦为其子的京剧老师——中国著名京剧乐师陈彦衡谋得一京官，使陈彦衡得以举家迁往京师。③ 由此可见，端方亦并非全然拒保举捐纳于门外，政治改革背后的封建官僚之惰性显露无遗。

军队是立国之本，为了维护清廷摇摇欲坠的统治，提高军事实力是应有之义。端方从事军事改革实践所提倡的"士气之道"，在于振奋国家之精神，而在他的思想意识中，君即国家，故端方希望统有海陆军大权的光绪皇帝"参考古今中外戎服制度"，亲临"校阅军政之需"，使得全国军民"咸仰圣武而思振奋，皆以得入行伍为荣"。④ 可见，君权至上的儒家文化思想仍根深蒂固，政治改革实践之归宿仍是稳固君权。

作为满族权贵，"平满汉畛域"思想是端方思想最闪光之处。⑤ 端方与袁世凯联姻，首开满汉通婚之风气。他希冀能通过削弱少部分满族权贵自身的特权，为预备立宪扫清道路，以固大清王朝之根基。但端方并未看到民族融合须从中国历史文化传统的方方面面入手，应遵循历史文化发展规律，因时势之需的满汉融合政策，反而在某种程度上唤醒了满族皇族的特权意识，预备立宪最终以"皇族内阁"收场。其宪政思想如出一辙，想通过削弱光绪皇

---

① ［日］佐久间桢、阎崇璩等编：《匋斋存牍》，台北："中央研究院"近代史研究所，1996年，第190—191页。

② ［日］佐久间桢、阎崇璩等编：《匋斋存牍》，台北："中央研究院"近代史研究所，1996年，第194页。

③ 参见 http://baike.baidu.com/view/128022.htm。因之，陈彦衡解决了经济上的后顾之忧，得以全身心投入京剧事业。

④ 端方：《军政重要请取法各国以图进步折》，《端忠敏公奏稿》卷六，第89页。

⑤ Michael Gasster. *Chinese Intellectuals and the Revolution of 1911*. Seattle and London：University of Washington Press，1969.p245.

帝一人之特权，而达到"皇位永固"之期望。然几千年来"君权至上"的文化传统，只允许在制度与体制内进行些许修补，挽救体制的根本方法在于推翻旧的自我，实现自我的重新塑造。这注定了端方政治改革失败之宿命。那么，转向以往传统社会所忽视的经济改革，能否收期望之功效？接下来让我们继续审视端方新政措施中的经济举措。

第三章　端方与实业创新

　　20世纪的中国，以庚子之变、辛丑之辱拉开序幕。在不变则亡的历史危局面前，清政府被迫迈开了新政的步伐。自光绪二十七年（1901），清政府宣布实行新政。新政涉及的内容相当广泛，改革措施涵盖政治、经济、文化、外交、军事各方面。清政府仿佛在效仿十年前亲手扼杀的戊戌维新，各项措施似曾相识，"历史在经过一个巨大的迂回之后又似乎回到了原来的起点"。①清末新政的重要内容之一是"振兴商务、奖励实业"。光绪二十九年（1903），清政府专设商部，由载振任尚书，路矿事宜皆归商部管理，鼓励发展民族工商业，奖励开办路矿实业，为民族资本主义的发展营造有利的环境。民族主义情绪渐渐高涨，光绪三十年（1904），伴随着粤、鄂、湘官绅收回美国公司对粤汉铁路修筑权的不断推进，各省收回路矿利权运动纷纷兴起。端方在历任地方大员期间，推行清政府新政的各项举措，推动了两湖、两江地区民族资本主义的发展，客观上增强了上述地区民族工商业者的自信心。

第一节　广兴实业、振兴工商

一、开采矿山、设立工厂

　　20世纪初，帝国主义国家为了确立势力范围，在中国进行激烈的利益争

---

① 周积明：《"清末新政"通论》，《求索》1996年第6期。

夺，不断霸占矿产、开采矿山、修筑铁路。西方国家开办矿务、侵占矿权的举动，引起了清朝统治阶层的忧虑，清廷开始积极谋划对策进行抵制。光绪二十七年（1901），张之洞、刘坤一曾上奏：

> 中国矿产富饶，蕴蓄而未开；铁路权利兼擅，迟疑而未办。二事久为外人垂涎。近数年来，各国纷纷集股来华，知我于此等事务尚无定章，外国情形未能尽悉，乘机愚我，攘利侵权。或借开矿而揽及铁路，或因铁路而涉及开矿。此国于此省幸得利益，彼国即于他省援照均沾。动辄号称某国公司，漫指数省地方为其界限，只知豫先宽指地段，不知何年方能兴办。近年法于云贵，德于山东，英、意于晋、豫，早有合同，章程纷歧，恐未必尽能妥善。此次和议成后，各国公司更必接踵而来，各省利权，将为尽夺，中国无从自振矣。且此后内地各处矿务铁路，洋人无处不有，不受地方官约束，任意欺压平民，地方官只有保护弹压之劳，养兵缉捕之费，无利益可沾，无抵制之术，一旦百姓不堪欺凌，或滋事端，又将株连多人，赔偿巨款，为害何可胜言？[1]

故应"采取各国办法，秉公妥订矿路划一章程，无论已经允开允修之矿路，未经议开议修之矿路，统行核定，务使界址有限，资本有据，兴办有期，国家应享权利有著，地方弹压保护有资，华洋商人，一律均沾"。则"中国自然之大利，不至为中国无穷之大害"。[2]光绪二十九年（1903）九月，清政府专设商务部，管理矿务事宜，制定矿务章程以限制洋商办矿的权限，并鼓励华商创办矿务公司，且咨告各地方督抚："商民私卖矿产，流弊滋多，请严密查禁。"[3]光绪三十一年（1905）九月，清商部又饬令各省专设矿政调查局，负责矿政事务，"专选谙练廉正之员……作为矿务议员，令其酌带熟识矿产之工师，周历各府厅州县，详为探勘"。[4]

---

① 朱寿朋编，张静庐等校点：《光绪朝东华录》第四册，北京：中华书局，1958 年，第 4762—4763 页。
② 朱寿朋编，张静庐等校点：《光绪朝东华录》第四册，北京：中华书局，1958 年，第 4762—4763 页。
③ 朱寿朋编，张静庐等校点：《光绪朝东华录》第五册，北京：中华书局，1958 年，第 5396 页。
④ 朱寿朋编，张静庐等校点：《光绪朝东华录》第五册，北京：中华书局，1958 年，第 5397 页。

（一）自办矿产

在此背景下，各省纷纷自办矿业。端方较早认识到保护矿权的重要性。"中国矿产素富，外人艳称已非一日……欲求设法保全，莫若先勘矿山，购归公家，盖一时即无款兴办，犹可存为后图，失今不为，必至利权尽失。是以购地一事，又为今日开办矿务第一要着。"[1] 同时，为响应清廷的号召和保护自身的矿权，端方奏请在湖北设矿务总局，以控制湖北属地的矿产和矿权。端方认识到中国矿藏之利，亦认识到外国人操纵掌握中国矿权之弊："铜煤之利，为用最广。近年铜煤价值日涨，伸缩之权，操诸洋商，实为中国一大漏卮，非有佳矿自行开采，不足以挽回利权。"[2] 光绪三十一年（1905），英领事赴湖南办理勘矿执照时，端方特致电湖南巡抚，"该洋人等潜往，自应相机拿办。此系主权，外人不能干预"。并叮嘱："惟应先与英领事声明，唐（与英商一起经营矿石事务的华商）前借办矿撞骗，曾解送北洋，经濮老克求情释放。今该洋人等复与唐来湘，设有被骗情事，系属自取，中国概不承认，以免事后借口。"[3] 光绪三十四年（1908）九月，英华公司之英商麦奎私运铜官山铁矿石，端方授命下属扣留英商及所运矿石，并致函外务部重申："矿石不应遣禁私采，常关既未验放，更不应违章起驳。杨道扣留系属正办，即将来人出而争论，彼系私相授受不合公理，我更不能承认。"[4] 十月，英商通过领事馆向清政府外务部施加压力，要求赔偿，端方依然不卑不亢地争辩："扣留矿产，原出于不得已，且彼先章不候验起驳，即照关章亦应扣留，何向我诘问？至索赔尤为无理。"[5] 可见，端方在处理外商矿务时，善于积累与外交涉的经验，增强应付新生事物的能力，一定程度上维护了中国的矿产利权。

力排外国洋商开采矿石仅为权宜之计，从根本上维护中国矿权的办法，只能是尽力自行开采矿石。湖南省是矿产资源比较丰富的省份，"矿产饶富、

---

① 《署两湖总督端奏陈筹办矿务并酌拨官本先购矿山折》，《东方杂志》第一年第六期。

② 端方：《试办铜冶山矿务片》，光绪三十三年九月，《端忠敏公奏稿》卷九，第32—33页。

③ 《为英领朦请开矿执照事》，光绪三十一年十月二十二日，《端方档案》，端676，电31。

④ 《为相商英国商人麦奎私运铜官山矿石事件情形事》，光绪三十四年九月三十日，《端方档案》，端225，电34。

⑤ 《为芜湖关道扣留矿铁缘由事》，光绪三十四年十月十六日，《端方档案》，端305，电34。

环球艳称"，久为外商所垂涎。光绪三十一年（1905），端方任湖南巡抚后，专设矿务总局及矿务总公司设法保护。但湘省诸多矿痞素与外商勾结串通，私立合同，偷售矿产。虽严密查拿惩处少许痞徒，然"大利所在，人必争趋。抑且牵及外人，动相挟制，若不亟筹妥策，必至防不胜防"。端方认为唯有择优自办一二处，"其成效大著，树之风声，则足以坚绅民爱护之心，即隐以消异族觊觎之志"。[1] 经核查，岳州所属之平江县黄金洞金矿矿质甚佳，英商、奥商曾先后窥探。该矿本由湘省矿务局自行用土法开办，所获不敷成本。为保护"中国利权命脉"，端方饬令矿务局遴聘德国著名矿师柯和验看取苗化炼，"或挪借官款或招集商股"以购置新机器，竭力办成，自保地利。对湘省而言"今日此举不免露肘决踵之情形，而实为拔本塞源之至计"。[2] 端方在思想层面或许并未认识到矿权对国家主权的重要性，但他的各项举动客观上对于维护自身利权有着积极作用。

端方任职两江总督期间，经常委派两江矿政调查局四处勘察矿山。光绪三十三年（1907）4月，端方指派两江矿政调查局道员翟衡玑，前往江苏句容县铜冶山勘察铜矿。经核实，铜冶山蓄铜、煤甚厚，发现砂石均含宝光，矿苗呈露。端方便速派曾游历日本、熟悉矿务的李宗棠总理铜冶山的开矿事宜，且先行筹备官款五万两，以作为试办资金。至于开采办法，则先用土法，渐有成效后再购置机器、置办工厂。以两年为时限，如有成效，则再由官招商、筹集资本、设立公司，以裕利源。同年，端方还曾派人前往江宁省城南京郊区的幕府山查勘矿苗：

> 江督端午帅札行两江矿政调查局，略谓上元县属幕府山向有煤矿，如果苗旺质佳，自应亟图开采，以兴地利。惟开矿之举必须查勘明确，如属蕴藏丰富，质地精良，再行拨款开办，方有把握。应先由该局遴选精通矿务学生前往查勘，务须究明该矿苗质情形及界址广阔若干、应需开办经费若干，一并确查，妥筹办法，禀复核夺。[3]

---

① 端方：《湘省矿务自保利权折》，光绪三十一年六月，《端忠敏公奏稿》卷五，第 41 页。
② 端方：《湘省矿务自保利权折》，光绪三十一年六月，《端忠敏公奏稿》卷五，第 41 页。
③ 《札饬查勘幕府山矿》，《申报》1907 年 4 月 28 日。

江宁省城八里外的上元县所属的林山产有煤矿。光绪三十四年（1908）正月，端方先请江宁造币分厂烧验煤质，经验"煤为佳，可合铸造之用"，方才筹措官款五万两，创立官办阜宁煤矿，将原毗连之商办宝华煤矿公司① 一同并入。阜宁煤矿本是官荒之地，百废俱兴，端方全力以赴支持该煤矿，给予多项优待条件："其运销内地应概免沿途捐厘"，"所领官荒全地并免按亩纳税"。② 可见端方鼓励发展矿务之决心。

端方为了查核矿石的质量，还不辞辛苦地请中国的在外留学生将矿石带到外国实验室化验。光绪三十三年七月（1907 年 8 月），《申报》曾刊登端方札催两江矿政调查局呈送各种矿质的谕令：

> 据留比学生陆安禀称，现正学化验各种矿质及各项大工艺化学，并入比国化学之会，与诸化学博士研究新理，月必入各种工厂考查。我师帅可将南洋矿质寄数种来，由生化验，并南洋开何项工厂，如炼各项金类及制造各种药品，并造玻璃造糖等类，可写信寄生，由生绘图帖说送去，借以稍尽一点学生义务等情。本部堂据此，查前据江南英、法、比、德游学生监督，详矿学专校生陈传瑚等程度渐进，请饬寄矿质化验等情，当经札饬矿政局检齐各种矿质呈送来辕转寄，迄今未据送到，合再札催，即便遵照。③

端方力主确查矿质、注重矿产质量，妥善经营，不盲目投资，显示了他并非为了挽救利权而胡乱开采矿产，而是具有一定的经济效益观念。

这一观念也体现于端方管理江西与安徽的矿务中。他曾致电南昌催促开矿事宜："去腊电禀赣矿情形，曾有俟开年再购机大办一语，当复令尽力采办。嗣后未接续奏。近闻该矿已订购机器多件，究向何处订购，价值若干。又闻已聘定洋工师，所订何国之人，何以不禀明？祈示是否确有其事。"④ "赣

---

① 宝华煤矿公司是试探开采林山煤矿的商办公司，试探期满后，无力开采，请求撤销。
② 端方：《官办煤矿片》，光绪三十四年正月，《端忠敏公奏稿》卷十，第 44 页。
③ 《札催呈送各种矿质》，《申报》1907 年 8 月 31 日。
④ 《端方致傅苣生观察电》，光绪三十四年二月初六日，《端方档案》，端 402，去 48，各省公事去电。转引自张海林《端方与清末新政》，南京：南京大学出版社，2007 年，第 301 页。

矿需购钢石锤并马力机器，虽价值较巨，用以勘矿，既属事半功倍，自应速办。祈即询明电购为盼。"[1]端方任职两江总督三年间，推动了两江地区矿冶业的发展。端方批准设立的公司有些在民国年间尚存，如端方于光绪三十三年（1907）批准开采的天利和华源煤矿公司，一直存在至1935年。[2]

（二）支持华商办厂

清末十年间，帝国主义国家凭借不平等条约，大量输出资本，在中国设立工厂以占领在华市场。外资企业依靠先进的技术和机器优势，无孔不入，极力排挤、兼并中国民族工商业。就连大买办盛宣怀所创建的三星烟厂，亦被"英美公司跌价倾轧，尽致亏折，同行华商不下二十余厂无不亏累停止"。[3]外国洋商公司企业几乎垄断各经济部门，压制了中国民族工业的发展空间，诸多民族资本企业皆面临朝不保夕的处境。同时，封建厘金也是束缚华商企业发展的一大绳索。晚清著名民族企业家张謇曾愤慨言道："过捐卡而不思叛其上者非人情，见人之酷于捐卡而非人之欲叛其上者非人理。"[4]光绪初年，清廷厘金总额为130余万两，光绪三十四年则骤增至1776.2万两[5]，可见厘金之重，为祸之烈。

端方顺应清末新政奖励实业的各项政策，提倡和支持华资创办工厂，并适时利用官权保护华商、排斥洋商，给予华商以优良的政治环境，客观上拓展了中国近代自身工商业的发展空间。两江金陵自来水公司本由江宁官绅倡导设立，因该公司购买洋商机器，付款稍有延迟，牵动奥地利等国干预交涉。端方知悉后，特派专员由官方出面调停，嗣后叮嘱"该公司与洋商交易，务须格外谨慎信实，勿致牵及交涉，是为至要"，并重申"该公司原定章程全招华股不招洋股，务须实力奉行"。[6]

另一方面，鉴于封建厘金之重，端方体恤华商振兴实业，对尽力扶持的

① 《端方致南昌沈抚台电》，光绪三十四年二月二十一日，《端方档案》，端402，去48，各省公事去电。转引自张海林《端方与清末新政》，南京：南京大学出版社，2007年，第301页。
② 叶楚伧、柳诒徵修，王焕镳纂：《首都志·食货上》，台北：正中书局，1966年，第1006页。
③ 盛宣怀：《盛宣怀未刊手稿》，北京：中华书局，1960年，第188页。
④ 张謇：《张季子九录·实业录》卷四，上海：中华书局，1932年，第5页。
⑤ 罗玉东：《中国厘金史》，北京：商务印书馆，1936年，第466—467页。
⑥ 《江督派员专办自来水公司》，《申报》1907年7月8日。

华商企业免征内地厘金。光绪三十三年（1907）三月，沪商叶璋、樊棻等拟取张家口等地羊毛、驼毛，自织呢毯，以改变洋商"取我产料，织成毡呢，还销我国，获利甚厚"的现实，公推郑孝胥为总理，筹设上海日辉织呢厂，禀请两江总督端方批准。端方接禀后大加赞赏："近年朝廷重视商政，屡奉明诏，以振兴工商实业为要旨，是正赖各省绅商实力实心提倡工艺，庶几中国商务渐有起色。今该职商等联合同志，筹集巨款，设厂购机织呢，既可挽外溢之漏卮，尤足供华人之服用，益国便民，无逾于此。"① 并代为请农工商部立案。次年八月，上海日辉织呢厂落成开工，端方特专上奏折陈请该厂产品"完纳海关正税后运销各处免缴内地厘金，其在上海本地零售者并予免税"。② 而对于行销内地的洋货，则要求洋商严守章程。"洋货行销内地，虽宁局历按约章办理，今火车装运办法相同，凡此口至彼口，领有转口单者，本准照章验免，惟单货不得相离，若在非通商口岸起卸，无子口单，仍应完捐以符约章，而昭公允。"③ 光绪三十四年（1908），端方因皖赣两地洋商拒交茶叶税，致函外务部："如准洋商请单办运，只能免沿途之厘，不能将业户应完之产税，任其包揽并免。近来财政困难，皖南茶税系供解水师月饷及还瑞记洋款，设有短绌，所关匪细，拟请钧部大力坚持。"④ 端方推动发展地方实业经济，凡涉及中方利益，必不畏阻力，据理力争，他主观上是为解决两江地区的财政经济困难，但客观上维护了中国自身的主权。

二、"救荒重农统筹兼顾"、农工商协调发展

（一）赈务为先

"农为工商之本，中国为天然农国"，工商之立的基石在于农。端方历任地方大员期间，始终将农业作为首要事务。《端方档案》电报档中即设有赈灾

---

① 端方：《织呢厂请立案片》，光绪三十三年三月，《端忠敏公奏稿》卷八，第8页。
② 端方：《织呢请免重征片》，光绪三十四年八月，《端忠敏公奏稿》卷十二，第55页。
③ 《为苏宁局办理洋货行销内地事》，光绪三十四年三月二十八日，《端方档案》，端294，函34。
④ 《为皖赣各属征落地税事》，光绪三十四年七月十七日，《端方档案》，端498，电34。

事务专案电，主要收录端方为赈济江北水灾难民与各方往复的电文。^① 光绪三十二年（1906），江苏省一州八府皆受水灾，端方致电军机处请截漕十五万石，展办赈捐，一年开办七项常捐以资赈济。时端方刚到任两江总督，便撤换了赈济不力的淮扬海道丁葆元，委任淮扬海道杨文鼎接署，清查户口、妥筹赈抚，"广搭棚厂、安集灾黎"。对于"玩视民瘼之州县"官员，先行摘顶，尽量杜绝一切弊端，^② 充分显示了地方赈灾济民的决心。对于办赈不力的官员，端方严惩不贷。在此次江北水灾中，端方上专折奏参办理不善的几十名官员，准备随时撤换严惩，并言："朝廷设官，原以为民，乃于救荒要政且漠不关心，平时吏治尚可问乎？"若"地方官吏先事筹维，认真妥办，灾民转徙流离断不至若今日之甚"。^③ 同时，对于督办得力的官员则大力褒奖，如署理淮扬海道杨文鼎独任艰巨，殚心竭虑，区画布置，悉协机宜，一月之内将留养的数十万灾民给资遣散，救助灾民不计其数，使得大局转危为安，江淮士民同声感颂。端方称赞他"才猷政绩确有实效"，请朝廷擢升以奖贤能。^④

为防止饥民聚众扰乱，在广筹赈济财款之时，亦采取以工代赈的办法安定人心："应修之堤、应筑之垣、应疏之河，均饬择要勘估，招集饥民前往修筑疏浚，以工代赈。"^⑤ 端方亦支持民间开设义赈工会，如在办理江北赈济事时，曾积极倡导美国商人李德立在上海开设义赈公会，会同中外官商士绅筹款义赈，并由各国领事电其政府劝募巨款。为表支持，端方亲自谒见各国领事，面定赈济办法，鉴于中国内地风气未开，下乡恐致惊扰，仅能在城市施赈。最后选定灾情最重的清江区办理赈务，如有余款，再推广于他处。^⑥ 端方为表谢意，特电函各国公使致谢。

端方亦根据实际情况随时调整救荒之策略。其任陕西巡抚时，因旱灾开办粥厂四个月（十月至次年一月）以拯阽危，就食贫民十余万人。端方提出，

---

① 目前，《端方档案》正在数字化整理过程中，其中关于端方任职期间办理赈灾事务的档案已扫描完毕，在第一历史档案馆资料室可查阅。

② 《为办理江北赈济事》，光绪三十二年十一月初七日，《端方档案》，端1496，电32。

③ 端方：《纠参办赈不力各员折》，光绪三十二年十一月，《端忠敏公奏稿》卷七，第13页。

④ 端方：《请奖督办赈务人员片》，光绪三十三年五月，《端忠敏公奏稿》卷八，第33页。

⑤ 《为筹办江南赈济事》，光绪三十二年十一月初八日，《端方档案》，端1498，电32。

⑥ 《为请达各国公使代谢赈济事》，光绪三十二年十一月初六日，《端方档案》，端1484，电32。

赈灾"至二月春暖时止"的惯例应根据节气变化适当调整，以便"乘时力田且免群居致疾"，"于农务赈需两有裨益"。[①] 充分体现了端方救荒重农统筹兼顾的思想。

（二）农工商并重

早在戊戌维新之时，端方即被任命为农工商总局督办，全面负责新政期间农工商业的发展规划。端方的行动规划体现了农工商综合平衡发展的理念，他也许并没有认识到农工商三者之间的内在联系，但他的举措与行动却切实使得农工商三者互相促进、协调发展，在一定程度上促进了整个社会的进步。其曾言："世界各国无不以重农为立国大计。中国地处温带，为天然农国。只以有农事而无农学，新法新理不知研究，以致弃货于地，百产日绌，工商之业因之不进。"[②] 因此，端方在鼓励和支持工商业发展的同时，亦积极推进近代农业的进步。同时，他亦注意到农业的发展，更离不开工商业的进步。中国丝茶之大利逐渐被外人所剥夺，究其原因，"以种植、制造、行销三者为要领，而中国丝茶种植制造之法实多未精，各国起与争衡，故行销日减"。[③] 种植丝茶属农业，固然重要，而制造、行销属于工商业，三者只有全面协调发展，才能不听命于外人，在经济上立于不败之地。农工商一体推进的办法在于：农业改良种植之法、工业研求制造之法、商业改善管理模式。

为了保证农、工、商三者协调统一发展，端方曾将两江农务局、工艺局和商务局三局合一归并为江苏农工商局，并论述三者的密切关系：

> 目下经济困难，皆由实业窳败。农则树艺未讲，何以收畎亩之利源？工则制造未良，何以资社会之通用？商则团体未固，何以塞欧美之漏卮？自非设法整顿，断难希进步而收效果。夫商业贵有资本，而尤赖工艺物品为之灌输；工业重在精良，而必须种植材料为之权舆。三者名虽有别，

---

① 端方：《救荒重农办法片》，《端忠敏公奏稿》卷一，第21页。
② 端方：《办理农业试验场折》，光绪三十四年七月，《端忠敏公奏稿》卷十二，第44页。
③ 端方：《筹办丝茶折》，国家档案局明清档案馆编：《戊戌变法档案史料》，北京：中华书局，1958年，第404—406页。

实则相因，而挈领提纲，尤以农为最要……地无旷土，出产自繁，则米贵艰食之虞可免；野无游民，生计自足，则民穷为匪之患可消。推之工得其资料以制货物，商利其贸迁以广销场，二者之发达亦基于此，于民生亦有裨益……臣等复查，振兴农务实为工商进步之始基。[①]

端方认为农业是二者的基石，发展经济需从农业始。

中国农业囿于自然和历史条件的限制，自古以来靠天吃饭，农业升级的关键因素在于农业科学技术的推进及采用西方先进的农业机器。端方任职农工商总局督办时，曾上《试办农务先将筹议大概情形具陈折》，主张采用西法、引进技术。"农器美国最精，日本最廉。此制一人之力，可终百亩，事省报丰，宜于广漠。拟函询驻美使臣酌量代购，或就近与洋商订购。其应购日本农器，拟属大学堂此次游历日本人员先为择要购致。事求近效，不在多资。"[②]机器的操作使用依赖于先进的技术，远聘农业师来华教习，成为亟待解决之需，请美国或日本农业师教授"化学肥壤之法，考质播种之宜，曲牖旁通，昭若发蒙，则易为功矣"。[③]"农学一门尤当聘师研讲，日求进步"，"宜参用西法，先举化学之浅近者，以开民智而策农功，富教之良图实基于此"。[④]

然聘请外国专家并非长久之计，只有自己培育农学人才，才能从根本上振兴中国农业。端方建议专设农务学堂，"考农事之初阶，为劝氓之始事。先延东西各国农师，兼访近畿明农之士，与诸生讲明切究。凡中国农政诸书及西人种植之学，分类考究。其新译之书，新购之种，新格之理，亦令分类纂记"。并办农学报、开农学会，以"聚农会之精英，为农学之进境"。[⑤]

光绪三十三年（1907）8月，端方饬令江南实业学堂及江宁提学使制定章程，在南京设农学总会，于两江各州县设分会，形成官民上下一体的农学

① 端方：《归并农工商局事宜折》，《端忠敏公奏稿》卷九，第34—35页。
② 端方、吴懋鼎：《试办农务先将筹议大概情形具陈折》，见国家档案局明清档案馆编《戊戌变法档案史料》，北京：中华书局，1958年，第391页。
③ 端方、吴懋鼎：《试办农务先将筹议大概情形具陈折》，见国家档案局明清档案馆编《戊戌变法档案史料》，北京：中华书局，1958年，第391页。
④ 端方：《筹议变通政治折》，光绪二十七年三月，《端忠敏公奏稿》卷一，第46页。
⑤ 端方、吴懋鼎：《试办农务先将筹议大概情形具陈折》《遵议程式谷推广农会农报折》，见国家档案局明清档案馆编《戊戌变法档案史料》，北京：中华书局，1958年，第391、403页。

组织结构和领导体系。10月，端方选派农务局人员张曾谦赴河北保定"调查农会章程"，以供借鉴之学。[①] 罗振玉是中国近代著名的农学家、教育家、考古学家等，光绪二十二年（1896）在上海创建农学会，创立《农学报》，考究农学新理、兼译农学新书。刘坤一任两江总督时，将农学会改为江南总农会。至光绪三十年（1904），该会所译农学新书日益增多，并将所译之书进呈时任江苏巡抚的端方。端方特专上奏折，极力赞赏推崇罗振玉：

> 力学深纯，心术正大，曾赴日本游历，于学堂教育之法，夙有探讨。近年在江浙广东等省办理学务，皆相倚重。该员创设农学会，业已有年。家本寒畯，虽经改为江南总农会，公家并未助给经费，而所译农书斐然成帙，皆系该员独立支持，未尝中辍。且以实业提倡天下，较之妄出报章有害人心、希图渔利者，其用心相去不啻霄壤。方今朝廷振兴实学，不遗余力，农学最为民生切要之图，而以创办维艰，言者寥寥无几。该员独能悉心考究，辑为成书，观其考核之勤、采取之博，自应将原书恭呈御览。倘蒙几余翻阅，则其所译各书，自不难风行海内。[②]

端方进而指出若各有志之士得以相率考究，逐渐推广于齐民生计，对于推进农学必能大有裨益。

端方任职两江总督期间，曾制定了详细的农学普及计划："但使农学知识普及民间耕夫，所获增于往昔，不独物产可以日益，即游惰亦愿归农。富强要图，实无逾此。"[③] 农业科技普及，并非一朝一夕之功，须循序渐进，故农业试验场是为良策。早在光绪三十年（1904），江南格致书院改设农工实业学堂，附设农业试验场一所，创办之初仅有二十余亩地。端方到任后，直接饬令江南财政局每年拨四千八百两款项供江南试验场使用，将该场扩至一百八十亩，并遴选谙练农务人员专门管理。对于农工实业学堂的学生，端方要求"均常川赴场考验"，并另招雇"农夫头二人，农夫二十人，以田家

①　《江督批准派员调查农学》，《申报》1907年10月28日。
②　端方：《进呈农学书籍折》，光绪三十年六月，《端忠敏公奏稿》卷四，第4页。
③　端方：《办理农业试验场折》，光绪三十四年七月，《端忠敏公奏稿》卷十二，第44页。

青年子弟充当，月给工食银四两，半日教授，半日耕种，以一年为毕业期限，学成之后，更番招集"。① 端方的重农思想可见一斑。

培育籽种是改良农业的关键因素。端方认识到农场效益与籽种试验关系甚大，与民生关系亦重，佳种既多，出产自富。为求良种，端方特咨请英、义、奥等国公使代购籽种并寄回宁省以备栽种。而且在筹办南洋劝业会之时，札饬陈琪"多备各国农产之成绩最富者"及"仿办试种之品"以资比较。② 引进外洋之良种，关注农业籽种试验，端方可谓地方总督中鲜有之人。

中国自古以来就有重农抑商之传统，近代以降，晚清大多工商企业皆采用"官督商办"的经营管理模式。端方则主张各省设立商务局，由绅商为经理，全权负责兴商事务，若富商"果能自筹股本或纠集公司，查明款项属实，应即批准，给以文札，议章兴办，并由京外总分局与地方官吏共同保护，不使掣肘"。③ 这显示了端方注重商事商办、鼓励发展商业的思想。端方并非经济学家，在思想上或许并未认识到农工商协调发展对发展经济的重要作用，他的广兴实业、振兴农工商的出发点在于维持清朝的统治，发展经济实为清廷寻求振兴之一途，但客观上确实促进了当时经济的发展。

第二节　"路经官办，利权在我"——筹建现代交通

"各省铁路权利，列强皆思觊觎"④，端方较早便注意到这一点，呼吁各省需早日筹谋。光绪三十年（1904）十月，端方护理两江总督，江西绅商通力合作，呈请全省铁路自行筹办，并公举江宁布政使李有棻为全省铁路督办，

---

① 端方：《办理农业试验场折》，光绪三十四年七月，《端忠敏公奏稿》卷十二，第 44 页。

② 《江督注重实业之一斑》，《申报》1908 年 3 月 13 日。《端方致上海梁道台电》，光绪三十三年十一月三十日，《端方档案》，端 339，去 45，各省公事去电。《札催试种各国农产》，《申报》1908 年 12 月 8 日。

③ 端方：《遵议给事中庞鸿书条陈农工商务折》，见国家档案局明清档案馆编《戊戌变法档案史料》，北京：中华书局，1958 年，第 396 页。

④ 端方：《江西铁路经费折》，光绪三十年十月，《端忠敏公奏稿》卷四，第 40—41 页。

首以南昌九江为权舆，以次扩充。铁路经费甚巨，除设法招股外，必先筹常年专款，方可及早开办，以冀速成。"兹查有食盐一项，为全省人民日用所必需，若援案加价，每斤定以四文，则每年可得二十余万两，所取无几，不至病民，通省照办，亦无偏私之弊。且现在各州县兴办小学堂，需款甚急。若以所销引数以加价多少作为州县公股，每年所获股息即由各州县承领以充学堂经费及地方善举之用。是取于民者，仍还之于民，尤为一举两得。"①对于此举，端方全力支持，认为各省铁路权关系兵政、财政命脉，果有地方绅士共同认办，则权力不为外人所侵，利益即为中国所擅，亟应维持保护以观其成。他还分析了食盐加价筹款的可行性。盐为小民日食所需，不以价之贵贱而增减。赣绅以本省愿出之钱办本省应办之事，似不能多存顾虑致遏众心。况各省加价不止一次，亦不闻稍有阻碍或滞销，且将来铁路告成，货物流转，其利益亦必十倍于此，仍可徐图抵补。②因此，清廷准于江西引盐每斤加价四文。端方的行动体现了他支持各省自办铁路的态度，除此之外，端方还曾参与苏杭甬铁路、沪宁铁路、津镇铁路的管理事务。

一、交涉苏杭甬铁路

"铁路问题是清末各种社会矛盾的一个焦点。"③尤其是清末十年，能否处理好铁路风潮成为影响地方局势的关键因素。当时报刊曾载文论述铁路与国家之关系："不筑造铁路非也，为无益于国家也；欲筑造铁路，不能自为，而让其权于外人，更非也，为不但无益，且有害也；不能让于外人，而阳奉自办之名，阴收外股之实，更非也，不但有害，且其害入于隐微，而为人所不及觉也。"④苏杭甬铁路⑤本系英使窦纳乐商请总理衙门批准由英商银公司承办

---

① 端方：《江西铁路经费折》，光绪三十年十月，《端忠敏公奏稿》卷四，第40—41页。
② 端方：《江西铁路经费折》，光绪三十年十月，《端忠敏公奏稿》卷四，第41页。
③ 崔志海：《论清末铁路政策的演变》，《近代史研究》1993年第3期。
④ 《论铁路与国家之关系》，《东方杂志》第二年第十期。
⑤ 苏杭甬铁路是指从苏州经杭州再至浙江宁波的铁路，该名是光绪二十四年（1898）铁路督办大臣盛宣怀与英商签订草合同时的原名。1908年订立正合同时，因上海至嘉兴的铁路已修筑成功，遂将铁路的起点改为上海，苏杭甬铁路易名为沪杭甬铁路。

的五路①之一。光绪二十四年（1898）九月，英怡和洋行与时任铁路总公司督办的盛宣怀订立《苏杭甬铁路借款草合同》四款，其中规定：英国承办江苏省苏州至浙江省杭州及宁波的铁路；怡和洋行应从速代英国银公司派工程师勘测铁路；将来订立正约，与以后订立之沪宁铁路正约章程一样；如有地方窒碍之处即行更正。②之后，轰轰烈烈的义和团运动席卷大半个中国，英国亦陷入镇压南非反抗斗争的泥潭，故而双方无暇顾及该铁路的建设。到了光绪二十九年（1903），盛宣怀曾两次函催英商签订苏杭甬铁路正约："杭州铁路现有他商请办，势难久待，自此函订之日起，如六个月之内，再不勘路估价订定合同，则杭甬一路及两公司合办之浦信一路均作罢论，所有以前合同一概作废。"③然英商并未理睬，故苏杭甬草约其实已成废约。端方在致外务部电中亦曾代苏浙路公司言：

> 英商廿四年草议从速，迟至廿九年不办，一误。其年四月，再限六个月不办，草议一概作废。不办亦不复，再误。误将十年，尚执无效之草议，而争苏浙代表略迟到京，英使迫促，何以自解？大部瞻言百里，即不为江浙计，当亦为大局计，断无曲徇英使违背上年商办谕旨即行画押之理。大部委曲求全，办事诸人何尝不思仰体？顾万众一心，人人知保路权以事朝廷。④

此时，恰逢江浙地区的铁路自办运动日益活跃之时，如光绪二十九年（1903），江苏候补同知沈文孙自筹款项，兼借日款，申请修筑江墅铁路；同年，浙江籍绅商丁宪章等自集股款，在京息借美商，请求申办杭州至金华、严

---

① 五条铁路包括：由天津至镇江，由河南、山西至长江，由九龙至广州，由浦口至信阳，由苏州至杭州或展至宁波。《苏杭甬铁路档》卷一，第4页。转引自宓汝成编《中国近代铁路史资料（1863—1911）》第二册，北京：中华书局，1963年，第433—434页。

② 《盛宣怀与英公司所立草约》，见浙江省辛亥革命史研究会《辛亥革命浙江史料选辑》，杭州：浙江人民出版社，1981年，第252页。《苏杭甬铁路档》卷一，第10—11页。转引自宓汝成编《中国近代铁路史资料（1863—1911）》第二册，北京：中华书局，1963年，第449页。

③ 《苏杭甬铁路档》，见交通铁道部交通史编纂委员会《交通史路政篇》第11册，北京：全国图书馆文献缩微复制中心，2007年，第3661页。

④ 《为苏浙路公司代表月底到京并陈英约自废事》，光绪三十三年十月十八日，《端方档案》，端1096，电33。

州等地的铁路。① 此外，加之浙赣铁路风潮的推波助澜，苏浙绅商掀起了自办苏杭甬铁路风潮。光绪三十一年（1905）7月，浙江士绅在上海斜桥洋务局集会专议浙江铁路事宜，议定三款：浙路自办，不附洋股；废除苏杭甬草合同；成立浙江铁路公司，举汤寿潜为总理，刘锦藻为副总理。② 继而，函至盛宣怀与清政府外务部请予立案。光绪三十二年（1906）5月，江苏绅商援引浙江之例，成立江苏省铁路公司，推举王清穆为总理，张謇为副总理。苏杭甬铁路在江浙两省铁路公司的协作下开始筹办兴修。此时，英商绝不愿放弃已到手的厚利，直接施压于外务部。一面是江浙士绅拒绝借款，一面是英商急催订约，外务部举棋不定，于是将烫手山芋扔给江浙地方政府，致电两江总督、浙江巡抚、江苏巡抚，饬令江浙士绅公举"素有乡望者数人"③ 入京商议诘询路事。

光绪三十三年（1907）十一月，江浙地区绅商两界人士举行集会，呼吁坚持商办，反对举借外款。之后，两省推举王文韶、张元济、江苏杨廷栋为代表赴京。经过双方的激烈争持，最终确定"部借部还"④ 的转圜办法，苏杭甬铁路风潮暂时平息。光绪三十二年至宣统元年（1906—1909），端方时任两江总督，全程参与处理了苏杭甬铁路风潮。《端方档案》电报档记录了苏杭甬铁路风潮的来龙去脉，风潮期间几乎每天都有端方与外务部的来去电。

端方处在外务部与苏浙铁路公司之间，在铁路风潮中起着重要作用。他注意保护商民的利益，提出由苏浙铁路公司自行选聘工程师及查账造册，并详述具体办法："工师由公司选聘，将姓名报邮传部，无须于合同列入银公司认可字样。账目由公司造册报部，再由部随时知会银公司，听凭复查以符部借宗旨，似尚与原议无所出入，英人谅可通融。"进而指出倘若外务部竭力坚持，当可办到。而且"邮部电设法改直接为间接，由邮传部承借英款转借与两公司，如此转圜，在英毫无所损，而在我足以安两省人心"。⑤

---

① 详见林艳《博弈与离合——苏杭甬铁路风潮中的官、绅关系研究》，华东师范大学硕士论文，2008年，第二章第一节。

② 《纪浙绅集议自办全浙铁路事》，《申报》1905年7月25日。

③ 《为请公举绅商数人来京以咨路事以释群疑事》，光绪三十三年九月二十二日，《端方档案》，端938，电33。

④ "部借部还"是指款由邮传部借，再转借给江浙两公司。

⑤ 《为苏浙铁路公司请坚拒工师及查账两层事》，光绪三十三年十二月二十三日，《端方档案》，端1384，电33。

在端方看来，该事若能早日了结，则商民与疆吏幸甚。

端方自始至终关心着苏杭甬铁路自办事宜。光绪三十三年（1907）九月二十九日，《申报》刊载英使照会外务部令江浙自办公司停办一事，致使江浙两省人心均多疑惧，众情益愤。[①]端方随即主动致电外务部询问是否有停办之说，请外务部迅赐电复以释群疑，并言未闻有停办之说，恐系讹传，体现了端方希望苏杭甬铁路由绅商自办的态度。同日，外务部回电予以澄清，英使并无请令江浙公司停办之照会，亦未有干预公司之事，报纸所载种种皆系讹传，万不可信。[②]十月初七日，外务部再致电端方留心乱党股众"阳借争路为名，实则阴怀叵测"，借口苏杭甬铁路煽惑事端，着端方留心访查，认真防范。[③]苏杭甬铁路虽由自办，但仍添借英款，饬令端方剀切开导江浙各处商民。并称添借英款实系"迫于万不得已，外顾邦交，内保路权，舍此别无两全之道"。[④]端方回电言随时随事迎机剖解。时隔两日，端方特转上海商会总理吴厚请转圜苏杭甬铁路的电报。其电道："倘外务部实不忍自弃其数千里人民土地，悉通盘筹计，未尝无转圜之策。必待代表到京，情诱势胁为入瓮箝口之计。苏浙万众一心，誓死不借，非笔舌所能开导。"[⑤]并称苏浙公司已集股逾三千万，端方假借上海总商会总理吴厚之口，表达自己拒不借款之决心。

光绪三十三年（1907），端方专门致电军机处陈奏苏杭甬路借款转圜之办法。其先历述绅商请求铁路商办的恳切情形，自豫历鄂、皖、江宁沿途绅商均以拒借为请，及至上海，察视江浙两省及各省旅沪舆情，公愤尤甚，竟有南洋东洋华商专以拒借之事回国，共商挽救之策。端方自称多次接见两省商办公司总协理及各省绅商，皆屡次恳请拒借英款，自行筹建，且已筹集四千余万元，足敷两省全路之需。[⑥]接着指出借英款之弊："若一任外人强迫，恐人心解体，大局盖危。"进而表明自己支持商办之态度，借款修路关系国权，

① 《为讹传苏杭甬路停止自办乞宣示以释群疑事》，光绪三十三年九月二十九日，《端方档案》，端990，电33。
② 《为希宣示未有令江浙公司停办苏杭甬路事》，光绪三十三年九月二十九日，《端方档案》，端995，电33。
③ 《为奉旨着留心股众借口苏杭甬路煽惑事》，光绪三十三年十月初七日，《端方档案》，端1035，电35。
④ 《为苏杭甬路添借英款已剀切开导事》，光绪三十三年十月十一日，《端方档案》，端1053，电33。
⑤ 《为上海商会总理电请转圜苏杭甬路事》，光绪三十三年十月十三日，《端方档案》，端1065，电33。
⑥ 《为苏浙铁路招股事》，光绪三十三年十一月初三日，《端方档案》，端1216，电33。

两省绅民群起力争，实出于爱国之心，并非徒逞意气。绅商士民奔走相告、万众一心，虽不免哗嚣，但渐归平实。现在宗旨均以招股集款为抵制借款之实力。最后提出转圜英款之办法，以江浙绅商所集股款为由，婉辞英使，"彼当不致固执。即英商业经筹有巨资，不借虑有亏损，或酌予补偿，或移作他用"。① 正是在端方的极力支持下，苏杭甬的路权最终得以保全。宣统元年（1909）八月，商办沪杭铁路全线建成，最终实现了铁路自办。

二、减免铁路厘金

在筹办铁路事宜上，端方主张免除铁路厘金及筑造铁路所需物料之税，其主观目的在于节省地方支出，缓解财政困境，但从客观上减轻了自办铁路的经济负担，一定程度上鼓励了商办铁路风潮。光绪三十四年（1908）九月二十九日，为商改沪宁铁路减厘章程，外务部致电端方："五月二十一日来咨附送捐则条款章程合同，均悉正在核办。据邮传部梁局长函称，查沪宁铁路局正将苏省厘局所定原稿逐条签驳商改等语。又经英使催发专照准税务处复以专照章程，由总税司申呈申商尊处，兹英使又来催问，此项章程转饬从速商订，分送核定施行。"②

而对于洋货则收取较重的税，光绪三十四年（1908）三月二十四日，外务部致电端方称："昨英使来署面称，凡洋货进口纳过税后，领有凭单，由船只运至他处，不再征厘捐"，但同一洋货由沪宁铁路载运到别处时仍抽厘金，请端方速回复缘由，并令其发给英使免厘税单。③ 但迟至九月三十日，端方并未返还所抽取的厘金，亦未发免重征单，以致外务部专电令其速定办法。④ 端方延迟减轻洋货厘金之行动，也许并不能说明他的思想已达到通过抑制洋货

---

① 《为沥陈苏杭甬路借款转圜之办法事》，光绪三十三年十月二十六日，《端方档案》，端1163，电33。

② 《为商改沪宁铁路减厘章程事》，光绪三十四年九月二十九日，《端方档案》，端782，电34。

③ 《为英使面称宁沪铁路违约抽收运获厘金事》，光绪三十四年三月二十四日，《端方档案》，端213，电34。

④ 《为英使请转沪关速发沪宁铁路免重征厘单事》，光绪三十四年九月三十日，《端方档案》，端222，电34。

以支持国货的高度，但这在客观上促进了民族资本主义的发展。

光绪三十四年（1908）二月，端方所上的《官筑铁路物料免税片》，鲜明地体现了这一思想。江宁省（今江苏省）城外下关修筑铁路，大部分原材料都是从外洋进口，如从日本订购枕木一万五千根，从欧洲进口车厢、铁轨、电器、螺丝等，但进口货物须缴纳较高的进口税。为了"轻成本而裨路政"，端方专上折片言：

> 专案奏明各铁路材料得准免税外，其余无论何项物料，凡来自外洋者，应一律征税等因。查宁省添筑城内铁路，原为保全利权、开通商务起见，江南财政奇绌，此项筑路经费系由各署局分筹借垫，本属万分竭蹶，不得不力从节省。现订购之火车头、客车、铁轨、钢簧、螺丝等件，及附路之电线、电具，一应物料，无非来自外洋，综计各项购价，约银十余万两，若再完纳各税，费用益巨，既恐筑路经费或有不敷，且用项较大，则将来收回成本更觉为难。该路系属官筑，倘能减轻成本，受益仍在公家。[①]

端方支持筑路之目的在于"保全利权、开通商务"，减免各项税厘的原因在于"江南财政奇绌"，而筑路所需各物件来自外洋，减税厘，受益的仍是"公家"，实为清廷。由此可见，端方减免自办铁路厘金的动机是使清廷受益，但一定程度上保证了官筑铁路的顺利进行。

三、修建南京城区铁路

江宁省（江苏省）城外下关地方，久已开商埠，但下关地方临近大江，远在城北，平日行旅出入、货物往来，多有不便，而且江防紧要，征调频繁，由城内至下关，往返动须经日。沪宁铁路开通后，欲将下关地区设为首站，路工告竣后，下关地区商务必日臻繁盛，因此修筑由南京城区至下关地区的

---

① 端方：《官筑铁路物料免税片》，光绪三十四年二月，《端忠敏公奏稿》卷十，第53—54页。

城内铁路成为亟时之需。端方拟报的计划是："由下关起筑一支路，开旧闭之金川门，接续入城，筑至中正街适中之地为止，计路线七英里有奇。"[1]并派委现办江南商务局候补道王燮专任规划建筑事宜，奏调湖北候补道孙廷林专任筹备经费事宜，并以沪宁铁路总工程司洋员格林森为总工程师，官银钱局暂行筹措所需工料等项银两。俟开车收回成本后，即陆续拨还归垫，于公款并无出入。而且"可免沪宁公司得步进步深入城中，似亦不无裨益"。[2]可见，端方时刻不忘维护中国自身之路权。时人亦对其此举大加称赞："江督端午帅近以下关轮埠至城内民居稠叠之街市无虑十数里，路径纡远，行旅不便，拟自城中碑亭巷起，直至下关，建筑铁道一小支，行驶汽车，以便往来，将来与沪宁干路接通，则于商务亦大有裨益。"[3]

光绪三十年（1907）十一月，南京下关至城区铁路启动开工，在整个铁路建设的过程中，端方始终密切关注，事必躬亲。筑路期间，端方曾两次专电总工程师格林森。光绪三十四年（1908）三月十六日，致电催促格林森赶办工料："即使工料赶办不及，亦万不能过迟，所有购定钢轨、车头及他项料物，望速即时运宁，鄙意四月底一准开车。至伦敦订购之弹簧、轮盘等件，亦望电催速运。"[4]时至五月，端方再致电格林森饬令其月底务必通车："宁省铁路逾限多日，尚未告成，应赶紧筑造，限本月底开车。所购客车、弹簧等件，闻已到齐，务催淞厂迅速配造运宁。本大臣拟于月底前亲自试车，勿误为要！"[5]

纵览端方参与近代铁路的实践，主要表现为支持各省自办铁路，争取中国自身的路权，减免修路厘金、增加洋货厘金，自行筹款修建南京铁路等，其主观目的在于使清廷"受益"，但客观上减轻了中国自办铁路的经济负担，一定程度上保证了官筑铁路的顺利进行。

---

[1] 端方：《筹设宁垣铁路片》，光绪三十三年九月，《端忠敏公奏稿》卷九，第50—51页。

[2] 端方：《筹设宁垣铁路片》，光绪三十三年九月，《端忠敏公奏稿》卷九，第50—51页。

[3] 《江宁省城将行电车》，《申报》1907年4月27日。

[4] 《端方致上海沪宁铁路总工程师格林森电》，光绪三十四年二月十四日，《端方档案》，端402，去48，各省公事去电。转引自张海林《端方与清末新政》，南京：南京大学出版社，2007年，第309页。

[5] 《端方致上海沪宁铁路总局钟道台转格林森电》，光绪三十四年五月初三日，《端方档案》，端405，去51，各省公事去电。转引自张海林《端方与清末新政》，南京：南京大学出版社，2007年，第310页。

此外，端方还比较关注无线电通讯设备问题。光绪三十四年（1908）三月，南洋官电局朱恩绂详报端方，吴淞通崇明海线在海底中断。本商令上海电局洋工程司毛登森偕同华监工前往勘测，叠用腾空实地诸法，勘测到水线损坏处阻力甚大，似因沙深埋入土，难以确知病线之所在。无奈之下，转由丹麦大北公司包修。但大北公司日索英金一百五十磅，约合银一千余两，所费过多。若不能预订竣工期限，旷日持久，终难将病线起出，必致虚糜巨款。如另换新线，则费益不赀，实难筹措。崇明为孤岛，地理位置极为重要，一旦失此电线，将不能通达消息于江海防务，必将影响两江防务。在此局面下，端方立即饬令确勘情形，并参照广东琼州海线中断的处理办法，从上海礼和洋行购办无线电机两副，分设崇明、吴淞两处，由两江财政局办理购买。吴淞的无线电机高五十米，能覆盖五百华里，价值德银二万七千零六十马克。崇明机件略小，高三十米，能通三百五十华里，价值德银一万七千三百二十五马克。[①]端方在清末经济窘境下，舍得花费此项巨款于吴淞至崇明之间设置尚属先进的无线电通讯设备，可见其对现代通讯的支持力度。

第三节　端方与南洋劝业会[②]

随着上海世博会的召开，人们对博览会的关注日增。中国官方首次在世博会上亮相，是在美国圣路易斯世博会。在此之前，中国皆是以私人身份参与世博会。光绪三十年（1904），清政府接受圣路易斯世博会的邀请，选派以溥伦贝子为监督、黄开甲为副监督的代表团赴会，并先期入团，成为当时第一个入住世博会的官方代表团。黄开甲是晚清首批留美幼童之一，为加入该世博会代表团，他曾致函端方请求帮助。在端方的鼎力支持下，黄以副监督

---

① 端方：《淞崇安设无线电片》，光绪三十四年三月，《端忠敏公奏稿》卷十一，第 25—26 页。
② 近代中国，博览会亦被称为劝业会、展览会、物产会、陈列会、奖进会、赛会等。

身份赴美参与博览盛会。① 这可谓端方倡导博览会之开端。

一、艰难筹备

光绪三十二年（1906），端方出国考察期间，曾先后顺道参观了比利时黎业斯博览会、意大利米兰博览会等，深受启发，认识到博览会对国家经济的引导和推动作用。归国后，端方接任两江总督兼南洋大臣，南京作为江南重镇，自然和实业条件得天独厚，为开办博览会提供了有利条件。光绪三十四年（1908）三月，端方饬令时任江宁公园办事处主事的陈琪筹办植物赛会，"网罗众卉，辇致殊方"，以考察种植、研究农学作为筹办博览会之起点。② 端方曾言："前年奉使欧美，察其农工商业之盛，无不由比赛激劝而来，自莅两江任后，时兢兢焉以仿行赛会为急务。"③ 陈琪曾参与了中国赴美国圣路易斯博览会，并被誉为"近代中国博览会事业第一人"。④ 颇具眼光的陈琪，在筹办植物赛会过程中，认识到"若专办植物赛会……其有益于国民已属不浅，然于劝工兴商未能普及"。⑤ 于是，他联合道员严其章上呈禀文："兹拟就江南公园界内附近一带，购地六百亩，建筑会场，择于三十五年三月，先开国内博览会，以六个月为率，合农工商品蔚成巨观……不知欲求农工商业之勃兴，非速开博览会不可；欲开世界博览会，非先开国内博览会不可。"⑥端方接到陈琪禀文后随即长文批示，以示赞同：

查泰西崇尚工艺赛会之设，借比较以为竞争，往往视其国内工商实业程度之浅深，以定范围之广狭。近来欧美工艺发达，程度日高，大都举行

---

① 《黄开甲致端方函》，光绪二十九年四月初三日，《端方档案》，端 704，函 28。转引自张海林《端方与清末新政》，南京：南京大学出版社，2007 年，第 311 页。

② 《江宁公园办事处为创办博览会上南洋大臣端方折》，章开沅、刘望龄、叶万忠主编：《苏州商会档案丛编》第一辑，武汉：华中师范大学出版社，1991 年，第 384 页。

③ 端方：《筹办南洋劝业会折》，光绪三十四年十一月，《端忠敏公奏稿》卷十三，第 17 页。

④ 参见谢辉《陈琪与近代中国博览会事业》，浙江大学博士论文，2005 年，第 149 页。

⑤ 《候补道陈琪为创办博览会事上江督书》，《申报》1908 年 4 月 21 日。

⑥ 《候补道陈琪为创办博览会事上江督书》，《申报》1908 年 4 月 21 日。

万国博览会，罗致全球工艺精研深究，以求其进步之优胜。日本初开赛会，胪陈之品限于本国，今已预订开万国博览大会，足见赛会一事于工艺影响最大。中国风气虽渐开通，工艺程度尚浅，自宜仿照日本办法，先专就国内物品罗列比赛。江南地大物博，轮轴交通、商务之繁为各省冠，现在城内开辟公园，地势空旷，组织会场最为合宜。兴商劝工，实以此举为紧要关键。据称一切开会费用须先筹定四十万元，拟由官商各半分认，事关富强，本计自应由官实力提倡，惟官商集股，章程亟须详筹妥订，预先登报招徕，一面知照金陵、上海各商务总会，切实开会，提议鼓舞全国工商之策，并将订定章程分发各属，交地方自治局决议报告，各劝本地绅商分别认股，其附近应用地亩，亦须查明官地、民地，酌定相当价值。凡属官地即按定价计算，作为官股；民地由官照价收买，如地主愿以地亩入股，亦可照现价抵作股本，将来不分官民，各股务须一律办理，以期公允。①

由此拉开了中国人首次举办博览会的序幕。

（一）官商合办

对于具体筹设办法，端方主张官商合办，并致电上海商务总会："宁省现拟开办劝业赛会，此举于商业进步最有关系，必须官商全力共赞其成。所需经费约四十万元，拟一半筹拨官股，一半招集商股。已令陈道琪赴沪就商贵会诸公，妥议一切办法，尚祈会同筹商，协力赞助，以维公益。"② 发动绅商，是劝业会成功举办的关键所在。在致电上海商务总会后，端方特派陈琪至上海游说。陈琪在上海商务总会的欢迎会上，详细陈述南洋劝业会的筹设方案。他指出："有比较始可言改良，非竞争不能求进步……欲为振兴国内实业之计者，莫善于开设赛会……沪上开通最早，商情固结"，故希望上海商会"赞成斯举"，积极认股。③ 之后，端方专门接见了上海商务总会总理周晋镳及会

---

① 《江督批》，《申报》1908 年 4 月 21 日。
② 《端方致上海商务总会商学工会诸公》，光绪三十四年四月二十六日，《端方档案》，端 404，去 50。转引自张海林《端方与清末新政》，南京：南京大学出版社，2007 年，第 313 页。
③ 《劝兴南洋劝业会演说辞》，《南洋第一次劝业会草案》，1909 年，北京图书馆藏，第 8—9 页。

董虞洽卿等一行人，洽谈南洋劝业会事宜。最后议定南洋劝业会股本五十万，商股二十五万，上海商务总会当即认领商股十五万，表示鼎力支持。随后，端方饬令陈琪连同江苏绅商共同制定了南洋劝业会具体章程。其章程规定：

> 南洋劝业会总股本五十万，官商各半，按照部定有限公司章程办理；设董事会事务所于上海，设坐办事务所于南京；劝业会设正会长一人，副会长五人，董事十三人，董事以下职员均须公举，坐办由董事举定后，禀请南洋大臣奏派委用；南洋劝业会集股、陈赛、建筑、转运各项章程，均须由董事会议决；股本万一设有亏耗，议定在官股二十五万中照数填拨，作为补助，务使商股本利二项不至有亏，以昭信用。①

这一章程表现出端方"官商联络一气，屏除积习，和衷办理，总以款不虚糜、心无私曲为主"②的思想。

争取到绅商支持之后，端方开始寻求官方的资助。光绪三十四年（1908）五月十三日，端方专电农工商总部："农工商务兴盛无不由赛会而起，近来英、德、奥、法、比、意连年比赛，工艺发达程度日高。日本维新之初，政府出重资提倡国内开会，胪陈之品限以本国。近因进化甚速，已预订开万国博览会，足见赛会一事于工艺影响最大，然苟非由中央政府实力提倡，必不能遽收成效。"③进而他提出具体的规划："省城北面地多空旷，现已开办公园。拟取在该园附近一带购地六百亩建筑会场。择于明年先开国内劝业会，以六个月为准，搜罗南洋各省一切农工商品陈列比赛，以供研究。计需分建万寿宫、工艺院、农业院、美术院、教育院、军器博物馆、水产馆、各省物品陈列所、南洋各岛埠陈列所、劝业场、牲畜场、万生院，以及各国参考馆、各项游戏场。"④

① 《南洋第一次劝业会简章》，章开沅、刘望龄、叶万忠主编：《苏州商会档案丛编》第一辑，武汉：华中师范大学出版社，1991年，第392—393页。

② 《公园办事处会详稿》，章开沅、刘望龄、叶万忠主编：《苏州商会档案丛编》第一辑，武汉：华中师范大学出版社，1991年，第389页。

③ 《端方致农工商部电》，光绪三十四年四月十四日，《端方档案》，端404，去50。转引自张海林《端方与清末新政》，南京：南京大学出版社，2007年，第313页。

④ 《端方致农工商部电》，光绪三十四年四月十四日，《端方档案》，端404，去50。转引自张海林《端方与清末新政》，南京：南京大学出版社，2007年，第314页。

在疏通绅商与农工商部的基础上，光绪三十四年（1908）十一月，端方正式上《筹办南洋劝业会折》，首先陈述申办劝业会之缘由："富强之策，必以实业发达为要图；而奖劝之方，尤以合群竞争为进步。泰西各国常于农工商各项品物开设博览会，以资比较，以供研求。有专门之会，聚一类之器具方法而赛之，如所谓农业博览会、渔业博览会者是。有普通之会，则遍罗各国之工业出产而赛之，如所谓万国博览会者是。"①接着，以日本为例，阐述举行博览会之益处。"日本初仿西法，即注意于此。先设内国博览会，专取本国农工商之出品，罗列考较。拙者，勖以改良；优者，特加奖励。由是农工兢劝、商业勃兴，程功之速，各国咸相惊异。计其内国博览会已举行至二十余次，近已议设万国博览会以与各国相颉颃，固由其民智易开，亦在上所以鼓舞而提倡之者，得其道也。"而"中国以交通不便之故，农工商等多守旧法，简陋相仍，利源外溢而无计挽回，机轴日新而不知争胜，盰衡时局，可为寒心"。虽然清政府比较重视实业，专设农工商专部，以振兴为主，但各省尚未议及举行赛会之事，致使新进之工艺商业无可观摩而终虞围塞。②随后，端方结合自己赴欧美考察的经历再次阐明召开博览会的意义：各国农工商业之盛，皆由比赛激劝而来。端方自从莅任两江总督以来，兢兢以仿行赛会为急务。因此举在中国系首创，端方邀集省内外官绅商董筹议后，对具体的开办原则和办法提出五个"紧要关键"：

> 一曰宗旨宜纯。各国举行赛会，所投资本，事后取偿，原属有盈无绌。惟此次赛会，本旨系专以振兴实业、开通民智为主义，事属创办，但期激励商情，不敢急求近利。公家对于此举当尽实力提倡之责，未便存因以为利之心。立信大原，全系于此。

> 一曰范围宜小。赛会既属创举，章程办法虽有外域之可师，物产调查尚无统计之可据，事在循名责实，不得稍涉铺张，拟定名为南洋第一次劝业会，暂避博览之名，俾免竭蹶之虑，基础既立，自不难徐图扩充。

> 一曰体制宜崇。会名虽冠以南洋，南北各省实无歧视，陈赛物品多

---

① 端方：《筹办南洋劝业会折》，光绪三十四年十一月，《端忠敏公奏稿》卷十三，第17—18页。
② 端方：《筹办南洋劝业会折》，光绪三十四年十一月，《端忠敏公奏稿》卷十三，第17—18页。

多益善，全赖农工商部总持要领，各直省共表同情，庶几收罗阗富，蔚
为盛举。并拟请明降谕旨，饬派南洋大臣为该会正会长，以昭慎重。

一曰褒奖宜优。各国赛会皆经有学识、有阅历之员将陈赛物品逐一
审查，定其等第，优者给以奖牌褒状，择日举行褒奖授与式，荣誉所在，
人人鼓舞。现拟定褒奖分为六等，一奏奖，二超等文凭，三优等文凭，
四功牌，五金牌，六银牌，以光商标而拓商业。

一曰筹备宜速。兹事体大，期限不可不宽，布置不可不密，然非明
定时期，妥为预备，诚恐临事迫促，筹办难以周详。拟即定于宣统二年
四月初一日为开会之期，所有预备事宜应尽是年三月内一律办理妥帖。[①]

（二）赛品免税

《筹办南洋劝业会折》上奏后，清政府要求度支部、农工商部议复。宣
统元年三月（1909 年 5 月），度支部回复："查江宁设立南洋劝业会，自
系振兴实业起见，所有开会经费洋五十万元，由本省官商各半分筹，除商
筹一半毋庸议外，其官筹之一半，究系动用何款，应令详细声复。再查章
程内开各省赴赛物品，凡由出产处运至南京，请南洋大臣奏定概免厘税一
节，当经本部行查税务处，据复，赴赛物品彼此售卖，核与寻常商货趁赴
市场无异，该会场所拟报运各省赴赛物品，沿途概免厘税之处碍难照准等
语。既经税务处核驳，本部未便准予照办。又原章内称，陈赛之品如有陈
赛处售出者，概用印花税，此项印花税归入本会收款，另有章程由正会
长奏明办理等语。查本部办理印花税系为筹补洋土药税厘起见，将来收有
成数，再由部分别酌量拨给各省，以资弥补等因，奏准通行在案。所称归
入本会收款之处，亦难照准。其余各条究竟有无窒碍，应由农工商部酌核
办理，相应恭录谕旨，咨行两江总督遵照可也。"[②] 度支部的赛品免税"碍
难照准"，为南洋劝业会的筹办带来了一定的难度。因为"此举关系最为紧

---

① 端方：《筹办南洋劝业会折》，光绪三十四年十一月，《端忠敏公奏稿》卷十三，第 17—18 页。
② 《农工商务局为赛品碍难免厘事照会苏商总会》，章开沅、刘望龄、叶万忠主编：《苏州商会档案丛编》
第一辑，武汉：华中师范大学出版社，2012 年，第 426—427 页。

要"，"不能不重言以申请"①，端方随即致电农工商部，请求"担任提倡奖励之责，豁免所有参赛物品税厘，以俾南洋劝业会得资成立"②，但清廷迟迟不予批准。

为了保证南洋劝业会顺利召开，端方再次重申赛品免税的重要性："查各国通则，无论大小赛会，从未有招人赴赛而转征赛品税之例。中国既仿行赛会，似此紧要关键，若首先与各国办法显有不同，固足贻人口实。且即以中国现势论，各处实业既未见振兴，商情孤离又久成积习，今日即明言概免税厘，尚恐赴赛者未必踊跃，犹必待广筹招徕倡导之法；若复限之以税厘，劝引稽征同时并举，商民将闻风裹足，却顾不前。……况现设南洋第一次劝业会本系特别创办，迥与他处劝工陈列等所运集货品者不同，而运赛货物又全为特别赛会而来，亦与本地日用要需应销之货有异，即予概免税厘，既与寻常征额仍不相妨，一至赛会期竣，实业渐兴，销路加增，此后征额亦将与之俱进，此所谓因民之利而利也。将来赛会之功效何若，全视税厘之征免以为转移，若因此一事阻碍，必使全局解散，群情观望，且恐已集之会款难与收齐，未来之实业无由发达，功废半途，深为可惜。"③

最终，宣统元年（1909）八月二十八日，清政府下发谕旨："所有赛品，准其分别豁免税厘。"④此外，南洋劝业会的召开还获得了邮传部的帮助，凡参赛商人皆派发三联运单，赛品由出产处运至南京，沪宁铁路、招商局船皆"减半收费，以示优待"。⑤

至此，南洋劝业会开始进入紧张筹备时期。南洋劝业会由端方自任会长（后由张人骏接替），郑孝胥为副会长，江宁藩司、江宁学司、江安粮道、金陵关道及上海商务总会会董虞洽卿为副会长。南洋劝业会在南京设立事务所，陈琪任坐办，负责筹备事宜，后又专调留学美国的商学生陈辉德等回国"以

① 陈琪：《事务所为赛品免税详请端宪奏咨各缘由文》，《南洋劝业会通告（第二期）》，宣统元年五月。
② 《端方致农工商部溥尚书熙侍郎沈侍郎电》，宣统元年闰二月廿七日，《端方档案》，端82，专82，督院电报，南洋劝业会去电。转引自张海林《端方与清末新政》，南京：南京大学出版社，2007年，第317页。
③ 端方：《赴赛物品免完税厘片》，宣统元年四月，《端忠敏公奏稿》卷十四，第44页。
④ 孙多森主编：《南洋劝业会直隶出品类纂合编》，天津北洋官报局，1911年，北京图书馆藏。
⑤ 《江督张会同南洋劝业会审查总长本部右堂杨苏抚程奏开会礼成办理情形折》，《商务官报》庚戌第12期，宣统二年五月十五日。

资臂助"。①

（三）征集赛品

征集赛品，是劝业会开办的重要条件，这主要依赖于各地组建各类物产会、协赞会及出品协会。端方饬令两江所辖各地设立物产会，"以各府知府为监督，搜集农产、工艺、美术、教育诸物品，就地订期开会展览"。②陈琪亦积极发动上海绅商成立协赞会。"凡各国举行劝业会，皆别有劝业会之协赞会为辅助机关，劝业会之地点有定而单一，协赞会之地点无定而众多，劝业会以有限之职员及董事组织之，协赞会以无限之会员组织之。考之各国定例，其事务之主要者五：筹备出品，一也；招致商人添设游戏馆院，二也；招待外宾，三也；为观览人谋利便，四也；点缀会场益求生色，五也。五者具备，则南洋劝业会之根本固、羽毛丰。"③经过精心筹备，宣统元年（1909）闰二月二十一日，上海协赞会正式成立，李平书任协赞会总理。"有陶帅（指端方）极力倡之于上，民间若不协力赞助，不独无以对陶帅，即南洋人民也不可以自对。"④在这种形势下，三月二十七日，南京协赞会成立。在上海协赞会的影响下，全国各地出现了举办出品协会、协赞会的热潮。随后，两江所属各府县先后成立物产会，直、豫、秦、滇、蜀、湘、鄂等亦相继成立协赞会、出品协会，"有一省仅设一会者，亦有一省而设三四会者"。⑤全国共建立了三十九个物产会、十八个出品协会和十八个协赞会。⑥中外报刊皆有详细报道，《申报》记载了上海出品协会的具体章程：

南洋劝业会定期明年（宣统二年）四月开大会于南京，为中国数千年未有之盛举，各省、各大商埠俱设协赞会，并开出品协会以为劝业会

① 《端方致华盛顿大清使署伍钦使电》，宣统元年四月初一日，《端方档案》，端82，专82，督院电报，南洋劝业会去电。转引自张海林《端方与清末新政》，南京：南京大学出版社，2007年，第317页。

② 端方：《筹备南洋劝业会折》，宣统元年四月，《端忠敏公奏稿》卷十四，第42页。

③ 陈琪：《开办上海劝业会协赞会演说稿》，《南洋劝业会通告（第二期）》，宣统元年五月。

④ 陈琪：《开办南京劝业会协赞会演说稿》，《南洋劝业会通告（第二期）》，宣统元年五月。

⑤ 《江督张会同南洋劝业会审查总长本部右堂杨苏抚程奏开会礼成办理情形折》，《商务官报》庚戌第12期，宣统二年五月十五日。

⑥ 马敏：《中国近代博览会事业与科技、文化传播》，《历史研究》2004年第2期。

之预备。上海为中国通商大埠，协赞会早已成立，兹经同人决议，定于十月初九日开出品协会，届时务希中外远近绅商士女来会参观，无任盼望。兹将简章列后：一、会场在上海静安寺路张家花园；二、陈列各物分天产品、制造品、教育品、美术品四大部，有二万数千种、四万数千件之多；三、场外园地设各种赞助会，如中国戏剧、中西音乐、中西饮食以及种种游戏，并设中西各商店以备参观者随意购买；四、展览期自十月初四日起，以一月为期；五、入场券每人收洋四角，童仆券每人收洋一角；六、每日早上九点开会，夜十二点闭会。①

《北华捷报》则主要记述表彰了端方在筹备南洋劝业会时的功绩。其报道言，南京总督端方倡议的南洋劝业会正由总督全力筹划准备，以保证明年成功举办。他已下令所属南洋各地设立物展会，展示其出口物品及其他各种地方优特产品。端方指出，上海作为主要口岸城市应在这方面起表率作用。他在赞扬福州路上新建的商品和艺术展览会的同时，要求上海方面先举办一个出口商品展销会。他已命令地方绅士作为展销会的总办，道台也被命令协助筹办并提供相应费用。② 宣统元年（1909）六月，端方调任直隶总督兼北洋大臣，但他离任不离事，始终关注劝业会的筹办事宜，而且还发动北洋地区积极参会：

> 南洋劝业会为本部堂所发起，顷奉明诏，派南洋大臣为正会长，所有赛品准其分别豁免税厘，并着各督抚筹办协会出品各事，是朝廷劝励农工，推广商业，固已无微不至。今者天津协赞会遵旨成立，在会诸君须知此会性质，对南洋言则为协赞，对本省言则为自发达其出品。凡一地方，未有土物畅出而人民不富庶者，亦未有土物销灭而地方不困穷者，故此会为南洋劝业会补助机关，尤为地方出品协会之总机关。本部堂以发起之人，膺督率协赞会进行之责，窃愿诸君极力协助，无分畛域。

① 《南洋劝业会上海出品协会十月初九日开幕》，《申报》1909 年 1 月 25 日。转引自张海林《端方与清末新政》，南京：南京大学出版社，2007 年，第 322 页。

② The Nanyang Exhibition，May 1，1909，*North China Herald*.

但使劝业会早一日成立，即吾国工商早一日发达，亦即人民生计早一日发舒。盖今日世界一切猛烈之战争，要无非工商，战争之后盾。诸君须共懔此义，以是尽协赞责任，本部堂有厚望焉。①

在端方的带动下，直隶全省也出现讲商业、赞实业的局面。如河北实习工厂开办纵览会之第一日，"门首悬灯结彩，高揭国徽，凡游客往观者，甫入门各给纵览票一张，循序而进，首为织科、染科，次则瓷科、火柴科、绣科、画科、织绸科以及竹木等科，莫不秩序井然，成品精美，洵足为吾中国之实业前途贺"。②

许多实业公司、工厂精心准备展品，踊跃参会："北洋劝业铁工场总办熙观察、提调赵太守，昨将该场出品成绩携带多件，乘坐京汉火车前赴汉口赛会，并拟将此次会毕未销货品，留待明春转运南洋劝业会云。"③各地绅商踊跃参加赛会，增强了绅商办实业的信心。

二、南洋劝业会的举办

中国第一次举办如此大规模的全国博览会，所面临的困难也是前所未有的。烦琐的筹备、浩大的会场、短绌的财政，再加之时人对新事物的非议，"有赞成者，有反对者，有非笑以为多事者，有冷语以为无成者"④，"当其进行伊始，外人评议咸谓费短、期促，办会之人才又少，事屡难成。即成矣，亦必不能晏然无事"。俟其如期开会后，中外各界人士"无不惊为意外"。⑤

宣统二年（1909）6月5日，中国历史上首次农工商博览会——南洋劝业会在南京如期举行，共五千余人参加了开幕典礼。时任江苏咨议局议长、劝

① 《出品协会开会纪闻》，《大公报》1909年9月1日。
② 《纵览会志盛》，《大公报》1909年10月3日。
③ 《携品赛会》，《大公报》1909年10月26日。
④ 《南京协赞会代表严观察祝词》，《申报》1910年6月18日。转引自谢辉《陈琪与近代中国博览会事业》，浙江大学博士论文，2005年，第32页。
⑤ 《两江总督张人骏奏南洋劝业会期满闭会情形等折》，《商务官报》庚戌第25期，宣统二年九月二十五日。

业会审判长的张謇致贺词："颂者颂其已成，祝者未成而望其成。今劝业会仅仅开始，尚未大成，前途之名誉尚待办事者谨慎从事，敝局希望劝业会名誉从此日臻发达，故敢以祝词进。"①南洋劝业会会场规模壮观，开列的展馆有三十余所，中国大部分省份②皆设场馆，展览各自的奇物珍宝、名优物产等。两江地区开设展馆主要有工艺、农业、机械、卫生、武备、美术诸馆。展品涉及种类繁多，据称有一百万件，计四百二十类，分经济、交通、教育、图书、采矿冶金、化学工业、土木及建筑工业、制作工业、机械、农桑、丝绸业、林业、茶叶、园艺、水产、卫生及医学、陆海军用具等二十四部。作为中国首次博览会，其丰富展品与恢宏规模，"诚足植中国博览会之基础"。③劝业会会场也被精心布置，设有饮食店、剧场、旅社等各种服务设施，为方便游客，还建造了一座电梯，"高约二十余丈，全场规模隶于足底，场外山林收入眼睑"。④

南洋劝业会是对中国20世纪初实业发展水平的展示与检阅。为采办展品，全国各地皆细致调查物产商品，并分门别类汇总上报南洋劝业会事务所，中国得以第一次向中外人士多层面地展示实业物品之文明。事务所经过三个多月的辛苦工作，最后评出奏奖（一等）66个，超等奖（二等）214个，优等奖（三等）426个，金牌奖（四等）1218个，银牌奖（五等）3345个，共5269个。⑤这些展品中，以农副产品、手工艺品为主，一等品中，丝、茶最多，陶瓷、美术品、教育品次之，武备、机械、面粉、棉纱、水产品仅占一二。但劝业会毕竟展示了当时中国最先进的工业品，"日辉之呢布，耀徐之玻璃，启新之水泥，大冶之铁器，广东之花纱、花砖，上海之绵丝、棉布，其余各省所仿造之洋货，大都质美而工精，何遽不若外人？"⑥极大地增强了民族实业的自信心。

---

① 《南洋劝业会开幕记》，《申报》1910年6月7日。转引自谢辉《陈琪与近代中国博览会事业》，浙江大学博士论文，2005年，第153页。

② 除东北三省及西北的新疆、青海、西藏、甘肃等省。

③ 《南洋劝业会开幕记》，《申报》1910年6月7日。转引自谢辉《陈琪与近代中国博览会事业》，浙江大学博士论文，2005年，第82页。

④ 《调查劝业会会务纪略》，《东方杂志》第七年第二期。

⑤ 《南洋劝业会审查总长本部右堂杨奏南洋劝业会审查事竣分别给奖并办理情形折》，《商务官报》庚戌第24期，宣统二年九月十五日。

⑥ 《东方杂志·论说》，第七年第九期。

三、南洋劝业会的历史功绩

南洋劝业会是中国第一次全国规模的农工商业博览会和物资展销会。中外名流人士齐集两江，参观交流，商谈合作，成为当时空前盛事。外国人在参观之后亦评论："清国工业现已进入工业革命时期，由手工业、家庭工业逐渐向工厂机械工业发展。"① 国内社会各界人士也广泛关注此次创举，"时武汉政、学、军、绅、商各界，前往参观南洋劝业会者于开幕后不久已多达三千"②，各地的代表、巨商富贾、政界学界领袖皆纷纷前往参观。③ 为了扩大影响，端方还下令组织两江地区的中学生前往游览参观。南洋劝业会在当时即产生了显著的影响。著名作家茅盾对狮子山用电灯排列的"南洋劝业会"五个大字印象深刻，曾回忆言："拂晓到达南京下关车站，猛抬头看见斗大'南洋劝业会'五个闪闪发光的字，走近了看，才知是许多小电灯泡连串做成的。"时任绍兴府中学堂监学的鲁迅，亦组织学生远赴南京参观。一行师生利用一周的时间参观教育、卫生、农业等展览馆，琳琅满目的物品使他们盛赞："百闻不如一见，南京一行胜读十年书。"④

南洋劝业会共历时半年，至宣统三年（1910）11 月 29 日闭幕。展期内，共有三十余万人前来参观，而且南洋华侨、日本与美国亦分别专派实业团赴会参观。劝业会由端方组织发起，本是地方赛会，但它得到了全国各界的广泛支持与参与，清廷农工商部指导赛品征集，办理审查事务，并饬令各地督抚全力支持。各地方官皆纷纷响应，建立出品协会场馆。南洋劝业会的展品大大超出了普通展览会的规模与范围，其展馆仿照外国博览会之办法，涵盖农业、机械、工艺、教育、卫生、美术、武备等馆，其宗旨"也并非限于狭义的仅仅振兴国货为止，而实隐隐具有发扬社会文化产业的全般

---

① ［日］野泽丰：《辛亥革命与产业问题——1910 年的南洋劝业会与日美实业团访华》，中华书局编辑部编：《纪念辛亥革命七十周年学术讨论会论文集》下册，北京：中华书局，1983 年。

② 苏云峰：《中国现代化的区域研究：湖北省（1860—1916）》，台北："中央研究院"近代史研究所，1981 年，第 400 页。

③ 张侠、杨志本等编：《清末海军史料》，北京：海洋出版社，1982 年，第 706 页。

④ 崔石岗：《鲁迅、茅盾、叶圣陶参观南洋劝业会》，《钟山风雨》2003 年第 1 期。

责任"①，奠定了近代中国博览会的基础，亦被列入历届世界博览会之中②，其历史意义可见一斑。

其一，南洋劝业会促进了两江地区的经济发展，推动了南京的城市近代化进程。"凡经博览会闭会以后，该地方每因之发达。美国芝加哥博览会以后，而该市之高架铁路、电车因之而设，荒芜一变而为通衢，人口遽增至六十万。美术会、博物馆等，建筑一新，工场之烟囱增有二倍，商业之资本增数倍。美国圣路易博览会以后，该市之道路、自来水、消防术等，均大有进步。其铁路直增数线，而银行、旅馆增设尤多。"③南洋劝业会举办之后，仅一周年，七百余亩会场，改路为衢，垦荒为镇，另辟新市，遂成繁盛之区，"俨然有欧洲特立之市场风焉"。④而且，在南洋劝业会会场建立的公共设施，如电报局、邮政局、消防局、医院、劝业银行、保险公司、电影院等，拓展了公共生活空间，促进了社会公共设施的发展。同时，南京市区专门修建劝业路，开通公共汽车，会场附近设立各种旅馆、商店及餐馆，繁荣了南京市面，推动了南京市政经济的发展。

其二，南洋劝业会是端方思想趋新的表现，他积极倡导筹备劝业会，通过南洋劝业会，整个社会得以动员起来，客观上增强了民族自信心与社会凝聚力。他曾言劝业会"以振兴实业、开通民智为主义……以期于实业前途大有裨益"。⑤南洋劝业会举办于行将就木的晚清，筹办者只有精心地准备才能成功。南洋劝业会筹备之时，端方积极联络地方官绅和实业界人士，再加上清政府的动员，建立起了由物产会、协赞会和出品协会组成的庞大网络，增强了动员效力，保证了赛会的顺利进行。

同时，端方意识到南洋劝业会在"政治上"的积极意义。他认为举办南洋劝业会可以使"四方货物于此走集，万民瞻仰于此会归，民志之好恶，可以共见，工业之巧拙良窳，可以衡较得失，互相争竞，互相改良，江南市面

---

① 《近代博览会事业与中国》，《东方杂志》第 26 卷第 10 期，1925 年 5 月。

② 马敏：《中国与世界博览会》，《光明日报》1999 年 6 月 18 日。

③ 《论南洋劝业会之影响》，《中国实业杂志》1914 年第 1 期。

④ 《调查劝业会会务纪略》，《东方杂志》第七年第二期。

⑤ 《两江总督奏拟设南洋第一次劝业会官商合资试办折》，《商务官报》戊申第 33 期，光绪三十四年十二月十五日。

必将由此大起"。① 此会之成，"以振兴实业、开通民智为主义"，但"不独商业上有关系，即政治上亦与有光荣"。② 陈琪在上海总商会做动员时，亦言劝业会对发展民族工商实业的重要性："我国若不急起力追，商业愈衰，国几无以自立，此国内赛会之设，吾人固不可不视为当今之急务也。"③ 南洋劝业会无疑将有利于鼓舞商情。日本学者野泽丰先生也认为："举办劝业会似乎也应该看做是一个解决民族危机的对策。"④ 端方的思想或许并未达到利用民族主义鼓舞宣传的高度，但其积极宣传的举动客观上激起了人民的民族主义情感。

其三，相较于南洋劝业会的实际经济效益，其最重要的作用在于"开一时之风气，策异日之富强"，在当时晚清社会起到先导作用。开办伊始，端方就提出振兴实业、开通民智的宗旨。至赛会闭幕、评审结束，得奖者欢欣鼓舞，未得奖者则心怀竞进改良之意。赛会收到预期之利，倡导实业之风在社会上随之形成，各种教育、实业等团体研究会相继成立。在劝业会结束前夕，宣统三年（1910）11 月 2 日《大公报》曾对建立的各实业团体做过统计，详见下表：

南洋劝业会期间实业团体研究会一览表⑤

名称	常设或暂设	发起人或主任人
全国出品调查会	暂设	向瑞琨、陶逊等
劝业会研究会	暂设	张謇、李哲浚、陈琪等
种子交换会	常设	马良、向瑞琨等
教育研究会	暂设	黄纫芝等
报界俱进会	常设	时报、神州报等
天足演说会	常设	王女士等
沪汉跑马会	暂设	沪汉商会
军国运动会	暂设	徐绍桢、陈琪等
全国卫生研究会	常设	朱师海、杨君谋

---

① 《南洋劝业会记事》，《东方杂志》第七年第三期。
② 《南洋第一次劝业会事务所成立》，《申报》1909 年 2 月 27 日。
③ 《中国早期博览会资料汇编》，北京：全国图书馆文献缩微复制中心，2003 年，第 282 页。
④ ［日］野泽丰：《辛亥革命与产业问题——1910 年的南洋劝业会与日美实业团的访华》，中华书局编辑部编：《纪念辛亥革命七十周年学术讨论会论文集》下册，北京：中华书局，1983 年，第 2473 页。
⑤ 《南洋劝业会发生之实业一览表》，《大公报》1910 年 11 月 2 日。

名称	常设或暂设	发起人或主任人
保国爱财会	常设	梁祖禄等
音乐研究会	常设	陶朴青、庄志佑等
全国学界运动会	暂设	青年会等
美国商团欢迎会	暂设	南阳劝业会中各团体
事务员养成所	暂设	向瑞琨、沈祚延等
城北公共卫生处	常设	舒厚仁、陈琪等
劝工场出品研究会	暂设	事务所
美术研究会	暂设	向瑞琨、阙伊等
益利建筑公司	常设	虞和德、李平书等
贫民生计研究会	暂设	向瑞琨、高彤墀等
蒙哑善堂	常设	陶森甲等
菊花赛会	暂设	不详
大豆研究会	暂设	李石曾等
赴德赛会出品协会	暂设	朱师海
手工业改良研究会	暂设	不详
宗教演说会	常设	中国青年会
游戏改良研究会	暂设	沪商界
协赞总会	暂设	张弼壬、张謇等
各省出品协会联合会	暂设	不详
劝业日报社	常设	向瑞琨、彭渊恂等
南京济良所	常设	顾琪、陶席山等
劝业会银行	常设	官商合办
后湖种苗公司	常设	梁祖禄等
宁商建筑公司	常设	宁省商界
制帽传习所	暂设	华侨及事务所
临时医院	暂设	事务所
赴意赛会出品协会	暂设	吴匡时等
书画研究会	暂设	不详
城北救灾会	常设	巡防局及事务所

名称	常设或暂设	发起人或主任人
陈列装饰研究会	暂设	向瑞琨、沈祚延等
全国农业研究会	常设	张謇、熊希龄、周延弼等
广告研究会	暂设	向瑞琨等
武备出品研究会	暂设	陈琪、冯锡仁等

这些团体与组织涉及范围特别广，包括教育、体育、宗教、艺术研究、经济金融、新闻、卫生、社会救济等社会公共生活的各个方面，拓展了两江地区市民的公共生活空间，而且各地绅商之间加强了交流与联络，推动了实业界的交流与合作。二十余省的代表与百余实业团体齐聚一堂，成为当时中国实业与商业界的大集会，故南洋劝业会被誉为"90年前的'华商'盛会"①。南洋劝业会不但在国内产生巨大反响，而且还引起了国外商界的关注。美国、日本两国还分别选派实业团体前来参观考察，以开展国民外交。②

南洋劝业会成功举办百年之后，举世瞩目的上海世界博览会隆重召开。这是中国举办的首届世界博览会，有192个国家和57个国际组织参加，总投资450亿人民币，创造了世界上博览会最大规模的记录，展示了中国融入世界、拥抱世界的崭新姿态。

现今，中国在世界上的地位与百年前相比已有天壤之别。百年前的第一次博览会，是"为数千年来未有之创举"③。当时中国人的自信在西方坚船利炮的狂袭下渐渐消退，南洋劝业会"一则使各省未知名之物产以媒介于中外商人，一则使各省未经验之商人以练习远近销路。而奖给赏牌，崇其名誉，品评报告，励其将来，皆于发达商务有密切之关系也"。④它第一次向世界展示了中国的丰富物产和悠久的中华文明，一定程度上使国人重拾昔日的信心。

---

① 《90年前的"华商"盛会：南洋劝业会》，《金陵晚报》2001年9月3日。

② 详见谢辉《陈琪与近代中国博览会事业》，浙江大学博士论文，2005年。

③ 陆保璇辑：《满清稗史》，沈云龙主编：《近代中国史料丛刊》第523—526册，台北：文海出版社，1996年，第1363—1370页。

④ 《1909年熊希龄为江苏实业、商埠和商务等问题上铁良书》，林增平、周秋光编：《熊希龄集》上册，长沙：湖南人民出版社，1996年，第173页。

追根溯源，我们不应忘记端方筹办第一次万国博览会时的艰辛，他筚路蓝缕的贡献连同南洋劝业会的功绩将一起彪炳史册。

小 结

端方的经济举措与构想主要表现为广兴实业、振兴工商，同时重视农业的发展。他或许并未真正领悟农工商三者之间的经济联系，其经济举措的出发点在于"与各国争衡"，以维持清朝的统治，但客观上促进了当时经济的发展。端方参与交涉苏杭甬铁路，通过减免自办铁路之厘金，支持各省绅商争取铁路的修筑权，其主观目的在于使清廷"受益"，但客观上减轻了中国自办铁路的经济负担，一定程度上维护了民族的利益，使中国的铁路主权得到了维护。

据笔者所见材料，端方是晚清封疆大吏中较早反对日本人侵占东沙群岛的。他搜集图籍，查明此岛隶属于广东，随后专门致电外务部和时任两广总督的张人骏，言东沙岛是我国属地，西泽吉次[①]占领东沙岛，不可置之不问。[②]同时，端方还认识到收回税务和邮政权利的重要性，于光绪三十一年（1905）密奏清廷，趁赫德年老退休回国之际，收回关税主权和邮政管理权。他以日本收回税收与邮政权利为例，陈述中国收回利权之办法："请于赫德归国时，由外务部饬将邮政事宜一并交出，请旨派员接管，其所用洋员暂可勿去。一面专派学生前往日本学习邮务。此事非他专门学可比，两年之内即可回国任事，固不虞接办之无人、要政之中辍也。历观古今中外历史，未有税务邮政两事授柄外人而能立国者。果皆收回自办，挽回利权一分，即保持主权一分。外人渐知中国于自治之权力能振作，庶几侵占主权之诡谋自然消泯，洵抵制

---

① 西泽吉次是一个富有冒险精神和侵略野心的日本商人。光绪三十三年（1907），他带领二百多人侵入东沙岛，动用刀枪驱逐中国渔船，并拆毁岛上天后庙，强占东沙岛。而且西泽吉次还在岛上悬挂日本国旗，将东沙岛改名为"西泽岛"，企图据为己有。但中国渔商和渔民，不畏强暴，一直为维护东沙岛的领土主权进行不屈的斗争。

② 陈天锡：《西沙岛东沙岛成案汇编·东沙岛成案汇编》，北京：商务印书馆，1928年，第5—6页。吕一燃：《近代中国政府和人民维护南海诸岛主权概论》，《近代史研究》1997年第3期。

之一端，而图强之一策也。"①

　　但端方这些看似"爱国"之举，其实依然是为他所效忠的清廷寻求救亡之途。端方发起并成功筹备南洋劝业会，显示了端方具有一定的先见之明。南洋劝业会开创了中国博览会之先河，向世人展示了中华文明的魅力，客观上增强了民族自信心与凝聚力。

---

① 端方：《设法收回关税邮政折》，光绪三十一年八月，《端忠敏公奏稿》卷六，第 11 页。

第四章　端方与教育变革

端方是晚清教育改革与新式教育的倡导者与实践者。端方主政两江期间，江苏省的教育经费官款投入居全国第二位，总投入（包括官款与社会各类集资款项）居第一位，而且该省的学校建设、图书、教职员薪水等皆居全国之冠。[①] 这足以显见端方对于教育的重视程度。

第一节　"兴学以启民智"——倡新式教育

端方大力推进新式教育主要是在任职地方督抚期间（1901—1909），主要表现是其倡导设立了各式高等学校与中小学堂。端方认为中国教育的历史与现状主要是："民智犹湮，一乡之中，愚者百，不愚者一；四民之内，学者一，不学者三。"[②] 而教育之目的"并非专为储才，乃以开通民智为主，使人人获有普及之教育，且有教育之知能，上知效忠于国，下得自谋其材。其才高者，固足以佐治理，次者亦不失为合格之国民，兵农工商，各完其义务而分任其事业"。[③] 故中国教育之问题，在于各类学校的主旨不明。鉴于此，端方倡导设立了各类高等专科学校，提出普及教育的思想，并吸纳新式教育思想以改进中小学堂的质量。

---

① 王树槐：《中国现代化的区域研究：江苏省（1860—1916）》，台北："中央研究院"近代史研究所，1984年，第245页。
② 端方：《谢赏学堂匾额折》，光绪三十二年六月，《端忠敏公奏稿》卷六，第98页。
③ 舒新城编：《中国近代教育史资料》上册，北京：人民教育出版社，1981年，第62—69页。

一、兴办与资助高等学校

光绪三十年（1904），端方任职江苏巡抚期间，在苏州设立了以江苏布政使为总办的江苏学务处，专聘人员全面规划江苏省的教育事业。省城苏州中学堂与小学堂皆完备，但只有一所中西学堂，无一所高等学堂。为了从总体上提升江苏的教育质量、完善教育结构，端方将中西学堂改为省高等学堂，又将中学堂划归苏州府经办管理，学制课程由江苏省学务处依据先进的教学模式改进。并拟设师范学堂，"广收学生，分习师范本科及速成师范科，以为中小学堂师资"，"附设练习科，择诸生之素为童子师者，导以教授管理之法，以三月毕业，俾蒙师既无失业之虞，乡曲咸获得师之益"。① 随后，他又奏请将江阴南菁书院改为高等学堂，添设英文、理化、舆地等科目，并"于苏州鼓铸铜元盈余项下"拨出专款资助。②

光绪三十三年（1907），时任两江总督的端方与张謇曾商议创办一所综合性的大学——南洋大学③，因经费、校址、师资等事项久被搁置，未能落实。至宣统元年（1909），端方即将调任直隶总督时，仍念念不忘此事，认为"苟欲兴工必先兴学"，上《筹办工科大学折》："臣等惟富国之本，训农保商而外，莫亟于劝工。近年商务疲败，民生困穷，尤宜以振兴工业为当务之急……南洋系工商业最盛之区，因势利导，似亦应及时建设。"并认为上海是最宜之地，厂场机械之富，江海交通之利，教习易于物色，学生便于观摩。清廷批准之后，端方遂购置上海制造局相邻之地二十亩，创建了南洋工科大学，并划拨两江地区的盐厘盈余作为学校的常年经费。④

与此同时，端方还创办了各类高等专业学堂。光绪三十三年（1907），端方在江苏省城南京创办了两江地区的南洋方言学堂。学堂仿照京师译学馆附学章程变通办理，先办德文、法文两个班，各招收学生六十名，年龄在十六

① 端方：《整顿苏省积弊折》，光绪三十年七月，《端忠敏公奏稿》卷四，第10页。
② 端方：《南菁书院改学堂片》，光绪三十年十一月，《端忠敏公奏稿》卷四，第60页。
③ Samuel Chang-ling Chu. *Reformer in Modern China*, *Chang Chien*, *1853-1926*, Columbia University Press, 1965.p107.
④ 端方：《筹办工科大学折》，宣统元年五月，《端忠敏公奏稿》卷十五，第16页。

岁至二十岁之间，要求国文通畅、口音清利、品行端正。考核程度优秀者为甲班，五年毕业，其余学生为乙班，并可根据每学期考试成绩准其推升。学生所学的课目分普通学九门：人伦道德、中国文学、历史、地理、算学、博物、物理化学、图画及体操；专门学三门：理财学、交涉学、教育学。[①]培养翻译人才，适应中外交涉事务的需要，显示了端方因时之需办教育的思想。次年（1908）四月，端方为振兴两江地区商业，倡导建立了南洋高等商业学堂。他指出创办商业学堂的重要性："振兴实业必以研求商学、开浚智识为先，近今商务疲滞，良由商人见小欲速、胸无学理，以致各项营业动多失败。南洋多通商巨埠，商贾鳞萃，而高等商业学堂迄未设立。"[②]接着言及必要性："现值国家广设银行，需才方亟，此项学科虽为高等商学之一部分，而需用急于他科。惟是学堂专以银行为名，取义稍隘，自应即定为南洋高等商业学堂。先办银行一科，次及于税则、保险，又次推及商业应用各科。如此经费可以逐年递筹，学科亦即逐渐推广，期于商业前途实有裨益。"[③]该学堂为三年制专科，后端方将江苏中等商业学堂合并于此，更名为江南高中两等商业学堂[④]，办学规模增大，学科设置也更趋于合理，为两江地区培养了大批商科专业人才。

从光绪三十三年（1907）至宣统元年（1909），两江地区实业学堂由四所增加到八所，其中工业实业学堂增设三所，商业学堂创设三所，[⑤]这表明端方对工业与商业教育的重视。另外，为满足新政亟须法律人才之需要，端方还开办了两江法政学堂，饬令选取有中学根柢者考验录入，以造就法政人才为宗旨，先学习预备学科二年，后学习专门学科三年，共五年毕业。[⑥]两江法政学堂亦是两江地区最早的法律学校。同时，端方还积极扶持帮助外国人在中国开办的各类专业学堂。北京东文学社是由日本人开办的新式学校，也是

① 端方：《创设南洋方言学堂折》，光绪三十四年二月，《端忠敏公奏稿》卷十一，第 2 页。

② 端方：《开办商业学堂片》，光绪三十四年三月，《端忠敏公奏稿》卷十一，第 28 页。

③ 端方：《开办商业学堂片》，光绪三十四年三月，《端忠敏公奏稿》卷十一，第 28 页。

④ 端方：《商业学堂款项立案折》，宣统元年五月，《端忠敏公奏稿》卷十五，第 24—25 页。

⑤ 《1907—1909 年教育统计表》，璩鑫圭、童富勇、张守智编：《中国近代教育史资料汇编·实业教育师范教育》，上海：上海教育出版社，1994 年，第 52—62 页。

⑥ 端方：《创办法政学堂折》，光绪三十四年三月，《端忠敏公奏稿》卷十一，第 23—24 页。

日本人在中国开办的第一所新式学校。该校主要培养有一定汉学修养的中国青年的日语翻译能力，总教习是中岛裁之。自光绪二十七年（1901）开办至光绪三十二年（1906），该校入学学生达两千余人，任教的日本教习有六十余人。光绪三十二年七月，中岛裁之健康状况欠佳，而且该校经费亦不足，遂以日本官方名义给中国各地方督抚致电，请求拨款捐助，当时端方和袁世凯均积极响应并对日本教习表示感谢。①这显示了端方对各种新式学堂的支持力度。

为给地方教育创造较好的经济环境，端方主张从国家正常财政中拨出教育经费，以"俾济急用"。②两江师范学堂的常年经费，本由苏、皖、赣三省藩司拨付，但应拨之款徒有协助之名，并无抵拨之实。端方知悉后，极为愤慨，严饬三省藩司按期报解，并致电清廷强调"兴学为当今急务，而师范尤为教育本源"，请其协助催促苏、皖、赣官员速解所欠教育协款。③另，如在前面章节所述，端方还尽力扶持其前任周馥所创办的上海复旦公学和中国公学。在创建和资助高等学堂的同时，端方进一步改善和提升中小学堂的质量，从而构建完整的新式教育体系。

二、重视学前与中小学教育

20 世纪初，国人已经认识到"学前教育为国民教育之基础，不可不亟为讲求"④，作为封疆大吏，端方亦积极地参与到这一新的教育领域中来。

光绪二十九年（1903），任湖北巡抚的端方认识到学前教育的重要作用："辅小儿自然智能，开导事理，涵养德性，以备小学堂之基础。"⑤为此，他专

---

① Douglas R. Reynolds. *China, 1898-1912: The Xinzheng Revolution and Japan.* Cambridge and London: Council on East Asian Studies, Harvard University, 1993.p78.

② 端方：《学务经费动用库款折》，光绪三十四年二月，《端忠敏公奏稿》卷十，第 49 页。

③ 端方：《饬解学堂协款片》，光绪三十三年十一月，《端忠敏公奏稿》卷十，第 7 页。

④ 《江苏学务处详请通饬各属育婴堂、敬节堂附设蒙养院文》，光绪三十二年，朱有瓛：《中国近代学制史料》第二辑（下），上海：华东师范大学出版社，1989 年，第 772 页。

⑤ 《湖北幼稚园开办章程》，舒新城编：《中国近代教育史资料》，北京：人民教育出版社，1985 年，第 3 页。

门延聘曾执教于东京女子高等师范学校的户野路惠等四名日本女教习来筹办湖北幼稚园，[①]规定招收三岁以上、六岁以下儿童，男女不限，学制一年。这开创了中国筹办幼稚园之先河。为培养本国幼儿教育师资，端方又在武昌专门开办女子速成保育科，首批招收了七十人。[②]对此，当时的外国人亦认为，湖北成为倡导新式学前教育的先行者。[③]

　　光绪三十一年（1905），端方任湖南巡抚，为进一步推广学前教育，他提出在全湘范围内普遍创立蒙养院与初等小学堂，谕令湖南各属府县要高度重视儿童教育。在他看来，"国家强弱原视教育为转移，而教育盛衰尤以蒙养为基本。……现在高等学堂及中小学堂各省已陆续开办，而蒙养院尚未建置，是于教育始基不无阙略"。因此端方下令在湖南省城建设一所初等小学堂，并在其下专设附属的蒙养院，"其蒙养院办理略仿东西各国幼稚园之设，专收五岁至七岁之幼童，傅之保姆，曲为引导，以启其知识，以备入初等小学堂之资格"。[④]经过两个月的筹备，端方令将粮道旧署修改充作校舍，并延聘日本女师为蒙养院保姆，兼为初等小学堂教习，招学生一百名，男女各半，俟经费充足再扩充，与湖北幼稚园办法形同。[⑤]出示招生告示后，报名者非常踊跃。端方在湖南任内只有半年，其设立的小学就达八十三所[⑥]，为湘省的基础教育奠定了坚实的根基。端方担任两江总督期间，在粹敏第一女学之下附设一所幼稚园，以推动学前教育。此外，端方还对私立幼稚园给予资金、政策等方面的支持，他曾向清廷上奏，将士绅曾铸等人创办的上海贫儿院予以立案，力求"使贫子孤儿"都能享受"化育同沾之乐"而"免流离失所之虞"。[⑦]正是在端方的倡导和支持下，南京、上海、无锡等地相继办起了幼稚园，两

①　［日］荫山雅博：《清末教育的近代化进程与日本教习》，《国外中国近代史研究》第10辑，北京：中国社会科学出版社，1988年，第114页。

②　《鄂兼督端方开办女子保育科榜示》，光绪三十年，朱有瓛：《中国近代学制史料》第二辑（下），上海：华东师范大学出版社，1989年，第756页。

③　Edward J.M. Rhoads. *Manchus and Han：Ethic Relations and Political Power in Late Qing and Early Republican China，1861-1928.* Seattle and London：University of Washington Press，2000.p91.

④　《抚宪端饬在省城开办初等小学堂及蒙养院并委监督教习监学等员札》，《湖南官报》1905年3月1日。

⑤　《中外新闻》，《湖南官报》1905年5月3日。

⑥　张朋园：《中国现代化的区域研究：湖南省（1860—1916）》，台北："中央研究院"近代史研究所，1983年，第173页。

⑦　端方：《上海贫儿院立案片》，光绪三十四年三月，《端忠敏公奏稿》卷十一，第27页。

江地区的学前教育有了较大发展。由此可知，端方对于近代学前教育之重视。

除了幼儿教育，端方对新式中小学堂也投入了较多热诚。在其任职两江总督以前，两江地区的新式中小学堂虽已普遍设立，数量不少，然于形式与精神大都未臻完备。为了进一步提升中小学教学质量，端方专门"设立模范小学以为标准，则已有学堂之地可望改良，未有学堂之区更易仿立。其学舍之建造，期合于管理及卫生事宜，教授训练方法则师日本寻常高等小学之所长，而参以本国道德及地方风俗人情之所宜，校长及教员以留东速成师范毕业生为合格"。①同时，端方直接批示中小学的办学章程："读书必先识字，小学最宜讲求，翻译多半失真，听讲贵能直接，国粹、欧化二者并重，洵为扼要之图。所订本科课程颇称完善，而从预科入手尤能端励初基。"②端方亦比较重视中小学的教材编定，他曾组织人员编写适合苏州与江宁地区的地理、历史教科书：

> 照得乡土地理、历史教科各书，足以养成儿童爱国心，其关系最大。编辑之法如不得其当，则贻误匪轻。查上海各书局编纂蒙学课本，其中纰缪之处往往而有，且多不适于乡土教科之用。江南为古名胜之区，历代史迹与各地风物亟应分别初等、高等两小学程度，编成适用之善本，刊发宁、苏两属学堂，据为教程。查有赵道从嘉，旧学新知皆有研究，堪以委令编辑乡土教科书。编成之后，即与陈教谕庆年悉心商订，务臻妥善，而以适用为主。③

这反映了端方所期待的教科书的思想内容倾向于弘扬与培养中小学生的爱国精神。端方不但注重在国内学生中弘扬爱国精神，而且还积极支持海外华人的"爱国情结"。

---

① 端方：《模范小学办理情形片》，光绪三十四年八月，《端忠敏公奏稿》卷十二，第58页。
② 《上江公学禀准立案》，《申报》1907年5月6日。
③ 《江督派员编辑乡土教科书》，《申报》1907年10月30日。

第二节　"教育系侨情"——开拓华侨教育

端方认为海外华侨都具有爱国热忱，"皆系华装，辫缀红纬，至耄不改，盖系恋祖国，虽壮不归，犹自托于童稚，其敦本思源之念有足多者"。[1] 华侨既然心向祖国，清廷应积极支持具有物质与精神双重资源的华侨不断壮大，这对于屏障西方国家的侵略及保障中国的海外权利具有重要意义。

一、创办暨南学堂

南洋地区是华侨较为集中的地区。光绪三十二年（1906）九月，清政府学部遣南洋查学委员钱恂和学部专门司董鸿伟，到荷属东印度爪哇等地考察华侨学务。钱恂与端方关系颇为密切，曾追随端方赴欧美考察宪政。十二月，钱恂经过详细考察，致电端方称："爪岛学生通官音可接中学程度者约三十人，志切归国读书，选地南京，川资月用自备，惟请官给食宿，并准学部电咨，以该侨民笃志内向，自宜因势拊循。"[2] 端方随即表示赞同，并奏陈清廷："伏查爪岛侨民流寓远方，不忘归国，派生内渡就学金陵，洵属爱国情殷，极堪嘉许，自当官备食宿，妥为照料。当经电饬该员钱恂等，允为照办，属其传语华侨，益相敦勉。札饬江宁提学司，俟该生等来宁，即查询志愿，分送各学堂肄业。嗣后南洋各岛及檀香山、旧金山等处侨民，如有愿送子弟来宁就学者，并当一律收取，以宏教泽而系侨情。"[3] 获得批准后，端方非常重视。俟爪哇学生至宁后，由江宁提学司依据志愿分送各学堂。但数月后，端方发现

---

[1] 端方：《请饬维系侨情折》，光绪三十三年七月，《端忠敏公奏稿》卷九，第1页。

[2] 端方：《华侨分送肄业片》，光绪三十二年十二月，《端忠敏公奏稿》卷七，第20页。

[3] 端方：《华侨分送肄业片》，光绪三十二年十二月，《端忠敏公奏稿》卷七，第20—21页。

华侨学生不谙国内风土人情，而且汉语程度亦参差不齐，考虑到将来南洋华侨学生会陆续来华学习，遂决定筹集经费，"择度校舍，延订教习"，专派教员为侨生补习国文、国语及各项科学。① 清廷委派江宁提学使陈伯陶创办学堂，这就是著名的华侨学校暨南学堂。

光绪三十三年（1907）三月，爪哇岛中华会馆董事张硕龙护送首批侨生二十一人抵达南京。二十三日，暨南学堂②正式开学。端方指派熟悉侨务的温秉忠为学堂总理，郑洪年为庶务长，陈延俊为会计文案，叶崧为司事，清铨等六人为教员。侨生所习课程主要有：修身、国文、经学、算术、英文、国画、历史、地理、理科、乐歌、体操等。③ 光绪三十四年（1908）五月，第二批四十六名侨生抵达学堂学习。因所来侨生学习程度参差不一，端方又奏请设中学和高等小学。④ 之后，为了保证暨南学堂的经费来源和教学质量，端方奏请将华侨教育经费列为国家正开销，并由江海关、粤海关及闽海关同时拨款给暨南学堂。清廷最终同意其请求，"各关每年各筹银二千两"予以资助。⑤

二、探求华侨教育之方式

华侨教育是中国近代教育的一种新形式，作为这一事业的开拓者，端方无论从教学、管理及学生的日常生活方面，皆颇费苦心，事必躬亲。

其一，端方非常重视暨南学堂的管理和教学工作，注重教学的实际效果，不断探求最优的办学方式与教学方法。鉴于华侨诸生初次回国，"风俗人情，多未习惯，管理教授，尤当定一合宜之规。性情不同，办理亦不能不稍示区别。以髫年血气未定、习尚不同之幼童，遽令分入他堂，既恐造诣未深，易沾习气，又恐因散处而有归思，其向学之心转纷，自应就其程度妥筹善法，

---

① 端方：《筹设暨南学堂片》，光绪三十三年四月，《端忠敏公奏稿》卷八，第 14 页。
② 此时暨南学堂的校址在南京薛家巷，今汉口路。
③ 暨南大学华侨研究所：《暨南校史资料选辑》第一辑，1983 年，第 125 页。
④ 端方：《暨南学堂办理情形折》，光绪三十四年五月，《端忠敏公奏稿》卷十二，第 8 页。
⑤ 端方：《暨南学堂经费作正开销片》，光绪三十四年五月，《端忠敏公奏稿》卷十二，第 6 页。

使易于成就"。① 而且各侨生的国文、国语程度亦不同："优者有中学第二年程度，其次或与高等小学第二年程度相当，或与高等第三年程度相当，实难厘为一致，遽欲分送宁中各学堂，求一适合之学级，盖不可得。"端方遂决定将补习学校性质的暨南学堂改办为中学，并附设高等小学，分为中学一班，高等小学两班。所有侨生，择其程度较优，且有中学第二年程度者，定为中学第三年级，修完中学三年即可毕业。为了使侨生更好地练习国语，端方特意选国内品学纯谨学生十余人，相其程度，列入各班，以鼓励侨生积极进取，②而且"择学力较优各生选送西洋留学，酌给官费"。③

其二，端方不但注重教学管理，而且还关注侨生的日常生活。据暨南大学校史资料记载，端方还经常巡视学生宿舍，检查伙食，对学生问寒问暖，向学生征求意见。④他乘车在南京马路上遇见暨南学堂的学生时，往往会停车邀请他们同游。④同时他还注重加强侨生与家庭、学校与家长之间的联系和沟通。他要求学堂定期将教员名册、教科名目、课时数、学生食品衣式、作息时间以及学生各科分数，分门别类列表送巴达维亚中华会馆，由其转告学生家长。端方还规定学生每周星期一必须写家信一封，一为"练习文字"⑤，二是帮助家长定期了解学生的各方面情况，"联以家人骨肉之情"⑥。

其三，端方还注重加强对华侨学生的中华文化与品行修养方面的教育。暨南学堂校训为出自《论语》的"忠信笃敬"，意即在于要求学生言语忠诚老实，行为敦厚严肃。华侨学生所修功课含有修身、经学、历史等三门课程，用中国传统文化对侨生进行修身养性教育，向侨生传授为人处世的道理。端方还饬令专设训育处、教务处，设监学和舍监，制订了各种章程和规则，以管理学生上课、自修及课余活动。⑦这样就从总体上提升了学生的整体素质，使学生学到文化知识的同时，兼具优良的道德品质，成为敬业、爱国的栋梁

① 端方：《暨南学堂办理情形折》，光绪三十四年五月，《端忠敏公奏稿》卷十二，第9页。
② 端方：《暨南学堂办理情形折》，光绪三十四年五月，《端忠敏公奏稿》卷十二，第8—9页。
③ 端方：《暨南学堂添筹经费折》，宣统元年五月，《端忠敏公奏稿》卷十五，第43—44页。
④ 暨南大学华侨研究所：《暨南校史资料选辑》第一辑，1983年，第114页。
⑤ 端方：《暨南学堂添收学生折》，宣统元年三月，《端忠敏公奏稿》卷十四，第20页。
⑥ 端方：《密陈华侨事宜片》，宣统元年三月，《端忠敏公奏稿》卷十四，第32页。
⑦ 夏泉：《端方与暨南学堂》，《暨南学报》1995年第2期。

之材。

在端方的亲自督理下，暨南学堂渐趋正规完备，学校规模不断扩大，教学亦颇具成效。"在堂学生以班次既有定程，受课益知奋勉"，"爪哇一埠风声传播，不独业经来校各家属欢欣鼓舞……凡附近各埠闻风兴起，均愿选取练习中语合格之学生送宁就学"。[1] 至宣统元年（1909）六月，暨南学堂学生已升至一百六十七人，下半年还有七十余人前来求学。[2] 暨南学堂的声誉愈来愈大，发展至今天的暨南大学仍是中国最富有影响的唯一一所华侨教育专门学校。作为暨南学堂的创办人，饮水思源，暨南大学校史亦将端方列为第一任校长。百余年来，端方与暨南的历史已紧紧联系在一起。正如暨南大学新加坡校友会前会长庄右铭先生赋诗所言："振铎传薪朔炎黄，心香一瓣敬端方。"[3]

第三节　广游学，收"百闻不如一见"之利

端方在接受华侨学生来中国学习的同时，亦积极倡导中国的留学教育，在实践上通过多种途径派遣留学生，在思想上逐步深化对留学教育的认识，走在发展留学教育的前列，并促进形成较为完整的留学管理体系。但囿于时代的限制，端方所致力的留学教育活动缺乏整体的规划，依时之需临时派遣，一定程度上不利于教育的长远发展。并且，作为清末变局中的地方要员，端方虽然提倡留学教育，但其目的依旧是利用新式教育手段维护清王朝的统治。

---

[1] 端方：《暨南学堂添收学生折》，宣统元年三月，《端忠敏公奏稿》卷十四，第 20 页。

[2] 端方：《暨南学堂添筹经费折》，宣统元年五月，《端忠敏公奏稿》卷十五，第 43 页。

[3] 《暨南大学建校八十周年新加坡校友会成立四十六周年纪念特刊》，第 121 页。转引自夏泉《端方与暨南学堂》，《暨南学报》1995 年第 2 期。

一、积极倡导留学教育

　　早在光绪二十七年（1901），端方就提出从贝子、贝勒中选拔人才选派留学，"出洋三年，责以略识西文西例，编作日记，以资考究，并饬出使大臣随时照料"。① 光绪二十九年（1903）至光绪三十年（1904），端方署理湖广总督期间，从湖北派往日本的留学生达一百八十余人②，派往德国、美国、法国、比利时四国的留学生也有四十五人，"以期早派一日，早收一日得人之效"③。他还以日本为例指出，正是因为选派留学生国家才日益强盛，"日本前四十年贫弱过于中国，维新以来首派学生分赴欧美各洲游学，归而转相传授，一切工艺制造之门径无不通知，因而精益求精，或且自出新裁，几有出蓝之誉。至其陆军水师进步之速则尤为各国所称羡。今国势日强而学生之萃处于英美各国学堂者，未尝少减，其注重游学如此"。④ 因端方选派资助留学生享有较高声誉，光绪二十九年（1903）九月九日，宝熙致函端方言，八旗中学堂陈、彭两教员颇为众生所悦服，且学有根柢，自愿游学东洋，但家境清寒、游学断资，请端方或奏或咨，派其前往，不致望洋兴叹，学成后将可为大用。⑤ 在江苏任职期间，端方饬令苏省各学堂，挑选曾习普通并已习外国文语之学生，送赴学务处严加考试，由江宁、京口驻防旗生择优选送，取八十人，以四十人送赴日本，以十二人送赴德国，十人送赴英国，十人送赴法国，八人送赴比国，各令分习武学与农工、制造、路矿、商务各项实业。⑥ 至光绪三十一年（1905），端方赴欧美考察宪政，在访问欧美大学时，他格外注重与各大学校长周旋洽谈，联络中国学生留学事宜。光绪三十三年（1907），端方利用其与哈佛、耶鲁等大学校长的关系，争取到将近二十个留学名额。《申报》曾报道说：

① 端方：《筹议变通政治折》，光绪二十七年三月，《端忠敏公奏稿》卷一，第41页。
② 端方：《选派日本游学生监督片》，光绪三十年二月，《端忠敏公奏稿》卷三，第61页。
③ 端方：《续选学生学习实业折》，光绪三十年二月，《端忠敏公奏稿》卷三，第59页。
④ 端方：《选派学生出洋折》，光绪三十年十月，《端忠敏公奏稿》卷四，第39页。
⑤ ［日］佐久间桢、阎崇璩等编：《匋斋存牍》，台北："中央研究院"近代史研究所，1996年，第194页。
⑥ 端方：《选派学生出洋折》，光绪三十年十月，《端忠敏公奏稿》卷四，第39页。

　　江督端午帅上年出洋考察政治，在美国参观各学校，与各校长情意极为款洽。闻耶路大学愿赠每年学额十一名（免收学费），威尔士利女学赠学额三名（膳宿学三费概免），干尼路大学赠学额六名（亦免收学费，此大学限定四年毕业，故每年虽只六名，逐年递次送往，则三年之后此大学内常有中国学额二十四名）。现经午帅札饬宁、苏两学司，在各学堂挑选合格者二十名，听候考验给咨。①

　　端方在选派留学生时比较注意选拔标准，重视综合文化素质，不仅要求有中学根柢，而且须志趣远大，娴习所去国的语言文字，并有一定的西学基础。他还意识到，"各学生万里游学，人数既多，必须委派专员监督，就学生性质之所近，分别门径，端正趋向，督催功课，始能严防流弊，成就通才，不致虚糜巨款"。②为了加强对留学生的管理监督，使他们"刻志励学，务成伟器"，他委派留美归来的施肇基为驻美国留学生监督、兼通泰西语言文字的阎海明为驻德留学生监督，并明确指出阎海明按照二等参赞待遇每月支取四百两薪水。游学德国的杨祖谦等人专门给端方写信致谢："知已派阎海明部郎充当生等监督，与择地择师，料理一切，学费旅费，体恤周至，至为可感。"③光绪三十年（1904），驻日本留学生监督要回国担任蕲州知州，其时日本留学生已有一百八十多人，端方指出，"现在学生较多于前，分肄各学科亦较纷于前，必须认真考查，方冀各有成就。且日本一国各省皆有，留学之人品类不齐，尤须随时约束"，举荐广东官员宝巽前往日本担任监督一职。④光绪三十三年（1907年），端方考虑到留欧学生"人数既多，其奋志向学者固不乏人，亦虑品诣未能齐一，此时德性问学之浅深，即关他日国力、人才之消长"⑤，联合时任湖广总督

① 《美国大学赠送学额》，《申报》1907年4月13日。
② 端方：《奏派德国游学生监督片》，光绪二十九年九月，《端忠敏公奏稿》卷三，第41页。
③ 中国第一历史档案馆编：《清代档案史料丛编》第十四辑，北京：中华书局，1990年，第332页。
④ 端方：《选派日本游学生监督片》，光绪三十年二月，《端忠敏公奏稿》卷三，第61页。
⑤ 端方：《遴充留学生监督折》，光绪三十三年三月，《端忠敏公奏稿》卷七，第62—63页。

的张之洞奏请设立留欧学生监督。① 所需经费由留欧学生最多的江苏、湖北各筹一万两，四川、广东、直隶各筹五千，其余由派出留欧学生的省份共同承担。学部亦奏请"各省经费应汇由两江总督汇寄欧洲，以免参差不齐之弊"。② 而且，端方确定留学生监督人选时也非常谨慎。光绪三十三年（1907），吴宗濂因为职务变更，不能再担任两江留欧学生监督一职，选派替代之人时，端方明确指出："监督有稽查约束之责，至关紧要，必其学术资望足以表率学生，而后崇德辨惑，可以收齐整严肃之效。"因在两江地区难觅此等人才，所以举荐江苏淮扬海道蒯光典前往欧洲接任这一职务。③

同时，端方主张以日本优待留学生为借鉴，对留学生实行奖励制度。他建议清政府对留学生，无论官费或自费都应"量予奖励"，驻各国公使应对留学生随时考察、认真爱护，对有实际困难的学生应"酌量情形，资其费用"，"以坚其勤学之志力"，使他们能"视其性之所近择一专门，苦心研究，学成归国，庶足分任振兴之务，而应缓急之需"。同时，他还列举了中国亟须的"各种专门之学"，如政治、法律、财政、外交、教育、格致、农商、路矿等，都应大力鼓励提倡。④

端方不仅大力支持选派留学生出洋游学，师其所长，还身体力行，派遣自家子弟出国留学。"端午帅之公子深通俄文，兼熟于西洋各国史事，迩欲出洋游历以广见闻。"⑤ 光绪二十九年（1903），端方派其子继先（号昆侯）赴美国纽约州的库克学院学习，访美期间父子二人曾在华盛顿相见，继先归国后在外务部工作。端方派自己儿子赴国外留学的举动，在一定程度上对鼓励清末社会的留学教育具有积极的推动意义。⑥

---

① 潘崇：《端方与清末留学教育》，《徐州师范大学学报》2010 年第 1 期。
② 《学部奏请派欧洲游学生监督并陈开办要端折》，《政治官报》1907 年 11 月 14 日。
③ 端方：《遴充留学生监督折》，光绪三十三年三月，《端忠敏公奏稿》卷七，第 62—63 页。
④ 端方：《条陈学务片》，光绪三十一年八月，《端忠敏公奏稿》卷六，第 12 页。
⑤ 《结伴西游》，《申报》1903 年 2 月 7 日。
⑥ 潘崇：《端方与清末留学教育》，《徐州师范大学学报》2010 年第 1 期。

二、亦师亦友——端方与留学生

端方因为对留学教育的大力提倡，赢得了广泛赞誉："近来各疆吏中热心于新政而肯遣派学生出洋者，惟端午帅；近来各行省中热心于新学而肯往东洋留学者，惟湖南端午帅。"① 端方刚接任湖南巡抚时，在东京留学的湖南留学生杨守康在给他的信中写道："大帅抚鄂抚苏，皆以资遣学生为急务，是以岘山树羊子之碑，瀛海有槎客之颂。兹幸德星惠临，振兴学务，康知湘岳之杞楠梗梓，必将蒙德育而日进文明，即沅澧之兰芷茝萍，亦必沾化雨而日渐香馥，此诚千载之一时，国家之大幸也。"② 留学生亦普遍称赞端方："伏思大人抚鄂抚苏，皆汲汲以遣派留学生为己任，故苏、鄂两省于现今留学界之能首屈一指者，皆出自我大人热心教育、极意培养之力也。"③

端方与留学生的关系非常融洽，经常给赴外留学生撰写推荐信，请求驻外官员给予资助。其曾致信中国驻英公使张德彝："黄生家璐、孙生鸿哲在湖北农务学堂教习有年，此次自备资斧，游学英伦，识远志坚，期在必获，公陶成后进，惟恐不及，两先生到彼，一切入学事宜，尚望格外关垂，示之准则。"④ 对于致电请求经济资助的留学生，端方亦尽力资助。光绪三十一年（1905），江苏省自费留学生章霖致函端方，因生活拮据，请求"由官每月津贴数元"。此时端方已调任湖南巡抚，为了帮助此留学生渡过难关，其特致函江苏护理巡抚效曾："该生等有志向学，同属吴人，所贴又属无多，似可允办。"⑤ 投之以桃，报之以李，留学生对端方也是有求必应。光绪三十二年（1906），端方在欧美考察宪政期间，许多留学生为其驱策任使。光绪三十三年（1907），端方任职两江总督期间，致力于开采矿山，留学比利时的陆安、

① 《论端午帅与湖南之关系》，《时报》1904年12月5日。
② 中国第一历史档案馆编：《清代档案史料丛编》第十四辑，北京：中华书局，1990年，第291页。
③ 中国第一历史档案馆编：《清代档案史料丛编》第十四辑，北京：中华书局，1990年，第263页。
④ 《致出使英国钦使张》，《端方档案》，端567，函230。转引自张海林《端方与清末新政》，南京：南京大学出版社，2007年，第447页。
⑤ 《端方致苏州效护院函》，《端方档案》，端564，函20。转引自张海林《端方与清末新政》，南京：南京大学出版社，2007年，第448页。

陈传瑚等主动表示愿意帮助化验矿样，以确定矿物含量和开采价值。

留学生们出国后，见识到中国与欧美诸国的差距，不仅开阔了视野，增强了忧患意识，还激发了他们的爱国之心。留德学生杨祖谦直言："大人之遣生等出也，岂不曰国危矣可若何，不学强国其何以济？生等之奉大人命而出也，亦岂不曰国危矣可若何，不学强国其何以济？大人之心，即生等之心，生等之心，亦即大人之心。生等出国见国，爱国热忱有加无替，自有初心，终无转念。"① 留日学生李书城曾被派去日本留学，但其自言"未能专心致志，期底于成，而妄发议论，淆乱是非，受业即今思之，惭愧良多"。当得知端方要派学生到比利时留学时，他专门致信请求准许他再次出国留学，并表明自己此番一心向学，待学成归来报效清廷的决心："誓此后切实向学，辞辟一切邪说，储为有用之器，以报效朝廷"；"若夫子准派受业至比国留学，受业学成归国尽义务之时，罚受业一年薪金以赎此过，亦无不可，均惟夫子裁度。受业至比国后，自宜仰体朝廷求才之意，暨夫子造就人才之心，黾勉求学，以图报答，万不敢妄发议论，以重其罪戾而终无昭雪过失之一日也"。② 这体现了端方致力留学教育对清末学生的影响。

对学成归国的留学生，端方热情接纳、全力安置，并专上奏折陈请清廷重视任用留学生。光绪三十年（1904）二月，留学日本学生归国后，端方上《日本毕业生请奖折》，认为国际时事愈艰，需才愈亟，愈要重视留学归国人员。留学生恰逢年力正富之时，国家若不重用，他们的报国之念可能会转为怨国的"嚣张之气"。"用之固贵及时"，故端方主张国家应速定相关政策，趁留学生光辉年华之时，实现他们报效国家的理想。端方还不厌其烦地将"留学诸生姓名、学业，并已经学成归国及派往游历之学生分别开具清单"，以便奖励任使。③

清末十年是反满革命运动兴起之时，而这与留学生有着密切关系。如何防止留学生沾染革命思想，成为清政府面临的比较棘手的问题。大多数地方督抚对留学生采取"亦不守旧，亦不维新，守着一个极中极正的道理做

① 中国第一历史档案馆编：《清代档案史料丛编》第十四辑，北京：中华书局，1990年，第333页。
② 中国第一历史档案馆编：《清代档案史料丛编》第十四辑，北京：中华书局，1990年，第247页。
③ 端方：《日本毕业生请奖折》，光绪三十年二月，《端忠敏公奏稿》卷三，第63页。

去"的原则。① 端方则采取既严密查拿又积极拉拢的手段。端方出洋考察期间，不时召见留学生，在美国更是以"师生之谊"为名，召见湖北籍所有留学生，以忠君之义劝说留学生不要为革命所惑，尤其对刘成禺主持的《大同日报》宣扬革命论调予以严厉禁止，然而同时仍给刘成禺以官费资助。②为了消弭弥漫于学界的革命思潮，"端方与梁鼎芬等会商，乃多派留学生出洋，激烈者派往西洋，纯谨者则派往日本"③，显示出端方对留学生的防范意识。④

端方在留学政策上亦有一些不足之处，如在留学科目上，选派的专业多为军事和师范，而工科和金融等发展经济类的学科，选派较少。这固然与当时中国人才结构有着必然的联系，但重军事和师范科目，也显示了端方选派留学生急功近利之目的。

端方在力主倡导新式教育、注重留学教育的同时，还主张改革教育行政体系。其改革思想源于其对欧美日本等国教育行政制度的考察。所考察各国的教育行政体系皆较完备，上有学务大臣，中有省视学官，下有县区视学官，三者相互呼应，有统辖之形却无钳制之苦，故能形成"教无不行、人无不学"的教育制度。而清廷虽已效仿，于中央设学部、省设提学司，但形制尚未完善。端方建议教育官员自成体系，立为专业之官，避免以地方官兼管教育。对于地方官兼辖教育的弊端，其言：

> 愚见以为于独立之机关既阙失而不备，而于弊害之防制仍似密而实疏。盖督抚及府厅州县地方政治办理纷繁，万不能潜心学务。提学司苟非其人，则其倡率乖方，亦为督抚所不能尽悉。视学员苟非其人，则其旨趣不正，亦非府厅州县所能深知。既非所长，又非专务，使之为此，业已不胜，而用人行政之间，多一事外干涉之人，即多一曲徇通融之弊，抑其影响有不止此者。方今学风嚣张，论者每谓学界之人喜谈政界之

① 《已亡〈汉口日报〉主笔吴沃尧致武昌知府梁鼎芬书》，《苏报》1903年6月21日。
② 刘禺生撰，钱实甫点校：《世载堂杂忆》，北京：中华书局，1960年，第101—102页。
③ 朱和中：《欧洲同盟会纪实》，中国人民政治协商会议全国委员会文史资料研究委员会编：《辛亥革命回忆录》第六集，北京：文史资料出版社，1963年，第2—3页。
④ 潘崇：《端方教育活动研究》，河北大学硕士论文，2007年。

事，实则现在办学务者为政界之人，督率于上者既不能中学界之肯綮，反动于下者必出而持政界之短长，实不如特设机关使之自成系统，政体既立，观听随之，趋向亦随之，如是而有学界专一之志虑，乃有学界专一之人才。①

鉴于此，端方主张加强教育系统上下级之间的联系和管理，学务应在学部的领导下，由省提学使及所属员绅直接管理，而减少地方行政系统的管理和干涉。督抚及府厅州县各主官事务繁杂，并不能潜心学务，而且对他们而言，教育"既非所长，又非专务，使之为此，业已不胜，而用人行政之间多一事外干涉之人，即多一曲徇通融之弊"。②为提高办事效率，端方建议，府厅州县各级教育官员上达省提学使之事，无需经由督抚转咨。端方此建议虽有助于提高行政效率，在当时却难以施行。晚清时期，中央权力式微，地方势力膨胀，财政大权亦掌于地方大员手中。③对于需经费极大的新式教育而言，缺乏地方大员的支持是难以开展的。作为教育主管部门的学部，实际权力却很有限，这种状况直至清亡一直未有改变。宣统三年（1911），资政院预算股股长刘泽熙曾指出："一切重要政务并非中央直接执行，而执行者实为各省督抚，言教育经费学部不能估之。"④

纵览端方的教育思想与实践可以看出，端方虽力倡新式教育，但亦在教育改革中不时设防。如在奏请立停科举的同时，又建议"各省督抚学政责成办理学务人员注意经学及国文国史⑤，设立的学校中也普遍设有修身、经学等课程，而且儒家学说仍被视为学业的基本内容，这表明端方的教育改革思想仍是新旧杂陈，不能突破中体西用的窠臼。

---

① 端方：《考察学务择要上陈折》，《端忠敏公奏稿》卷六，第72—74页。
② 端方：《考察学务择要上陈折》，《端忠敏公奏稿》卷六，第76—77页。
③ 王建华、翟海涛：《端方与清末教育现代化》，《苏州大学学报》2002年第3期。
④ 李定一：《清末中央与各省财政关系》，包遵彭等编纂：《中国近代史论丛》第二辑，台北：正中书局，1985年，第38页。
⑤ 端方：《请立停科举折》，光绪三十一年八月，《端忠敏公奏稿》卷六，第7页。

第四节　兴女子教育

清政府在很长时期内对女子教育持消极态度，时至清末，随着社会风气的开化，女子教育方兴未艾。光绪二十九年（1903），清政府颁布的《癸卯学制》规定："女子只可于家庭教之，或受母教，或受保姆之教，令其能识应用之字，通解家庭应用之书算物理，及妇职应尽之道，女工应为之事，足以持家、教子而已。"① 而早在端方任湖北巡抚时，就开始注重女子教育。"湖北风气日开，近来入省学习新法工艺及自备资斧往东洋学工艺者尤不少，并有女士纷纷来往，所持之言论，较之吾属之开化，尤为过之。"②

一、官派女子留学的开拓者

光绪三十年（1904）底，端方开始酝酿派遣女子留学。同时，湖南许多女学生亦积极要求官派留学。端方顺应民意，上奏清廷，但很快遭拒。"现全省女子颇不平，遂谋自费一法，以抵抗官绅。"③ 而此时，远在日本留学的自费女学生和驻日公使杨枢亦在积极筹划女子留学事宜。至光绪三十一年（1905），中国在日本自费留学的女学生已逾百余名。④ 她们通过在各类刊物发表文章、演讲等各种途径，倡导和宣传女子留学。如陈彦安在《江苏》上刊发《劝女子教育》一文："我国女学之不振已四千余年，欲兴女学，无从措手，故不得不采他国之长，而为拯救同胞之计。日本与我国道路相隔仅一东海，文字相同，资费又廉，以日本之女学而敷入我国最为相符，我同胞中其有志东来者乎？"⑤

① 璩鑫圭、唐良炎编：《中国近代教育史资料汇编·学制演变》，上海：上海教育出版社，1991 年，第 396 页。
② 《女士游学》，《女子世界》1904 年第 5 期。
③ 《自费女学生留学日本》，《女子世界》1905 年第 1 期。
④ 《女界之英》，《女子世界》1905 年第 3 期。
⑤ 陈彦安：《劝女子教育》，《江苏》1903 年第 3 期。

秋瑾亦言："东洋女学之兴，日见其盛，人人皆执一艺以谋身，上可以扶助父母，下可以助夫教子，使男女无坐食之人，其国焉能不强也？我诸姊妹如有此志，非游学日本不可；如愿来妹处，俱可照拂一切。"[1] 可见，当时留日女学生亦希望国内女学生赴日学习。国内外双重力量的推动，很快促成了湖南也是中国首批官派留日女学生的成行。光绪三十一年（1905）7月，《顺天时报》刊登了首批官派留日女学生的姓名：

> 学习师范十三名：聂辑熙（湖南衡山，四十八岁）、黄宪祐（湖南善化，四十三岁）、杨庄（湖南湘潭，二十八岁）、张汉英（湖南醴陵，二十九岁）、凌樵松（湖南平江，二十三岁）、黄国厚（湖南长沙，二十二岁）、陈光璇（湖南长沙，十七岁）、许馥（湖南善化，二十一岁）、朱秀松（湖北江陵，二十五岁）、许壁（湖南善化，十八岁）、曾尚武（湖北江陵，十九岁）、朱敬仪（湖南善化，十八岁）、姚宁生（江苏上元，二十二岁）。
>
> 学习工艺科七名：黄华（湖南湘潭，二十九岁）、王昌国（湖南醴陵，二十九岁）、许薇（湖南善化，二十三岁）、吴双（湖南湘潭，十七岁）、黄辉（湖南长沙，十五岁）、黄国巽（湖南长沙，十七岁）、胡懿琼（湖南湘潭，十八岁）。[2]

七月底，二十名湖南女学生到达日本实践女子学校。[3] 端方首派湘属二十名女学生赴日留学之创举，奠定了他晚清官费女子留学开拓者的地位。

光绪三十二年（1906），端方出洋考察宪政期间，按学部旨意考求各国女学，"以便归国得以改良教育"。[4] 端方、戴鸿慈一路考察了美国加利福尼亚女学院、维尔士女学堂、耳司雷女学校等。[5] 在此期间，端方积极与美国各大

① 郭延礼：《秋瑾选集》，北京：人民文学出版社，2004年，第38页。

② 《中国留东学生》，《顺天时报》1905年7月4日；《湘省女界发达》，《大公报》1905年7月18日。

③ 周一川：《近代中国女性日本留学史（1872—1945年）》，北京：社会科学文献出版社，2007年，第37—39页。

④ 《电谕考查女学》，《大公报》1906年3月14日。

⑤ 戴鸿慈：《出使九国日记》，长沙：湖南人民出版社，1982年，第71、95、103页。

学校长洽谈，商谈派遣中国留学生事宜，最终争取到二十个名额及资金资助。端方对美国大学的慷慨赠予非常赞赏，称为"各国不多有之事"。[①] 后来因为财政匮乏的原因，仅派出十一名男生和四名女生，这四名女生即前所述及的曹芳芸、胡彬夏、王季香和宋庆龄。虽然财政短绌，端方仍按既定章程给予补助：每人每月补贴八十元，并给每人每月赡家费十二两。端方在考察政治期间，努力争取男女留学生名额，并实现男女同派，彰显了其对女子教育的重视，亦表明了他对留学教育的深刻认识。

二、女子教育的倡导者

端方出洋考察国外女子教育的经历，使他接触并了解到西方各国女学教育的真实情景，激发了他创办中国女子教育的热情。其言："臣游历欧美考察政治，曾于各国女学加意考究，其规模教法不必尽同，要皆以育道德、勤学问、务职业为宗旨。……惟欧西各国女学注重之处，一则以为家庭教育之本，一则以为补助生计之资，二义最为切实，中国初兴女学，不外乎此。"[②] 归国后，端方即面奏，经同意后专门致电湖北省女学生会称："游学、停罢科举事均幸办到，四次内对皆及立宪事，慈圣已洞悉宪法好处。即女学亦经面奏，慈圣亦以为然。"[③] 之后，端方开始积极提倡女子教育，制订专门的女学章程，使兴办女学有章可依："近日女学颇有发达气象，况遍游各国，无不于女学堂尤为注意，可否令学部妥速定章，兴立女学堂，以造就女才。"[④] 在此推动下，清政府加快了制订女学章程的进程。随后，端方又积极促成京师贵胄女学堂的开办，拟"以三品以上之幼女"为招收对象。[⑤] 但是，贵胄女学堂的创建遇到了较大的阻力，"某尚书面奏各省女学流弊滋多，贵族关系全国听

---

① 端方：《请褒美洋员片》，光绪三十二年十二月，《端忠敏公奏稿》卷六，第 105 页。

② 端方：《改办女学及幼稚园折》，光绪三十四年六月，《端忠敏公奏稿》卷十二，第 26—27 页。

③ 《端午帅电致鄂省女学生》，《大公报》1905 年 9 月 10 日。

④ 《官立女学有望》，《大公报》1906 年 7 月 10 日。

⑤ 《女学将兴》，《大公报》1906 年 8 月 1 日。

闻，倘有误会，未免大伤国体"。[①] 在端方的积极倡导下，贵胄女学堂最终得以成立。[②]

端方出任两江总督后，采取各种措施推动女子教育的发展。其一，创办了一批男女同校学堂。任职两江总督期间，端方在两江总督衙署内，试办男女同校的高等模范小学堂，该学堂参照日本寻常小学男女合教法，授以初等各学科。而且，端方还亲自主持了学生的入学考试，学校监督由其夫人出任，[③]"专选官场子女入学，定额男女学生四十名"，[④] 并表明创办该学堂的用意在于："省垣学堂林立，人民已多知就学，而官绅子弟或因姑息之故，虚掷年龄。因捐廉就署内余宅办一小学，以为模范。"[⑤] 光绪三十四年（1908），孙宝瑄游览两江端方所创办的小学堂，言："俯视园中景物，松柳楼阁如画。俄下，复见午帅所起欧式楼，屋后余地平旷，建学舍，整而洁。"[⑥] 宣统元年（1909），端方又在督辕卫队操场旧址创立教忠、教孝男女小学堂各一处，每堂招生二百名，"一切建筑形式及内容规模，均照模范小学堂办理"，[⑦] 将男女学堂的创办摆在同等重要的地位。

其二，对现有的女学堂进行整体规划并提供资金、师资的支持。光绪三十一年（1905），端方在南京创立旅宁第一女学，任命吕惠如担任总教习。光绪三十四年（1908），端方将其改为官办粹敏女学，遴选张默君主持。端方对粹敏女学极为重视，经常增加学校经费以资补助。[⑧] 粹敏女学办学成绩显著，深得江南学界称道。后来，张默君曾提出辞职以出洋留学，端方极力挽留，并在两年后准予其官费留学。宣统元年（1909）5月20日，端方亲自参加该校第一班师范生毕业典礼并发给文凭。[⑨]

其三，尽力资助各类女学堂。光绪三十四年（1908），清政府学部拟创设

---

① 《贵族女学之阻力》，《大公报》1907年8月10日。

② 元青、潘崇：《端方与清末女子教育》，《天津师范大学学报》（社会科学版）2008年第6期。

③ 李又宁等主编：《近代中国女权运动史料》下册，台北：传记文学出版社，1975年，第1130页。

④ 《各省教育汇志》，《东方杂志》第四年第二期。

⑤ 《江督创设模范小学堂之用意》，《申报》1907年1月4日。

⑥ 孙宝瑄：《忘山庐日记》，上海：上海古籍出版社，1983年，第1264页。

⑦ 《要闻》，《大公报》1909年10月5日。

⑧ 《江督奖励女教员》，《大公报》1909年1月24日。

⑨ 潘崇：《端方教育活动研究》，河北大学硕士论文，2007年。

女子师范学堂，以作为各省女学模范学堂，端方自愿从两江经费中资助万金，并札饬江南财政局"暂筹五千金"，强调"勿稍违延"。① 上海民立女中学堂因经费困难，禀请端方拨款，其遂函至两江财政局月拨百元，以资津贴。② 苏州大同女学堂开办三年后，由于经费困难亦禀请补助，端方对创办者的行为赏赞有加并每月拨给津贴："该生提倡女学，能捐巨资以底于成，甚堪嘉。"③ 宣统元年（1909），端方被革职后，依然对女子教育积极支持与帮助，接办江亢虎在京师所办之各式女学堂，得到了时人的好评："（女学堂）幸有端制军担负以继之，盖女学界不幸之幸也。端制军素重中国女子教育，因服官执政，不得躬亲督理，忽经被议来京，慨然就此难任，想制军休官之余，振兴教育，进步当无底止矣！"④ 可见端方创办女子教育的热情。时人对其评价也很高："近者吾驻法孙使者有请兴女学之疏，今兹复有端中丞面奏力为提倡，当蒙两宫允即开办，端抚并云此番出自宸断，当不虑为众议所摇夺也。……女学沉沦几二千年，今日者复由黑黯幽惨之地狱，将还入庄严光明之世界，其斡旋之功谁将尸之？其非我明达贤智之端公乎？"⑤ 另有言："总督端方最足令人钦佩、令人赞赏者，莫过于创兴女学一事，必为后日历史所称扬，流芳万古。在未出使以前，即奏请两宫当以开创女学为急务，及奉命出使游历各邦，于泰西女学极为注意，至美则考究尤详，回国复命面奏两宫，谓各邦皆以开女学而文明大进，并将各邦女学之规则上达天听，极力赞成。迨莅任两江，于所辖各地，设法创办女学，为各行省之倡，其关系于天下后世者，不綦大哉？吾为中国之女学幸！"⑥ 严复亦称赞端方："掉此塞舌，以完全女学一说南洋端午帅。"⑦ 端方对女子教育的影响与支持可以显见。

端方不但致力于创办女子学堂的实践，而且注意分析总结女子教育的经验，提出自己的女子教育思想：

① 《筹助女学经费》，《大公报》1908 年 11 月 28 日。

② 《江督协助女学堂经费》，《大公报》1909 年 6 月 15 日。

③ 《江督提倡女学》，《大公报》1908 年 4 月 25 日。

④ 李又宁等主编：《近代中国女权运动史料》下册，台北：传记文学出版社，1975 年，第 1211 页。

⑤ 《书端中丞奏兴女学事》，《大公报》1905 年 11 月 4 日。

⑥ 《吴女士（芝瑛）上端制军书》，《大公报》1905 年 11 月 4 日。

⑦ 《与甥女何纫兰书·三》，王栻主编：《严复集》第四册，北京：中华书局，1986 年，第 830 页。

　　本部堂窃愿诸生研磨旧学，恢扩新知，重秩序，尚公德，始终一致，毋废半途，是女学之幸，亦中国前途之幸也。惟是吾国女学倡办已久，乃至今，除南北洋省及上海外，成之者仍觉无多，本部堂尝深思其故。……今日兴办女学有两大要义：一当知一时有一时之教育，今之女学，贵有完全之智识，不当泥旧习以自封也；一当知一国有一国之教育，今日女子之学，当适当中国程度，不得徇欧化以骇俗也。试言第一义，教育之法贵切政体。值宪政预备时代，社会风俗之改良，家庭教育之补助，学校无不以女学为根本……诸女生宜知以文学为体，科学为用，毋专己、毋守残，至于古世女训，如《女诫》《女孝经》《家庭内训》《教女遗规》等久足以养成人民公德者，在在皆宜致意，此宜加意者一也。试言第二义，一国有一国之性质，其文明程度不同者，即男女之地位不同。西国男少女多，皆有职业，故男女之制防范宽，而以造就独立自活之人格为要；吾国女职乎内，男职乎外，故男女之制防范严，而以造就贤母良妻为要政，故吾国女校堂当注重平凡主义，力戒豪杰主义。……今日女学之要义在人人以学为寻常之事，不以为奇特之事，以普通之知识为应有之知识。如此，则学成之后，为人妻则能相夫，为人母则能训子，家庭有良教育，社会即有良风俗。①

　　通过端方的这一演说，可以看出其主张女子教育的前提是"重秩序，尚公德"，女学生既要"研磨旧学"，亦要"恢扩新知"。女子教育的内容要以"古世女训"为根本，以"文学为体，科学为用"为原则，然后再辅以各种新式知识。

　　通过端方的女子教育思想，亦可以看出他仍处在趋新与恋旧之间，一方面他力倡女子教育，另一方面却又将女子教育附于家庭教育之内，"礼教之防"的思想根深蒂固。端方强调女子教育的目的有两个："一则以为家庭教育之本，一则以为补助生计之资"，且称"二义最为切实"。②故端方在思想上并未摆脱传统教育体制对女子的束缚，其教育目标限定于培养"贤母良妻"型的女子，而不是为了发展女子"独立自活之人格"，更不是通过给予女子接受教育的权利而实现其自身的解放。端方对女子教育的大力倡导与其思想认识的滞后性，

① 《端午帅莅江南女子公学行开学礼演说文》，《大公报》1908 年 4 月 28 日。
② 端方：《改办女学及幼稚园》，光绪三十四年六月，《端忠敏公奏稿》卷十二，第 26 页。

也显示出其趋新与恋旧的心态。趋新是社会转型时期的时代烙印，恋旧则是传统惰性力量的彰显。端方的教育文化思想无疑鲜明地体现了这一点。

小　结

端方的文化观主要体现在教育思想与实践中，他的文化观的核心是"革旧布新"，追求西式的新式教育与固守旧的伦理道德。兴办各类新式高中小学堂、派遣留学生、力倡女子教育，皆是新的表现。然而这只是新的形式，"新"是建立在"旧"的根基上的。端方的教育思想将德育放在首位，是对中国道德教育传统的因袭。端方认为若不重视德育，则不懂得"自爱、爱国"，"虽有专门名师，日日授之以高深之科学，其心志之放而不收，嚣而不靖，必无输入学术之资格"。[①]端方心、眼、口中的"国"是大清王朝，所言的德育不外乎封建的忠孝伦常道德，但是客观上与当时民族和国家的利益是一致的。端方还把教育与国家富强联系起来，他认为"东西各国之富强，莫非发源于教育"，中国"时势艰难，民生日蹙"之原因实在于"民智之未开"，而"民智之开通，当谋教育之普及"。[②]

端方是华侨教育的开拓者，他开启了中国对外文化教学实践活动。他主张加强对华侨学生进行中华文化的德育教育，培养学生的爱国情怀，增加华侨对祖国的向心力。华侨在国外宣扬中华文化以屏障西方列强的侵略，进而增强中国的影响力。端方制定的选派留学生的标准，非常重要的一条是需有深厚的"中学根柢"，留学之政治目的在于拉拢学生以消弭革命。他所倡导的女子教育更是不能突破"礼教之防"的范畴。

综上可见，端方的思想归宿仍在于用新的"形"去拯救旧的"神"，器可变而道不可变，实仍是"中体西用"之延续。

① 端方：《考查学务择要上陈折》，《端忠敏公奏稿》卷六，第78页。
② 端方：《现办学堂情形折》，光绪三十年十一月，《端忠敏公奏稿》卷四，第62—63页。

余 论

　　人是社会关系的总和，社会中错综复杂的关系定位着每一个个体。端方正是在晚清各种人际关系中显示出自己的独特，亦正是与他同处社会平台的诸人托起了端方。端方集趋新与恋旧于一体，鲜明地折射出时代的变迁。

　　目前对端方社会关系的研究仍颇为薄弱。端方既是清廷满族权贵中的要员，又是举足轻重的地方大员，多年任职两江、直隶等重镇，一生在尔虞我诈的官场混迹。端方与同时期的满族权贵如荣庆、那桐的关系及与同僚如张之洞之间的关系，诸如此类领域尚需进一步研究。端方是预备立宪的支持者，在预备立宪时期端方与立宪派的关系亦是值得深入研究的问题。此外，端方幕府是清末较重要的满族幕府，目前尚需拓宽研究的广度与深度。

　　其一，端方是晚清满洲皇族权贵的代表人物，而与一些昏庸的满族贵族不同，出洋考察的特殊经历使他意识到中国不仅经济、军事不如他国，而且政治和教育制度亦落后于世界。为了改变中国的落后状况，他积极倡导改革。同为"北京旗下三才子"，仕途身份较低的端方却能在晚清政坛叱咤风云，与之相比，那桐、荣庆则较沉寂，通过翻看那桐、荣庆日记可以看出，两人很少关心政治的变化，最关注的是自己的荣辱沉浮，思想相对保守，貌似明哲自保。[①] 比较三者的文化思想观念，将有利于剖析他们不同仕途际遇的深层原因。

　　端方之所以能在晚清诸多满族贵族中脱颖而出，原因主要在于：其一，早期参与戊戌维新，而且任职于传统机构中未曾有的农工商总局，较早接受新式事物与西学。其二，出洋考察宪政的特殊经历，西方的政治文化氛围，

---

① 详见孙燕京《从〈那桐日记〉看清末权贵心态》，《史学月刊》2009 年第 2 期。

对端方的思想和实践产生了重要影响。其三，端方自身的性格，如进取、大气、执着等，也是他成为清末开明官吏的重要条件。通过端方收藏金石之缘由，可以看出他的这一性格。光绪十年（1884），清廷各衙门恭送玉牒（皇族的谱牒）至盛京（沈阳），时任内务府员外郎的端方与盛昱、王莲生同行。期间盛昱与王莲生一路谈论法帖、碑刻之事。端方插口询问，王莲生毫不留情面地说："你只知饮酒狎优，对碑帖一无所知，请不必问了。"端方当即面赤大怒曰："三年后见！"回京后，端方便四处走访学习法帖碑石，并谦逊地拜琉璃厂宜古斋的李云从为师，探讨鉴赏碑帖之秘诀。果然不到三年，端方在京都士大夫之间便有了精于鉴别碑文、法帖的盛名，盛昱、王莲生皆对端方刮目相看。① 端方并非一时性起，而是将收藏古玩作为留存传统文化的方式坚持下来，在幕宾的协助下，他编纂刊行收藏目录，正如《陶斋藏石记序》中所言："余少耆（嗜）此业，自为京朝官及杖节方州，盖尝物色复求，自诡以实验为准，因此金石之新出者，争以归余，其旧者藏于世家右族，余亦次第搜罗，得之，既以吉金影摹付印，复取藏石，略及若干，通仿兰泉少寇《萃编》之例，释文考定，名曰《陶斋藏石记》，与前之《吉金录》合为两美。""盖余每有一墨本，即有一石，非所藏者不入焉，为此例既开，后必有继之者，然亦非好而有力，不能得此，余既得此，时取打本，与原石较其点画，以为至乐。庄生云：'得鱼而忘筌，得兔而忘蹄。'余尚未能遽忘蹄筌，姑图鱼兔之形出以飨世。读者必欲按图索骥，则余举石以对，亦汉人实事求是之学也"。② 由此可见，端方考证文物严谨的治学态度和求实精神。此外，端方在京城海王村公园建起了"端氏博物馆"，将自己毕生所藏的金石书画展示于世人，开中国私人博物馆的先河。

其二，端方与同城任职的汉族督抚的关系尚有进一步研究的空间。端方一生大部分时间坐镇地方，与汉族督抚同城任职，与汉族官员既相互牵制又相互妥协。

光绪三十一年（1901），端方被调赴湖北任巡抚，与湖广总督张之洞共同督理湖北。端方与张之洞在执政时，凡事共商酌，形成共识后方才会奏共办。

① 陈重远：《古玩史话与鉴赏》，北京：国际文化出版公司，1990 年，第 24 页。
② 端方：《陶斋藏石记序》，上海：商务印书馆，1909 年。

在端方任巡抚推广新政的三年中，张、端之间在施政问题上并未发生严重龃
龉，湖北在练兵、兴业、办学、选派游学生等方面皆领先于其他各省，二人
共同推进了湖北的现代化进程。光绪二十八年（1902）张之洞离任湖广总督
时，还曾专门推荐端方接替他的职务。①

端方与张之洞同为晚清的"封疆大吏"，并且都是趋新改革的实践者。二
者都主张引进西方先进的科学技术，学习西政、西艺，甚至进行某些制度的
变革。但在变革取得成效之时，又担心以纲常名教为核心的旧学的存亡，所
以在致力于教育改革之时，始终将"德育"放在首位，以维系传统文化的命
脉。对于端方与张之洞之间的交游关系，目前尚无专文或专著论述。有论者
比较了端方与张之洞对于官制改革的不同主张，发现两人在中央官制、三权
分立、地方官制改革中存在着分歧。端方主张采用西方的君主立宪政体，张
之洞则以民智未开为由反对，他曾致函端方曰："今日预备立宪，只须合立宪
之用意，不必求合于海外立宪国之官制。大抵中国疆域广大，数倍于东西各
国，而轮船、火车、电线通者什一，不通者什九……中外如此不同，岂能事
事相合？……昔唐贤有云：'天下本无事，乃庸人自扰。'若方今四海有事之
日，再加之以扰，则不可支矣。"②该作者主要论述了清政府对二人官制改革的
采纳情况，并指出张之洞是守旧派，固守清廷旧制，反对改革，"中体"体现
得更明显，而端方则是革新派，"西用"体现得更显著。但她未分析端方、张
之洞产生分歧的深层原因，及两者之间的关系。③端方作为清末较开明的满族
官员，若能详细探讨他与诸汉族地方大员如张之洞、联姻亲家袁世凯之间的
关系，将为研究端方提供新的视角。

其三，端方是立宪运动的支持者，他与立宪派的关系相对紧密。而且端
方一直是立宪派拉拢的对象，如日俄战争爆发时，驻法公使孙宝琦在致端方
函中鼓动端方和张之洞合奏立宪："自俄日开仗后，各国昌言瓜分之议，事机

---

① Daniel H. Bays. *China Enters the Twentieth Century*: *Chang Chih-tung and the issue of a New Age*, *1895-1909*. Ann Arbor: The University of Michigan Press.1978.p111.

② 《张之洞来电》，《端方档案》，端775，专111。转引自张海林《端方与清末政府》，南京：南京大学出版社，2007年，第204—205页。

③ 参见焦丽娜《论清末立宪中官制改革的两种主张——以端方、张之洞为例》，吉林大学硕士论文，2009年。

日紧。……诚恐俄日战罢，各国对待吾华有进无退。日前曾偕各馆电陈，吁恳趁此俄日构兵，各国待时之际，颁行新政，振奋自强，以维危局。弟复上书政务处，请定立宪政体，广开议会，以振全国之精神，以新天下之耳目。闻朝廷以为过激，惟蒙采择……我哥（端方）与香帅（张之洞）公忠在抱，倘将立宪之意和疏上陈，更可以邀天听。企盼实深。"① 同时，端方得到了湖南和湖北两省新旧绅商的支持②，江浙立宪派人士张元济、张美翊、赵凤昌等人也积极争取端方等人，以壮大立宪派的声势；同时，端方与梁启超、张謇、郑孝胥等人交往甚密。详细考察端方与立宪派人士的关系，将可以从更深层次探究其宪政思想的来源及推行宪政的实践。

端方主张立宪，始于日俄战争之后。立宪之国战胜专制之国的教训，在甲午一战后，再次成为立宪优于专制的明证。这亦可以看出端方关注时政，并善于分析、总结经验以救时弊。欧美考察政治的特殊经历，使他感到"立宪政体几遍全球，大势所趋，非此不能立国"。③ 归国后，端方屡上奏折，连同京内官僚一起鼓吹立宪，并与立宪派相呼应，最终推动仿行宪政的谕旨发布。端方受命两江总督后，成为举足轻重的地方要员，与袁世凯遥相呼应，一南一北，支持立宪派。

光绪三十三年（1907），立宪派请愿速开国会，清政府密函请端方调查，端方反而一起奏请开国会。④ 不惜与清廷相抗衡，而与立宪派并肩作战，彰显了端方立宪的决心。对于立宪派之请，端方总是"力促其成"。从光绪三十二年（1906）至宣统二年（1910）间，端方与发起策划请愿运动的立宪派人士保持着亦步亦趋的关系。请愿运动的发起者张謇曾在日记中记载："（光绪三十二年六月）一日，谒端、戴二使。三日，诣端谈宪事，意尚不衰。七日，合商学界公宴二使于洋务局，众心希望立宪也。"⑤ 十一月一日，上海预备立宪

---

① 《孙宝琦致端方函》，《端方档案》，端704，函28。转引自张海林《端方与清末新政》，南京：南京大学出版社，2007年，第195页。

② Joseph W. Esherick. *Reform and Revolution in China：The 1911 Revolution in Hunan and Hubei.* Berkeley and Los Angeles：University of California Press，1976. p92.

③ 林增平、李文海主编：《清代人物传稿》下编第三卷，沈阳：辽宁人民出版社，1987年，第69页。

④ 《宪政篇》，《东方杂志》第五年第八期。

⑤ 《张謇日记》，张謇研究中心编：《张謇全集》第二册，南京：江苏古籍出版社，1994年，第575页。

工会成立后，张謇专至南京面谒端方，"与陶帅谈"立宪事。国会请愿运动期间，张謇亦经常"谒陶帅""电陶帅"[①]以商计策，端方亦附和要求清廷速开国会[②]。张謇称赞端方是清末比较有改革积极主动性的满族官员。[③]光绪三十二年（1906）夏，淮河流域发大水，苏北灾情严重。张謇提出治理淮河的办法，分别撰《请速治淮疏》及《复浚淮河标本兼治》，上书端方，请求设立"导淮局"，先进行淮河流域的测量工作，为复淮导淮创造条件，并建议"官为筹办上也；官若不能，由督抚敦请正绅劝集资本商办者次也"，即使"愿即归商办"，目的也是"以速其成也"。[④]将治理淮河归商办，这在当时是比较激进的办法，端方表示同意，并任命张謇为总参议全面负责治淮一事。但后来淮扬道杨文鼎以开挖土方量大、经费困难为由，否定了张謇的计划。张謇不得不转而"议办导淮公司"，"无所得款，迫而思借"。[⑤]宣统元年（1909），端方离任两江北上，两江的商学工会、预备立宪工会等绅商团体，皆为之送行。张謇特书一联赠别："锁钥北门酬帝简，衣裳南国望公归。"[⑥]表达了对端方的不舍。端方被贬后，京中主张立宪的人士积极为其声援："直督端制军革职后颇觉灰心。兹闻某当道以端为近今督抚中不可多得之员，且曾奉令考察宪政，于一切新政颇有心得，拟奏请摄政王宽其既往，于京职内量予录用，未悉能邀俞允否。又闻有奏派编订内阁制度之说，未识确否。"[⑦]而且张謇、许鼎霖等人与端方保持着书信往来，可见，端方与立宪派人士关系密切。

端方与立宪派皆主张立宪，然二者的动机和实质是不同的。如前所述，端方立宪之目的在于对内长治久安，对外强国御侮，希望清廷通过自上而下地实行立宪制度，避免革命斗争。端方作为清廷的大员，他效忠于自己所依赖的王朝，仍将希望寄托于"明君圣主"。而且端方认为立宪是世界历史发展

① 《张謇日记》，张謇研究中心编：《张謇全集》第二册，南京：江苏古籍出版社，1994年，第625页。

② The demand for a parliament，July 25，1908，*North China Herald*.

③ Samuel Chang-ling Chu. *Reformer in modern China：Chang Chien，1853-1926*，New York：Columbia University Press.1965.p149.

④ 张謇：《请速治淮书》，张謇研究中心编：《张謇全集》第二册，南京：江苏古籍出版社，1994年，第34页。

⑤ 张謇：《议办导淮公司纲要》，张謇研究中心编：《张謇全集》第二册，南京：江苏古籍出版社，1994年，第62页。

⑥ 张謇：《张季子九录·专录》卷十，上海：中华书局，1932年，第27页。

⑦ 《端制军之援手》，《大公报》1909年12月4日。

的趋势和潮流，中国不得不立宪以求同，"如德意志各邦，如荷兰，如瑞典，如挪威，其庶民之敬爱君主，历有年所者也。一旦改为立宪政体，昭旷人心而国是大和"。①立宪派同样希望保持以清朝皇帝为中心的统治，只是改变政权组织形式，建立责任内阁，召开议会，以便资产阶级中的上层分子参与政权。虽然二者的目的不一，但是所追求的立宪之形式是相同的，这将两者紧密地结合在一起。

其四，幕府是中国传统政治的产物，被称为"无形的政府"。晚清是中国传统幕府发展过程中回归与超越的时期，这一原本非官方的机构在晚清时期开始参与外交，进而担负起清廷富国强兵的重任，并最终导致清王朝走上灭亡的道路。端方幕府是晚清时期较重要的满族幕府，迥异于汉族幕府之处在于其并没有形成地方割据而加重清末外重内轻的局面。

幕府的主要任务在于辅佐幕主处理各项事务，但不同时期的幕府特色迥异。曾国藩幕府虽然保留了乾嘉时代幕府从事学术文化活动的职能，但主要功能是协助曾国藩镇压太平天国及捻军起义。李鸿章幕府则是内办企业，外办交涉，主要职能转化为协助处理洋务、外交事务。②端方幕府则与张之洞幕府颇为相似，对中国近代文化的贡献多于政治方面。端方寄情金石书画，主张保留中国传统文化。"海内孤本、精拓，宋元明以来名迹，闻风涨萃，悉归储藏"③，甚至在欧美考察之际，"特至埃及、意大利搜得石刻造象及陶俑、瓶缶、印记等百余品，拓其文字，集为一编"④。端方是晚清著名的收藏家，他收藏的文物有甲骨文、青铜器、碑刻拓片、印章、玉器等。端方不同于其他文物收藏家之处在于，他不但收集文物，而且刊行收藏目录⑤，一定程度上保存了传统文化。

此外，清末是满汉矛盾激化的时期，"排满"一度成为革命党起义反清的

① 端方、戴鸿慈：《欧美政治要义》，桂林：广西师范大学出版社，2016 年，第 1 页。
② 尚小明：《学人游幕与清代学术》，北京：社会科学文献出版社，2000 年，第 147、157、158 页。
③ 吴庆坻：《端总督传》，《端忠敏公奏稿》卷首，第 10 页。
④ 褚德彝：《金石学录续补》上卷，上海聚珍仿宋印书局，1919 年。
⑤ 端方幕府刊行的收藏目录主要有郝万亮、黄廷荣、黄君复等编辑的《陶斋吉金录》，李葆恂所编的《陶斋藏石目》，况周颐、龚锡龄、陈庆年所编的《陶斋臧石记》，缪荃孙、樊增祥、李葆恂编纂的《壬寅销夏记》。

口号。虽然清政府采取了平满汉畛域的措施，但只有满汉通婚与司法同一两项贯彻得比较彻底，任官制度除东三省多任用汉人外，中央核心权力层仍由满族亲贵控制和把持。宣统年间，平满汉畛域之策推行趋缓，这更加剧了清末的社会危机，加速了清廷的覆亡。[①]端方作为一个满人幕主，其幕府的幕宾却几乎全是汉族人。诸多学者文人甘愿投其门下，显示了端方在当时享有较高的声誉，而且是"平满汉畛域"的切实推行者。端方幕府的大多数幕宾是在他两江总督任内所聘；有的幕宾原在张之洞幕府任职，后转至端方幕府内，如缪荃孙、樊增祥、陈庆年、王仁俊、罗振玉等，这也从侧面反映了端方与张之洞关系之密切；有些则直接从上任两江总督周馥幕府延聘，如劳乃宣、邓嘉缉等；有些则是从端方任湖北巡抚时即在幕府，已任端方幕府的幕宾近十年，如杨钟羲、李葆恂等。端方与幕僚的关系、幕府的职能与活动等亦尚需做进一步研究。

以上诸问题是学人对端方研究薄弱之处，笔者本欲详尽论述，因思考尚不成熟，未及展开论述，现将诸问题呈现，一奠将来研究之基，二为学人抛砖引玉。

---

① 迟云飞：《清末最后十年的平满汉畛域问题》，《近代史研究》2001 年第 5 期。

结　论

　　封建君主世袭制的特点，导致每个王朝的末期，统治阶层往往会出现人才短缺的情况，清朝亦逃不出此规律。咸丰、同治以后，特别是晚清最后十年，满族贵族人才大多已没落凋零。为了维护其统治，清廷不得不重用自认不可靠的汉族官员和人才，尤其是自曾国藩出任两江总督和直隶总督后，这两个举足轻重的封疆大吏几乎成了汉族官员的专利。而端方作为一个满族官员，在晚清最后十年曾先后任两江总督和直隶总督，并在新政时期做出了一定的成绩，足见端方的政治才能。但端方与汉族官员的心态并不同，清末尤其是宣统年间，作为既得利益者的汉族政府官员，已开始与维护他们利益的清政府离心离德，他们希望改变中国落后与受欺侮的现状，对孱弱的清廷日益不满与失望。而端方依然由衷地希望振兴清王朝，希望皇帝君位永固。他曾提出，清廷"向来未有专书，臣民无从研究，兹当举行立宪之初，固应原本典章，垂为模范，上以昭祖宗之家法，下以作万世之规型"，即主张仿效日本将"皇室典范"写入宪法，"全国公奉君主一姓，为永远不移之皇室，其所占之地位实有确不可拔之基"，从而确立君主万世一系的信条。①故而端方的改革实际上是在不断探索扶植救助清廷的"灵丹妙药"。在探寻的过程中，他一方面趋新，从新的思想潮流趋势中求得救世之策；另一方面，他亦不愿放弃一直固守的旧传统道德与统治秩序。而端方呈现在世人眼前的大多是"新"的形，其潜藏于底的"旧"的神往往被遮蔽。

　　端方趋新的一面主要表现在其所致力的各项政治、经济、文化改革措施中。改革官制、整肃吏治、力荐人才，以求稳固清政府的政治基础。创建新军、谋建海军、兴军事教育、改良警察制度等各式军事改革实践，为维持清

---

① 端方：《请定皇室典范折》，光绪三十三年七月，《端忠敏公奏稿》卷八，第52页。

政府的统治提供军事后盾。"平满汉畛域"、主张预备立宪，则是想通过削弱少部分满族贵族的特权，以换取整个大清的长治久安。端方的经济举措与构想主要表现为广兴实业、振兴工商，重视农工商协调发展。在他的理念中，或许并未真正领悟农工商三者之间的经济联系，但客观上促进了当时经济的发展。端方经济举措的出发点在于"与各国争衡"，以维持清朝的统治。他参与交涉苏杭甬铁路，减免自办铁路之厘金，支持各省绅商争取铁路的修筑权，虽然其主观目的在于使清廷"受益"，但客观上减轻了中国自办铁路的经济负担，一定程度上维护了民族的利益，使中国的铁路主权得到了维护。端方发起并成功筹备南洋劝业会，开创了中国博览会之先河，向世人展示了中华文明的魅力，客观上增强了民族自信心与凝聚力。但端方这些经济构想，依然是为他所效忠的清廷寻求救亡之途。

端方教育文化改革的主要内容是倡导新式教育。他兴办与资助高等专业学校、重视学前与中小学教育，努力构建完整的新式教育体系。端方是华侨教育的开拓者，他创办了中国第一所华侨教育专门学校——暨南学堂，他积极探求华侨教育的新方式，注重华侨学生中华文化与品行修养等方面的德育教育，以增强中国的海外影响力。端方的留学教育思想虽然带有一定的功利性政治目的，但仍然在间接上促进了革命的发生，这是端方所始料未及的。其选派的留学生有一些成为民主革命的参与者，仅在留欧学生中即出现了几十名较早的同盟会员。[1]端方是中国女子教育的积极支持者，他推动了中国首批官派赴日女留学生的成行，尽力资助各式女学堂，但他未能摆脱传统教育体制对女子教育的束缚，仍将女子教育限定于家庭教育的范围之内。

近代中国的政治、经济改革，是一种文化转变问题，一方面是对西方政治文化的引入仿效，另一方面亦是对中国传统政治文化的更新改造。其中涉及古与今、中与外、保守与激进等多种交织在一起的矛盾关系。端方身居其间，既摒弃亘古不变的传统之法，又反对全盘效仿西方的激进之法，其思想在两者之间徘徊挣扎，反映在实践行动上，即是其一面支持改革、主张新政、鼓励新生事物，一面又不断地扼杀革命，其最终目的仍是为了维护清廷的统

① 朱和中:《欧洲同盟会纪实》，见中国人民政治协商会议全国委员会文史资料研究委员会编《辛亥革命回忆录》第六集，北京:文史资料出版社，1963年，第16—17页。

治。光绪三十年（1904），端方在署理两江总督时期，曾练得新军六营，以作为镇压革命活动的力量。光绪三十二年（1906），同盟会会员孙毓筠至南京以响应湖南萍浏醴起义，端方闻讯后随即派人逮捕。另一同盟会会员杨卓林本欲谋刺端方，事泄后被杀害。同年，端方等五大臣赴欧美考察政治，仍将反击革命党、宣扬清廷德政作为首要任务。端方所到之处，不忘劝勉华侨，"戒其勿染外洋习气，分立党派，或有入会情事"。① 在美国之时，他专门找到旧金山《大同日报》主笔刘禹生，奉劝其放弃排满革命。在德国时，则更是通过演讲对柏林留学生直言相劝："今日中央政府其权操自满人，政府之权操自满人，其兵权固无论矣。如将来天假之缘，革命军起事，则满人断不至以二百余年所得之土地山河任革命军之取夺也。彼时政府必临以重兵，纵使革命军奋身力战，互相胜负，我知持之又久，革命军断不能敌政府之兵力也，此不待智者而后知之。万一满汉二军争持不下，又安知欧美东洋各国，不试其渔人之利而分剖中华夫？"② 光绪三十三年（1907）七月，徐锡麟刺杀安徽巡抚恩铭后，欲拟杀端方、铁良等人。据英国大使所言，整个国家所有的满族官员的衙门都被士兵们严密把守，也许最害怕的是继恩铭之后接任两江总督的端方，他在徐锡麟暗杀名单的第二位。再者，端方两年前出洋考察遭遇吴樾炮弹袭击事件后更加惊恐紧张，据报道他已将全家送回北京，虽然他仍在南京当值，但所到之处皆有特殊的贴身护卫保护其安全。③

徐锡麟刺杀失败被捕后，端方率先与安徽布政使冯煦通电，请速将徐斩首。恩铭家属欲将徐锡麟"剖心致祭"④，端方亦批准。之后，端方又与安徽、湖广等省巡抚协商，共同制定《长江巡缉总章》，并专派长江巡缉舰队至皖，以严密查缉安庆之革命党人。⑤ 同年，清廷外务部查明，法国巴黎有中国留学生创办《新世纪报》及《自由杂志》报章二种，其宗旨为无政府主义。端方

① 端方：《接见各华商片》，光绪三十二年四月，《端忠敏公奏稿》卷六，第17页。

② 去非：《考察政治五清臣之怪状》，《民报》第七号，1906年9月5日。

③ Edward J.M. Rhoads. *Manchus and Han：Ethic Relations and Political Power in Late Qing and Early Republican China，1861-1928.* Seattle and London：University of Washington Press，2000.p106.

④ 《为安徽巡抚恩铭因伤出缺并首犯业已拿获正法事》，光绪三十三年五月二十七日，《端方档案》，端419，电33。

⑤ 《为长江巡缉舰队等到皖事》，光绪三十三年五月二十九日，《端方档案》，端590，电33。

认为："当此异说横流之际，若任我国外洋之人于此等诼辞昌言无忌，诚恐无知之辈为所煽惑，陷成巨患，不可不防。"他致电驻法大臣查明事实，将主笔之中国学生严加诰诫，令其停办，如有江南学生参与在内，立即撤回。若系他省学生所为，应务必命该省切实核办，以正人心而销隐患。[①]宣统元年（1910）春，汪精卫在暗杀载沣之前，所定的第一暗杀对象本是端方，后为了制造更大影响，方决定改杀载沣。由此可见，端方与革命党实为势不两立之局面。

任何一种变革，无论是被动之变，抑或是主动之变，都是新旧转型的应有过程。清末十年是新旧转型提速的十年，端方在新旧之间的变化和纠结十分明显。然而，端方既非清末保守人士的中坚力量，亦非直接施恩惠于维新及革命党人的开明人士，他一直处在新与旧抉择的悖论状态。纵览其一生，始终在趋新与恋旧之间挣扎。无论端方多么开明，始终是清朝体制内的革新派，不能蜕变为"新"人。然而，挽救清王朝体制的根本方法在于推翻旧的自我，实现自我的重新塑造。这是"端方们"所无法做到的，亦决定了"端方们"所致力的改革终将失败的必然性。

此外，改革所选择的道路、方式亦直接关系着成败。学习西方，多采用办各种速成班的方式，如军事学堂、警察学堂，虽力求"形神兼备"地学习，但没有充裕的时间，不求精雕细琢，最后学到的只能是皮毛而已。仅仅具备声势并不足以保证改革深入有效地推行，改革更需要的是理性的期待。任何一个社会的顺畅转型，需从政治、经济、社会、制度、文化、理念等多方面着手进行。制度可以直接移植，制度背后的历史事实基础与传统文化背景却无法移植，因而端方只能成为制度的牺牲品。端方的悲剧，是时代的悲剧，其根源在于清朝的腐朽。当然，在历史所造就的距离感之下，今人用裁决的眼光去衡量圈点那一时代的决策得失与实际功效，未免强人所难。正如孙中山先生所言："清政府可以比作一座即将倒塌的房屋，整个结构已从根本上彻底地腐朽了，难道有人只要用几根小柱子斜撑住外墙就能够使那座房屋免于倾倒吗？"[②]

---

① 《为巴黎华人报馆如有江南学生在内希撤回事》，光绪三十三年七月十二日，《端方档案》，端617，电33。
② 孙中山：《孙中山全集》第一卷，北京：中华书局，1981年，第254页。

附录一 端方生平大事记①

咸丰十一年（1861），端方出生于京师，后过继给伯父桂清。

光绪五年（1879），养父桂清逝世后，端方以荫生资格保捐，被分至工部，于满洲候补员外上学习行走。

光绪八年（1882），端方中举，时年二十一岁。

光绪十五年（1889），端方受命筹办光绪帝婚事，因办事干练，受到慈禧太后和光绪帝的赏识褒奖，加四品衔，就职于工部。

光绪十七年（1891），端方任张家口关税监督。

光绪十九年（1893），端方任工部郎中。

光绪二十四年（1898），端方任直隶霸昌道、陕西按察使，又补授直隶霸昌道，"深谙时务"，被光绪帝委以农工商总局督理的重任。

光绪二十五年（1899），端方护理陕西巡抚，后改任陕西布政使。

光绪二十七年（1901）三月，端方升任湖北巡抚，并倡导创办中国的第一个省立公共图书馆。

光绪二十八年（1902）九月至光绪三十年（1904）三月，端方署理湖广总督。

光绪三十年（1904）五月至光绪三十一年（1905）一月，端方署理江苏巡抚，临时署任两江总督兼南洋通商大臣。

光绪三十一年（1905）一月至七月，端方任湖南巡抚。

光绪三十一年（1905）十二月至光绪三十二年（1906）六月，端方与戴鸿慈等五大臣出洋考察宪政，同往美国、欧洲、俄国等十五个国家，历时八

---

① 此处本意为做一年谱，粗略勾画出端方的一生，但囿于时间有限，未及呈现。现附"端方生平大事记"，希望对了解端方生平大事有所帮助。

个月。

光绪三十二年（1906）九月至宣统元年（1909）五月，端方任两江总督（辖江苏、安徽、江西）兼南洋大臣。

宣统元年（1909）六月，端方调任直隶总督，后因在安葬慈禧之时，派人沿途照相，并在风水墙内的树上安设电灯电线，以"大不敬"的罪名被免，赋闲在京师。

宣统二年（1910），端方所发起创办的南洋劝业会在南京正式举办，这是我国举办的第一次全国规模的大型博览会和物资展销会。

宣统三年（1911）五月，端方被派为督办粤汉、川汉铁路大臣。四川保路运动发生后，带领新军从湖北武昌前往镇压。

宣统三年（1911）11 月 27 日，端方在四川资州被新军所杀。

附录二 《端方档案》述略 [①]

  《端方档案》现存于中国第一历史档案馆，是陈垣任故宫博物院文献馆馆长时，向北京大学教员伦明购买的。[②] 所存档案，始自光绪二十六年（1900），止于宣统三年（1911）。这些档案经文献馆按文种、年代顺序编目，分为五类：专案来去电、各项来电、各项去电、函札、杂档。按其内容可分为电报、函札和杂档三类。

1. 电报档

  《端方档案》中绝大多数是电报，包括普通电和专案电两种，按内容可分为六类：政治类、经济类、军事类、教育类、民政类、外交类。

  政治类电报所关涉的主要是镇压革命和立宪事宜。有关镇压革命的专案电，主要有《苏报》案、徐锡麟案及镇压会党袁有升等事来去电，另有关于剿除"海匪""萍匪""南安匪"等事的电义。普通电有查拿梁启超，侦缉孙中山、秋瑾、徐锡麟等革命党人，查禁白莲教、义和团，镇压萍、浏、醴起义，镇压饥民抢米风潮，查封法国巴黎留学生办《自由杂志》等事件的电文。有关立宪事宜的电报，主要有宪政编查馆奉上谕预备国家立宪以及因变法维新致各地电文，为预备立宪改定官制来往电，及各省设咨议局选举议员，各省督抚对改定官制、地方自治意见的电文等。政治类电报，对于研究端方与立宪派和革命派的关系及端方的立宪思想，具有重要的史料价值。

  端方比较重视经济发展，鼓励对外通商，这一点在档案中也得到了体现。经济类专案电涉及的主要是赈务事和币制事。赈务事专案电，即光绪三十二

① 本文原刊于《兰台世界》2012 年第 12 期，收录时有删改。

② 关于陈垣为故宫文献馆购入《端方档案》的时间，参见庾向芳《陈垣为故宫文献馆购入端方档案时间考》（《历史档案》2007 年第 2 期）一文。

年（1906）为赈济江北水灾难民，端方与各方的往复电文。币制事专案电，即光绪三十三年（1907）试铸通用银币时，端方与各方讨论的来去电。还有一些电报是关于中外通商交涉及内地商民的，所涉主要事件如下：日商运米事；英商巧设茶税名目、多索税捐，英商贝纳赐案；德商违约将大麦运出海洲及运盐米来华；丹麦商人请在汉口招雇华工去非洲开矿；美公司背约出售粤汉铁路股票给比利时；信义银行倒闭；在江苏创办第一次南洋劝业会事等。经济类普通电的主要内容包括：查禁奸商私运米麦杂粮出口、查禁东洋仿铸铜元、整顿厘金、银币改革等。端方任职地方督抚期间，提倡兴办实业公司及铁路，如创办新兴工业厂矿公司，为兴修苏杭甬铁路筹借外债，为修筑京汉、沪宁、粤汉、津浦等铁路购入工料、购地、借款、勘查、铺路，召开博览会、劝业会、赛会，等等。通过电文，我们可以深入了解端方在这些领域做出的贡献。

军事类专案电的主要内容有：皖省兵变事，淮北右旗管带陈有才被杀案，治"枭"事，清乡，广西军务。普通电主要是关于日俄战争的电文，及各省疆臣对日俄议和的条陈。此外，还有镇压兵变，操练新军，整顿军务，筹措军饷，举办团练，举行军操及阅操式，设枪炮厂，购买枪支弹药等武器军火，严密稽查偷运军火，裁撤、遣散军队等内容。

端方是晚清旧教育体制的改革者，又是近代教育的倡导者和实践者，在中国近代教育领域建树颇多，档案中的教育类电报对研究教育史有重要的参考价值。内容主要有：选派游学生赴西洋学习实业，赴日本学历史、数术、理化、地理、教授管理之法及陆军政法，制定对欧洲、日本游学生管理监督办法；筹捐教育经费，开办大中小各种学堂、幼稚园，聘请学堂教员，整顿学务；更定度量衡，印刷，办报；购买金石书画，等等。

民政类专案电主要涉及赈务、河工、禁烟等事宜，具体如：海城、济南、苏州扑捕蝗蝻事，湖北潜江等县因襄河盛涨、水堤漫溃、筹办堵筑事。普通电的内容主要有：黄河、运河、永定河等工程事，承修颐和园轮船工程事，各地旱、涝、虫灾及筹措赈款事，报告各地雨雪粮价以及富户囤积居奇、饥民抢米风潮，制定禁烟政策及勒限关闭烟馆事。

外交类电报主要涉及教案、租界、赔款，帝国主义侵略，出洋考察、对外应酬往来等外交事务。如有关教案的电报，涉及的事件主要有：江西教案、赣州教案、南康教案、徐州教案和湖南辰洲教案等。有关帝国主义侵略的电报，涉及的事件主要有日本侵占东沙岛，日俄战事，俄兵肆意侵入东北奉天，俄兵逾期不撤出我领土并列款要索，美总领事抗议苏州关道勒令美孚大油船"美孚号"离苏事，德舰在八里江水面设靶演炮、施放实弹事，意大利在宁波迤南密为布置兵船，外国兵船随意进入鄱阳湖演习炮弹，英舰进入长江口游历等。有关出洋考察、对外应酬往来的电报，内容主要有：派舰巡历南洋、新加坡等地，奏请在南洋设立领事保护华侨，佛僧请求出洋考察；与外国官员及使节应酬往来，各国领事恭贺年禧，向德皇赠送华瓷餐具，参酌接待日本使节礼仪接待来华游历的美国舰队。另外，还有为筹备中国动物园向德国订购各种野兽，以及订购外洋纱机、瑞士金表、树秧等事。

2.函札档

函札档有来函、去函两类。来函多有名称，如要函、各国领事来函、游学生来函、外洋来函、寻常来函、次要来函、湘署函件、刘师培来函稿、留学德国学生马德润来稿、家函等。去函皆无名称。来去函件多时间不详，或内容不全，有些只是只字片纸，有些与电报内容重复。这些函件大多尚未出版，对研究近代史上的相关人物与相关事件，有一定的参考价值。

政治类函件的内容主要是镇压革命党人和立宪。前者如秘密稽查捉拿黄兴、熊成基、陶成章等人的情况报告，追查为秋瑾收尸埋骨、树碑开追悼会的革命党人，湖南、广西、西南等地"匪情"密报。后者主要有端方出国考察政治期间对欧美各国政体、国情、民俗文化等情况的介绍，及回国编印《各国政要》《欧美政治要义》的往来函件。

教育类函件大多是游学生来函，有的是介绍国外见闻，有的是陈述政见，有的是请求清政府加强军备，有的是请求经济资助。端方曾资助一留德学生并致函："天涯负笈，借助他山，想锐志讲求彼都实业各科，必能日征进步，及时成学。"诸多往来信函，对于研究端方与游学生的关系无疑具有重要的史料价值。

此外，函件中还有端方所作的《女学篇序》《医学篇序》《光绪新法令序》，及其创办幼稚园、学堂的函件，这些函件有助于我们更加直接地了解端方的教育思想。端方对自己的兴学举措所取得的成绩也颇为欣慰，曾在致两江洋务局总办函中言："江南各属学堂虽已次第开办，而课程规制多未整齐。执事提挈纲要，条理秩然，学界精神欣为一振。"

外交类函件的主要内容有：端方与袁世凯、良沛等人对日俄战局及加强海防等事的讨论，日俄战纪，日本陆军驻扎平壤事件；中英续订通商条约；上海各界要求西人公园及跑马厅对华人开放游览；商订聘请德国医生为南京中西医院西医的合同，江西抚院拒德商拟在南昌开设报馆事；美国禁止华工入境事；与各国皇帝、领事互赠瓷器、书画、工艺品的来往致谢信及礼物单等。

3. 杂档

端方档案的最后一部分是杂档，亦称杂件，可分为奏折、文稿、表册和目录四种。

奏折，皆是端方任护理陕西巡抚时的请安折。

文稿有奏稿、批稿、咨稿几种。奏稿是端方任职两江总督时的文稿；批稿是端方批饬民事案件的稿件；咨稿是端方任出使各国考察政治大臣时致各方的稿件。

表册是端方任职两江总督时由各处造报的，主要有江宁各府属积谷存钱各数表、江北灾区十三州县义仓积谷表、安徽候补道曾否吸烟各员清册、美国教育报告书数年分表等。

目录，又分为书目录和电报目录两种。书目录，是端方筹设各类学堂时编制的，涉及教育、法政和实业等。主要有启秀女塾学生功课、法政书目录、实业书目录、学堂教育书目录、美国政治书目录等。

杂档中还有上谕阁抄、俄国政略、节录试卷、学生功课、行移文件、禁烟档案录要、圣训钞本等。如圣训钞本有：高宗平定准噶尔圣训钞本、仁宗荡平川楚三省教匪圣训钞本、仁宗平定苗疆圣训钞本、世祖定乱恤降圣训、圣祖勘定三藩绥靖边疆真省圣训、圣祖勘定三藩圣训、圣祖平定青海卫藏圣训等。

附录三　端方传记

《清史稿·端方传》[①]

　　端方，字午桥，托忒克氏，满洲正白旗人。由荫生中举人，入赀为员外郎，迁郎中。光绪二十四年，出为直隶霸昌道。京师创设农工商局，征还，管局务，赏三品卿衔。上《劝善歌》，称旨。除陕西按察使，晋布政使，护巡抚。两宫西幸，迎驾设行在。调河南布政使，擢湖北巡抚。二十八年，摄湖广总督。三十年，调江苏，摄两江总督。寻调湖南。颛志兴学，资遣出洋学生甚众。逾岁，召入觐。擢闽浙总督，未之官，诏赴东西各国考政治。既还，成《欧美政治要义》，献上，议改立宪自此始。三十二年，移督两江，设学堂，办警察，造兵舰，练陆军，定《长江巡缉章程》，声闻益著。

　　宣统改元，调直隶。孝钦皇后梓宫奉安，端方舆从横冲神路，农工商部左丞李国杰劾之，坐违制免。既而御史胡思敬又弹其贪横凡十罪，事下张人骏，覆奏入，以不治崖检被呵斥，因已罢官，贷勿问。

　　三年，命以侍郎督办川汉、粤汉铁路。时部议路归国有，而收路章条湘、川不一致，川人大哗。川、鄂为党人所萃，乘机窃发。端方行次汉口，亟入川，并劾川督赵尔丰操切。命率师往按，寻诏代摄其事。所过州县，辄召父老宣喻威德。至资州，所部鄂军皆变，军官刘怡凤率众入室，语不逊，端方以不屈遇害。

　　端方性通脱，不拘小节。笃嗜金石书画，尤好客，建节江、鄂，燕集无虚日，一时文采几上希毕、阮云。

---

① 　赵尔巽：《端方传》，《清史稿》卷469，北京：中华书局，1977年，第12786—12787页。

弟端锦，字叔綱。河南知府。赴东西各国考路政，著《日本铁道纪要》。从兄入川，变作，以身蔽其兄，极口詈军士无良，同被杀。事闻，赠端方太子太保，谥忠敏；端锦谥忠惠。

其时转饷官刘燧，荆州驻防、举人、都司赫成额，并赴水死。

《近代名人小传·端方》[①]

端方，字午桥，举人，官工部郎。以嗜古，时共盛昱、王懿荣游，时亦号"通人"。外官霸昌道，以附保国会。受知德宗，晋三品卿衔，督办农工商局。政变几得罪，荣禄、莲英交救乃免。擢陕臬，迁藩司，护抚。庚子，帝后西狩，驻跸西安。令至豫按事，调鄂抚。署湖广总督。移江苏巡抚。出洋考察政治，晋闽浙总督。还国移两江。乃通贿赂，搜罗金石书画，滥支公款以贿报馆、政客，声闻大著。宣统初，移直隶。孝钦奉安，宫眷与祭者，方皆摄其影，为李国杰劾，罢。然劻、洵、泽、桐皆纳其贿者，屡谏，遂为粤、汉、川、湘四省铁路大臣，以侍郎候补。及至夏口，川乱已作。岑春煊方授川督，方力诋之，戴澧令其先赴蜀察办，继命暂署川督。所部皆鄂军也，时已闻鄂举义，至资州，拥方出，将戮之。跽乞免，谓本汉人，姓陶，非旗籍也，愿留军前以杀满人自效。众不信，乱刃交下，死状颇惨。清谥忠敏。方佻薄奸险，以新政涂饰朝野而已，乘间取贿，所藏金石书画值三百万。子继某，留学美国。

《端忠敏公奏稿·端总督传》[②]

公讳端方，字午桥，号匋斋，姓托和洛氏，满洲正白旗人，荫生用主事，

---

① 费行简：《近代名人小传》，沈云龙主编：《近代中国史料丛刊》第 78 册，台北：文海出版社，1967 年，第 206—207 页。

② 吴庆坻：《端总督传》，《端忠敏公奏稿》卷首，第 1—2 页。内有脱字，据闵尔昌录《碑传集补·端总督传》（见沈云龙主编《近代中国史料丛刊》第 996 册，台北：文海出版社，1973 年，第 1876—1979 页）补。

迁工部员外郎中。光绪八年举人，丁父忧，逾年复遭母丧，哀毁柴立。山东巡抚张勤果公闻其才，特疏荐命发山东，辞不赴。服除补官，充张家口监督，擢本部郎中。二十四年，记名御史，简直隶霸昌道。京师创立农工商局，赏三品卿衔，开缺回京，管局务。未几，简陕西按察使。二十五年，护理陕西巡抚，补陕西布政使，署巡抚如故。拳匪乱作，晋豫绎骚，公察几先，多为文告，反复晓譬，俾士民毋惑，境内晏然。两宫西巡，驻跸几一年而巴邑不惊者，公之力也。调河南布政使，未之任。二十七年，授湖北巡抚。明年，兼署湖广总督。三十年，调江苏巡抚。寻署两江总督，移抚湖南。锐意新政，所至以兴学为急。在湘遣出洋游学生尤众，宾礼耆硕，调和新旧，湘人士多颂之。三十一年，诏赴东西洋各国考察政治，时所称五大臣者也。擢闽浙总督，未之官，与诸大臣分道浮海，周历各国。八阅月而归，成书奏进之，是为中国议改立宪政体之始。寻授两江总督。

宣统初元，调直隶总督，以事为言者劾，罢。三年，命以候补侍郎督办川汉、粤汉铁路事宜。时邮传部议以铁路归国有，而收路章条蜀与湘异，蜀人大哗，莠民乘之以作乱。公至汉口，诏率师入川查办。寻罢蜀督，命公署理。八月至重庆而鄂变作，九月进次资州，经郡县，辄召父老宣朝廷德意，解散资境匪徒数万人，蜀人颇感动。而所部鄂军阴怀反侧，十月初七日晡时，兵官刘怡凤率军队持械入室，语不逊，公严词呵之，遂迫公至旁小屋拘系之。公终不屈，遂被戕。弟端锦同及于难。鄂军函公首送武昌，而州绅廖承瓖敛公与公弟忠骸，渴葬州城外狮子洞。明年，鄂军感公忠义，迎公之丧至汉口，归元而改敛焉。先是，蜀督以公死事状闻，上震悼，加恩予谥，赠太子太保，赏给二等轻车都尉世职，照总督阵亡例从优赐恤。子外务部参事继先，以四品京堂候补；陶磐以主事用。寻予谥忠敏。

旧史氏曰：公性豪迈，不拘小节，笃嗜金石书画，海内孤本精拓、宋元明以来名迹，闻风渌萃，悉归储藏。丰碑断碣，辇致京邸，庋廊庑几满。尤好客，建节江鄂，开阁延宾，文酒之会无虚日，遭时承平，亦阮太傅、毕尚书之流风也。晚丁杌陧，兵威不扬，肘腋之间皆为寇仇，忼忾捐躯，有弟同殉，赫赫双忠，遂与颜平原兄弟千古争烈矣。

附录四 《端忠敏公奏稿》目录^①

---

① 《端忠敏公奏稿》，沈云龙主编：《近代中国史料丛刊》第 94 册，台北：文海出版社，1967 年，第 1—23 页。

请奖书院院长折

请补抚民同知折

拣员调补省会知府折

筹办屯田税契量为变通折

酌保办厘出力人员折

请加乡试中额折

谢赏缎皮福字折

请旌表节孝折

请改拨克萨银两片

敬举贤员折

酌保办厘人员片

火车货捐饬部立案折

卷三

兼署督篆谢恩折

奏留知县差遣折

出省查勘铁路情形片

裁革陋规酌给公费片

武职大员请恤折

烟酒糖捐提留经费片

奏调知府办理学堂片

划拨淮饷片

请改拨边防经费折

选派学生游学折

拨给毅军枪炮药弹片

奖励洋务人员折

鄂岸盐厘请饬部改拨片

续加二成土税请免征折

部拨盐厘请分别改拨折

淮军协饷请减解折

谢赏御笔画扇等件折

道员请送部引见片

保荐使才片

扩充铸造铜元片

选派学生赴德片

绿营兵丁分别裁汰片

筹办荆州驻防学堂折

屯粮拨充学堂经费片

胞弟考取特科谢恩折

民堤溃漫抢筑情形折

调拨武建营赴广西折

进呈书籍折

拣员请补道员折

奏派德国游学生监督片

民堤溃漫筹办情形片

保荐将才片

已故提督战功卓著折

选生赴比学习实业折

请补道员折

仍请改拨边防经费折

选派八营备调并江防情形折

统办膏捐充枪弹厂经费折

枪炮局厂情形片

学堂筹建完备折

筹办矿务情形折

请奖烟酒糖捐局员片

请奖学堂监督片

续选学生学习实业折

接受督篆日期折

胪陈前署督政绩折

查明苏省参案折

关道库款存息折

选派学生出洋折

江西铁路经费折

学生学习水师片

学官宣付史馆立传折

驻防缓扣马干银两片

开复被参教职折

省城设立初等小学片

咨送师范生及教员片

议裁官缺办法折

代陈徐州设行省折

遵查嘉湖漕务积弊折

遵查秀水县参案折

办学滋事办理情形折

南菁书院改学堂片

保荐道员片

现办挤荒新赋增收片

现办学堂情形折

裁并各营筹办情形折

惩办枭匪保奖员弁折

开办初等小学片

京口驻防兴学练兵片

胪举道员勤绩片

卷五

湖南巡抚到任折

卷六

调员随同考察片

紫禁城内骑马谢恩折

开用关防片

请立停科举折

设法收回关税邮政折

条陈学务片

放洋日期折

奏调知府饬令回省片

行抵美京情形折

在美考查情形折

调员赴俄片

美国派精琦接待片

接见各华商片

到德考查情形折

游历丹马瑞典那威情形折

到奥情形折

到俄情形折

到义情形折

游历荷兰情形片

比主赠送宝星片

谢赏眉寿字等件折

请定国是以安大计折

请改定官制以为立宪预备折

请设编制局以资筹议折

考查学务择要上陈折

军政重要请取法各国以图进步折

谢赏学堂匾额折

请赏洋员宝星折

酌保随员折

整理财政归并各局折

冬赈就绪接办春赈折

关税议结并减收情形折

查勘河道并筹办工赈折

严禁冒赈片

办赈玩误随时查参片

被灾州县借给公费片

淮南盐务筹拟办法折

淮北销盐例限展缓片

曹匪窜徐痛剿聚歼折

旗地预备陆军建设中学折

筹拨驻防学堂及习艺局经费折

浚浦经费分派认解折

胞弟补授郎中谢恩折

华侨助赈请奖片

遴充留学生监督折

率属摊捐助赈折

卷八

江西萍匪肃清折

拨银改建驻防校舍营房折

赶借南盐济销片

织呢厂请立案片

推广上海华界巡警折

密陈上海整顿警务片

侨商助赈请奖折

瓷器公司立案片

筹设暨南学堂片

请给和比领事宝星片

卷九

撤销革员处分片

选派学生留学折

迁民实边无庸置议片

变通武职补缺折

请建已故抚臣专祠折

请饬照解协拨银两折

捐输展限折

查明局董参案折

办赈报销折

捕治枭匪通力合作片

筹办地方自治局折

预备议会片

实行禁烟折

请给船主宝星片

制造局添购机器折

改拨铜本片

改奖领事宝星片

学堂毕业请奖折

请赏办学人员卿衔片

调员差委片

膏捐无碍禁烟折

开挑运河片

改设矿政局片

官办煤矿片

捐输展限折

制造浅水巡轮片

学务经费动用库款折

奏请归宗片

故绅请入文苑传折

故员请恤并宣付史馆折

官筑铁路物料免税片

卷十一

筹办罪犯习艺所折

创设南洋方言学堂折

练饷支绌折

改编巡防营队折

查办江西教案折

道员办理教案出力片

参劾总兵不职折

派员查办余孽片

剿办枭匪情形折

请赏假半个月片

创办法政学堂折

驻防兴学练兵照案拨款折

淞崇安设无线电片

上海贫儿院立案片

保举道员片

开办商业学堂片

运河工程片

酌保堤工员弁片

采办米粮报销折

荐举人才折

及时用人片

胞弟以道员用谢恩折

劝捐员绅请奖折

剿办枭匪得手地方安靖折

提臣宣付史馆折

捐输分别停止展限折

自来水由官经理片

从优议叙谢恩折

请征银解银另收公费折

查明知县参款折

省城巡警情形折

暨南学堂添收学生折

遵办禁烟情形折

请减行豫淮盐加价折

开办清理财政局片

密陈华侨事宜片

筹办南洋印刷官厂折

请颁发图书集成片

藩司呈请开缺代奏折

戊申纲展缓奏限片

试办建昌官运片

以工代赈援案报销折

筹备南洋劝业会折

赴赛物品免完税厘片

赛会有裨实业片

解送京师图书馆书籍片

请给华侨学生官费片

请建殉难知县专祠折

捕治蝗蝻不致损稼片

已故大员吁恳恩施折

陆军第一案报销折

卷十五

酌加湘鄂引票片

赏给宝星谢恩折

请选硕德通才以备顾问折

请蠲旂租并给籽种银两折

报拨俸饷米折银两折

报拨西陵兵丁钱粮折

遵查知县参款折

胪陈筹备事宜折

抢办险工添拨经费折

永定河大汛安澜折

酌保陆军小学堂员弁折

查明喇嘛参款折

划拨牧地折

遵查知县参款折

陵差报销折

核减局所薪费折

请赏游学生监督京堂折

武员尤愤捐生请恤折

请给洋员宝星片

陵差沿途预备情形折

查办乡民聚众情形片

请速设禁中顾问折

军镇筹拟办法折

参考文献

一、史料

（一）档案、文献资料

［1］北京市档案馆编：《那桐日记》，北京：新华出版社，2006年。

［2］蔡冠洛：《清代七百名人传》，北京：世界书局，1937年。

［3］曹鸿勋、王懿荣、吴大澂、端方撰：《四家书札》，北京：全国图书馆文献缩微复制中心，1985年。

［4］陈夔龙：《梦蕉亭杂记》，北京：中华书局，2007年。

［5］陈旭麓、顾廷龙、汪熙主编：《盛宣怀档案资料选辑》之一《辛亥革命前后》，上海：上海人民出版社，1979年。

［6］陈学恂主编：《中国近代教育文选》，北京：人民教育出版社，1993年。

［7］璩鑫圭、唐良炎编：《中国近代教育史资料汇编·学制演变》，上海：上海教育出版社，1991年。

［8］璩鑫圭、童富勇、张守智编：《中国近代教育史资料汇编·实业教育师范教育》，上海：上海教育出版社，1994年。

［9］褚德彝：《金石学录续补》上卷，上海：聚珍仿宋印书局，1919年。

［10］戴鸿慈：《出使九国日记》，长沙：湖南人民出版社，1982年。

［11］丁文江、赵丰田编：《梁启超年谱长编》，上海：上海人民出版社，1983年。

［12］端方：《端方档案》，中国第一历史档案馆藏。

［13］端方：《端方档案草目》，国家图书馆藏。

［14］端方：《端方书札》，北京：全国图书馆文献缩微复制中心，2001年。

［15］端方：《端方信札》，国家图书馆藏。

［16］端方：《端陶斋诗合钞本》，国家图书馆藏。

［17］端方：《端忠敏公奏稿》，沈云龙主编：《近代中国史料丛刊》第94册，台北：文海出版社，1967年。

［18］端方：《行在钞报》，清光绪二十六—二十七年铅印本。

［19］端方：《劝汉人妇女勿再缠足说》，清光绪二十八年武昌府本。

［20］端方：《劝善歌》，清光绪二十四年刻本。

［21］端方：《时文选》，清光绪年间抄本。

［22］端方：《匋斋藏印》，民国间刻本。

［23］端方：《陶斋藏石目》，清光绪二十九年铅印本。

［24］端方：《陶斋吉金录》，上海：有正书局，1912年。

［25］端方：《陶斋吉金续录》，上海：有正书局，1912年。

［26］端方：《陶斋所藏石刻》，民国间抄本。

［27］端方：《陶斋臧石记》，上海：商务印书馆，1909年。

［28］端方藏：《曹景完碑》，上海：商务印书馆，1926年。

［29］端方藏：《海内第一初拓曹全碑》，上海：商务印书馆，1920年。

［30］端方藏：《宋拓孔宙碑》，上海：有正书局，1918年。

［31］端方藏：《匋斋旧藏古酒器考》，民国年间铅印本。

［32］端方等：《考察各国政治条陈折稿》，国家图书馆藏。

［33］端方、戴鸿慈：《列国政要》，上海：商务印书馆，1907年。

［34］端方、戴鸿慈：《欧美政治要义》，桂林：广西师范大学出版社，2016年。

［35］端方撰，王大隆纂：《陶斋古玉图》，上海来青阁，1936年。

［36］端方、张之洞：《筹办湖北各学堂折》，清光绪二十八年铅印本。

［37］端方、张之洞：《筹办湖北练兵酌议饷章》，清光绪二十八年铅印本。

［38］费行简：《近代名人小传》，沈云龙主编：《近代中国史料丛刊》第78册，台北：文海出版社，1967年。

［39］故宫博物院明清档案部编：《清末筹备立宪档案史料》，北京：中华书局，1979年。

［40］顾廷龙、叶亚廉主编：《李鸿章全集》，上海：上海人民出版社，1987年。

［41］郭廷以编著：《近代中国史事日志》，北京：中华书局，1987年。

［42］国家档案局明清档案馆编:《戊戌变法档案史料》,北京:中华书局,
　　　1958 年。

［43］韩葆忠:《考察南洋劝业会纪略》,清宣统二年铅印本。

［44］金毓黻:《宣统政纪》,沈云龙主编:《近代中国史料丛刊三编》第 179—
　　　180 册,台北:文海出版社,1985 年。

［45］康继祖辑:《预备立宪意见书》,光绪三十二年铅印本。

［46］梁启超:《戊戌政变记》,沈云龙主编:《近代中国史料丛刊》第 915 册,
　　　台北:文海出版社,1973 年。

［47］刘禺生撰,钱实甫点校:《世载堂杂忆》,北京:中华书局,1960 年。

［48］刘垣:《张謇传记》,沈云龙主编:《近代中国史料丛刊续编》第 128 册,
　　　台北:文海出版社,1974 年。

［49］茅海建主编:《清代兵事典籍档册汇览》第 84 册,北京:学苑出版社,
　　　2005 年。

［50］宓汝成编:《中国近代铁路史资料（1863—1911）》第二册,北京:中华
　　　书局,1963 年。

［51］闵尔昌录:《碑传集补》,沈云龙主编:《近代中国史料丛刊》第 991—
　　　1000 册,台北:文海出版社,1973 年。

［52］秦国经主编:《清代官员履历档案全编》,上海:华东师范大学出版社,
　　　1997 年。

［53］荣孟源、章伯锋主编:《近代稗海》,成都:四川人民出版社,1985 年。

［54］尚明轩:《宋庆龄年谱长编》,北京:社会科学文献出版社,2009 年。

［55］邵镜人:《同光风云录》,沈云龙主编:《近代中国史料丛刊续编》第 950
　　　册,台北:文海出版社,1974 年。

［56］沈桐生:《光绪政要》,沈云龙主编:《近代中国史料丛刊》第 345 册,台
　　　北:文海出版社,1969 年。

［57］舒新城编:《中国近代教育史资料》,北京:人民教育出版社,1981 年。

［58］孙宝瑄:《忘山庐日记》,上海:上海古籍出版社,1983 年。

［59］张枬、王忍之编:《辛亥革命前十年间时论选集》,北京:生活·读
　　　书·新知三联书店,1960 年。

［60］王栻主编：《严复集》，北京：中华书局，1986 年。

［61］谢兴尧整理、点校、注释：《荣庆日记》，西安：西北大学出版社，1986 年。

［62］苑书义等主编：《张之洞全集》，石家庄：河北人民出版社，1998 年。

［63］载泽纂：《预备立宪京内官制全案》，光绪年间铅印本。

［64］张謇研究中心编：《张謇全集》，南京：江苏古籍出版社，1994 年。

［65］张侠、杨志本编：《清末海军史料》，北京：海洋出版社，1982 年。

［66］章开沅、刘望龄、叶万忠主编：《苏州商会档案丛编》第一辑，武汉：华
　　中师范大学出版社，1991 年。

［67］赵尔巽：《清史稿》，北京：中华书局，1976—1977 年。

［68］赵绍祖辑：《金石文钞》，台北：新文丰出版公司，1979 年。

［69］中国第一历史档案馆编：《光绪宣统两朝上谕档》，桂林：广西师范大学
　　出版社，1996 年。

［70］中国第一历史档案馆编：《清代档案史料丛编》第十四辑，北京：中华书
　　局，1990 年。

［71］中国第一历史档案馆编：《义和团档案史料续编》，北京：中华书局，
　　1990 年。

［72］中国史学会主编：《中国近代史资料丛刊·辛亥革命》，上海：上海书店
　　出版社，1981 年。

［73］中国史学会主编：《中国近代史资料丛刊·义和团》，上海：上海书店出
　　版社，2000 年。

［74］中国史学会主编：《中国近代史资料丛刊·鸦片战争》，上海：上海书店
　　出版社，2000 年。

［75］中国史学会主编：《中国近代史资料丛刊·戊戌变法》，上海：上海书店
　　出版社，2000 年。

［76］中南地区辛亥革命史研究会编：《辛亥革命史丛刊》第九辑，北京：中华
　　书局，1997 年。

［77］朱寿朋编，张静庐等校点：《光绪朝东华录》，北京：中华书局，1958 年。

［78］朱有瓛：《中国近代学制史料》第二辑，上海：华东师范大学出版社，
　　1989 年。

［79］［日］佐久间桢、阎崇璩等编:《匋斋存牍》,台北:"中央研究院"近代
　　　史研究所,1996 年。

（二）报纸杂志

［1］《北华捷报》

［2］《大公报》

［3］《东方杂志》

［4］《民报》

［5］《南洋官报》

［6］《商务官报》

［7］《申报》

［8］《时报》

［9］《顺天时报》

［10］《政治官报》

二、专著

［1］白文刚:《应变与困境:清末新政时期的意识形态控制》,北京:中国传媒
　　　大学出版社,2008 年。

［2］包遵彭等编纂:《中国近代史论丛》第二辑,台北:正中书局,1985 年。

［3］陈旭麓:《近代中国社会的新陈代谢》,上海:上海人民出版社,1992 年。

［4］崔运武:《中国早期现代化中的地方督抚——刘坤一个案研究》,北京:中
　　　国社会科学出版社,1998 年。

［5］丁伟志、陈崧:《中西体用之间》,北京:中国社会科学出版社,1995 年。

［6］董宝良、熊贤君主编:《从湖北看中国教育近代化》,广州:广东教育出版
　　　社,1996 年。

［7］费正清编:《剑桥中国晚清史（1800—1911）》,北京:中国社会科学出版
　　　社,1985 年。

［8］［美］福尔索姆著，刘悦斌、刘兰芝译：《朋友·客人·同事：晚清的幕府制度》，北京：中国社会科学出版社，2002年。

［9］傅宗懋：《清代总督巡抚制度之研究》，台北：政治大学，1963年。

［10］韦庆远、高放等：《清末宪政史》，北京：中国人民大学出版社，2003年。

［11］高旺：《晚清中国的政治转型——以清末宪政改革为中心》，北京：中国社会科学出版社，2003年。

［12］龚书铎主编：《中国近代文化概论》，北京：中华书局，1997年。

［13］辜鸿铭：《张文襄幕府纪闻》，太原：山西古籍出版社，1995年。

［14］郭延礼：《秋瑾选集》，北京：人民文学出版社，2004年。

［15］洪业：《洪业论学集》，北京：中华书局，2005年。

［16］侯宜杰：《二十世纪初中国政治改革风潮》，北京：人民出版社，1993年。

［17］［英］吉伯特·威尔士、亨利·诺曼著，邓海平、刘一君译：《龙旗下的臣民：近代中国社会与礼俗》，北京：光明日报出版社，2000年。

［18］贾小叶：《晚清大变局中督抚的历史角色——以中东部若干督抚为中心的研究》，上海：上海书店出版社，2008年。

［19］孔祥吉：《晚清史探微》，成都：巴蜀书社，2001年。

［20］黎仁凯：《张之洞幕府》，北京：中国广播电视出版社，2005年。

［21］李鼎芳编：《曾国藩及其幕府人物》，长沙：岳麓书社，1985年。

［22］李希泌、张椒华编：《中国古代藏书与近代图书馆史料》，北京：中华书局，1982年。

［23］李喜所：《近代留学生与中外文化》，天津：天津人民出版社，1992年。

［24］李细珠：《张之洞与清末新政研究》，上海：上海书店出版社，2009年。

［25］李又宁等主编：《近代中国女权运动史料》，台北：传记文学出版社，1975年。

［26］李志茗：《晚清四大幕府》，上海：上海人民出版社，2002年。

［27］［美］理查德·布朗著，马兴译：《现代化：美国生活的变迁，1600—1865》，北京：世界知识出版社，2008年。

［28］梁勤主编：《曾国藩及其幕府》，呼和浩特：远方出版社，2002年。

［29］林增平、李文海主编：《清代人物传稿》下编第三卷，沈阳：辽宁人民出

版社，1987年。

[30] 刘伟:《晚清督抚政治——中央与地方关系研究》，武昌：湖北教育出版社，2003年。

[31] 刘正伟:《督抚与士绅：江苏教育近代化研究》，石家庄：河北教育出版社，2001年。

[32] 陆保璇辑:《满清稗史》，沈云龙主编:《近代中国史料丛刊》第523—526册，台北：文海出版社，1996年。

[33] 罗玉东:《中国厘金史》，北京：商务印书馆，1936年。

[34] 牛秋实等:《李鸿章幕府》，北京：中国广播电视出版社，2005年。

[35] [法] 佩尔菲特著，王国卿等译:《停滞的帝国：两个世界的撞击》，北京：生活·读书·新知三联书店，2007年。

[36] 钱钢、胡劲草:《留美幼童：中国最早的官派留学生》，上海：文汇出版社，2004年。

[37] 桑兵:《庚子勤王与晚清政局》，北京：北京大学出版社，2004年。

[38] 桑咸之:《晚清政治与文化》，北京：中国社会科学出版社，1996年。

[39] 尚小明编著:《清代士人游幕表》，北京：中华书局，2005年。

[40] 尚小明:《留日学生与清末新政》，南昌：江西教育出版社，2002年。

[41] 尚小明:《学人游幕与清代学术》，北京：社会科学文献出版社，2000年。

[42] 沈渭滨:《困厄中的近代化》，上海：上海远东出版社，2001年。

[43] 苏云峰:《中国现代化的区域研究：湖北省（1860—1916）》，台北："中央研究院"近代史研究所，1981年。

[44] 孙燕京:《晚清社会风尚研究》，北京：中国人民大学出版社，2002年。

[45] 田正平:《留学生与中国教育近代化》，广州：广东教育出版社，1996年。

[46] [法] 托克维尔著，冯棠译:《旧制度与大革命》，北京：商务印书馆，1997年。

[47] 王人博:《宪政文化与近代中国》，北京：法律出版社，1997年。

[48] 王树槐:《中国现代化的区域研究：江苏省（1860—1916）》，台北："中央研究院"近代史研究所，1984年。

[49] 吴民贵:《晚清人物与金石书画》，上海：上海社会科学院出版社，2006年。

[50] 杨天石:《从帝制走向共和：辛亥前后史事发微》，北京：社会科学文献

出版社，2002 年。

［51］［日］荫山雅博：《清末教育的近代化进程与日本教习》,《国外中国近代史研究》第 10 辑，北京：中国社会科学出版社，1988 年。

［52］袁伟时：《帝国落日：晚清大变局》，南昌：江西人民出版社，2003 年。

［53］袁伟时：《晚清大变局中的思潮与人物》，深圳：海天出版社，1992 年。

［54］苑书义：《李鸿章传》，北京：人民出版社，1991 年。

［55］苑书义、秦进才主编：《张之洞与中国近代化》，北京：中华书局，1999 年。

［56］张德泽：《清代国家机关考略》，北京：学苑出版社，2001 年。

［57］张海林：《端方与清末新政》，南京：南京大学出版社，2007 年。

［58］张建斌：《端方档案阅读与研究》，北京：现代教育出版社，2018 年。

［59］张朋园：《立宪派与辛亥革命》，长春：吉林出版集团有限责任公司，2007 年。

［60］张朋园：《中国现代化的区域研究：湖南省（1860—1916）》，台北："中央研究院"近代史研究所，1983 年。

［61］张学继：《袁世凯幕府》，北京：中国广播电视出版社，2005 年。

［62］张玉法：《清季的立宪团体》，台北："中央研究院"近代史研究所，1971 年。

［63］张昭军：《传统的张力——儒家思想与近代文化变革》，长春：吉林人民出版社，2004 年。

［64］中华书局编辑部编：《纪念辛亥革命七十周年学术讨论会论文集》下册，北京：中华书局，1983 年。

［65］中华书局编辑部编：《辛亥革命与近代中国：纪念辛亥革命八十周年国际学术讨论会文集》，北京：中华书局，1994 年。

［66］钟叔和：《走向世界——近代中国知识分子考察西方的历史》，北京：中华书局，1985 年。

［67］林增平、周秋光编：《熊希龄集》，长沙：湖南人民出版社，1996 年。

［68］周一川：《近代中国女性日本留学史（1872—1945 年）》，北京：社会科学文献出版社，2007 年。

［69］朱东安：《曾国藩幕府研究》，成都：四川人民出版社，1994 年。

［70］朱志勇、李永鑫主编：《绍兴师爷与中国幕府文化》，北京：人民出版社，2007 年。

三、论文

（一）学术论文

[1] 陈秀：《端方与〈陶斋评权图〉》，《收藏家》2000 年第 5 期。

[2] 承宁、沈林：《晚清端方与我国近代文化教育》，《纵横》2009 年第 2 期。

[3] 程新国：《端方"西天取经"办教育》，《世纪》2006 年第 1 期。

[4] 迟云飞：《清季主张立宪的官员对宪政的体认》，《清史研究》2000 年第 1 期。

[5] 崔志海：《端方与美商一桩未予诉讼的经济官司》，《历史研究》2007 年第 3 期。

[6] 崔志海：《国外清末新政研究专著述评》，《近代史研究》2003 年第 4 期。

[7] 崔志海：《论清末铁路政策的演变》，《近代史研究》1993 年第 3 期。

[8] 范铁权、潘崇：《端方研究的回顾与思考》，《历史教学》2006 年第 7 期。

[9] 付金柱：《端方与江南图书馆》，《四川图书馆学报》2004 年第 1 期。

[10] 何永忠：《百年沧桑话端方》，《文史天地》2005 年第 9 期。

[11] 何瑜：《晚清中央集权体制变化原因再析》，《清史研究》1992 年第 1 期。

[12] 黄波：《一颗头颅与一场革命——清末乱局中的端方之死》，《书屋》2009 年第 9 期。

[13] 季鹏、戴迎华：《回归历史的真实——读张海林教授新著〈端方与清末新政〉》，《广西师范大学学报》（哲学社会科学版）2007 年第 4 期。

[14] 江庆柏：《端方与江南图书馆的建设》，《南京中医药大学学报》2000 年第 3 期。

[15] 李文海、赵晓华：《晚清官僚士人群体的人际交往》，《中国人民大学学报》2003 年第 6 期。

[16] 李长莉：《开放的时代与保守的个人：一个清末士大夫思想与生活的两重世界》，《学术研究》2007 年第 11 期。

[17] 刘高葆：《端方与清季预备立宪》，《学术研究》1996 年第 6 期。

[18] 刘高葆、李小蓉：《端方与我国近代文化教育事业》，《文史杂志》1996 年

第 4 期。

［19］马东玉：《五大臣出洋考察与清末立宪活动》，《辽宁师范大学学报》（社会科学版）1987 年第 1 期。

［20］马建强：《南洋劝业会：南京一个世纪前的世博会》，《新华日报》2010 年4 月 22 日。

［21］马敏：《中国近代博览会事业与科技、文化传播》，《历史研究》2004 年第 2 期。

［22］马敏：《中国与世界博览会》，《光明日报》1999 年 6 月 18 日。

［23］潘崇：《端方与清末女子留学教育》，《文史知识》2010 年第 1 期。

［24］潘崇：《日常生活视域下政治人物的人际关系——端方收藏及其与文化界的交往》，《满族研究》2018 年第 2 期。

［25］皮明勇：《晚清“练军”研究》，《近代史研究》1988 年第 1 期。

［26］乔兆红：《华侨与南洋劝业会》，《文史哲》2003 年第 2 期。

［27］孙燕京：《从〈那桐日记〉看清末权贵心态》，《史学月刊》2009 年第 2 期。

［28］王翔：《中国近代化的一个里程碑——1910 年南洋劝业会述论》，《江海学刊》1989 年第 3 期。

［29］王长喜：《百年前的南京“博览会”——南洋劝业会》，《中国档案报》2010 年 4 月 12 日。

［30］王建华、翟海涛：《端方与清末教育现代化》，《苏州大学学报》2002 年第 3 期。

［31］伍立杨：《端方：革新与守旧》，《时代教育》2010 年第 1 期。

［32］夏泉：《端方与暨南学堂》，《暨南学报》1995 年第 2 期。

［33］夏泉：《试论端方的教育思想》，《暨南学报》1998 年第 1 期。

［34］谢俊美：《清末新政失败论议》，《历史教学》1995 年第 11 期。

［35］须景昌：《张謇与淮河水利》，《南通大学学报》（社会科学版）2007 年第5 期。

［36］杨天石、王学庄：《章太炎与端方关系考析》，《南开大学学报》1978 年第 6 期。

［37］［日］野泽丰：《辛亥革命与产业问题——1910 年的南洋劝业会与日美实业团访华》，中华书局编辑部：《纪念辛亥革命七十周年学术讨论会论文

集》下册，北京：中华书局，1983 年。

[38] 尹北直、王思明：《张謇"导淮"：中国近代水利史上的一个转折点》，《古今农业》2010 年第 1 期。

[39] 曾业英：《章太炎与端方关系补证》，《近代史研究》1979 年第 1 期。

[40] 翟海涛、王建华：《端方与清末的满汉政策》，《江南社会学院学报》2003 年第 1 期。

[41] 翟海涛、何英：《端方与清末满汉政策的演变》，《黑龙江民族丛刊》2003 年第 5 期。

[42] 张海林：《端方与近代中国社会诸群体关系考论》，《江海学刊》2007 年第 2 期。

[43] 张海林：《端方与早期湖南现代化》，《南京大学学报》（哲学·人文科学·社会科学版）2007 年第 4 期。

[44] 张海林：《论端方在两江的经济举措》，《江苏社会科学》2009 年第 4 期。

[45] 张海林：《论端方的渐进主义思想及其在江苏的实践》，《南京大学学报》（哲学·人文科学·社会科学版）1997 年第 2 期。

[46] 张建斌：《端方收藏与晚清士风》，《档案春秋》2016 年第 8 期。

[47] 张建斌：《端方与东沙岛交涉——兼补〈西沙岛东沙岛成案汇编〉之不足》，《中国边疆史地研究》2017 年第 2 期。

[48] 张建斌：《端方与"丁未政潮"》，《近代史研究》2021 年第 3 期。

[49] 张英：《清末四大学士致端方手札》，《收藏家》2009 年第 9 期。

[50] 赵秉忠：《清末五大臣出洋》，《历史教学》1983 年第 6 期。

[51] 赵荣：《张之洞与晚清名人》，《贵州文史丛刊》1991 年第 1 期。

[52] 赵瑞云、赵晓荣：《三秦度政实物收藏第一人——记端方酷爱金石文化二三事》，《文博》2007 年第 2 期。

[53] 赵炎才：《晚清选官制度的基本特征》，《云南社会科学》2004 年第 1 期。

[54] 郑大发：《论清末统治集团内部的立宪派》，《江汉论坛》1987 年第 9 期。

[55] 郑天挺：《清代的幕府》，《中国社会科学》1980 年第 6 期。

[56] 中国第二历史档案馆：《北洋政府收购端方所藏文物有关文件》，《民国档案》1995 年第 2 期。

［57］周积明：《"清末新政"通论》，《求索》1996年第6期。

［58］朱金元：《试论清末五大臣出洋》，《学术月刊》1987年第5期。

［59］朱英：《端方与南洋劝业会》，《史学月刊》1988年第1期。

（二）学位论文

［1］焦丽娜：《论清末立宪中官制改革的两种主张——以端方、张之洞为例》，吉林大学硕士论文，2009年。

［2］林艳：《博弈与离合——苏杭甬铁路风潮中的官、绅关系研究》，华东师范大学硕士论文，2008年。

［3］潘崇：《清末五大臣出洋考察研究》，南开大学博士论文，2010年。

［4］王玥：《清代幕府制度研究》，辽宁大学硕士论文，2002年。

［5］王长芬：《"声噪一时"与"改而不良"：清末监狱改良再考察》，华东师范大学硕士论文，2006年。

［6］谢辉：《陈琪与近代中国博览会事业》，浙江大学博士论文，2005年。

［7］翟海涛：《早期现代化中的地方督抚——以端方为例的研究》，苏州大学硕士论文，2003年。

［8］谢成：《南洋劝业会研究》，北京工商大学硕士论文，2008年。

四、外文文献

（一）英文文献

［1］*New York Times*, *1902—1911.*

［2］Daniel H. Bays. *China Enters the Twentieth Century*：*Chang Chih-tung and the issue of a New Age*, *1895-1909.* Ann Arbor：The University of Michigan Press，1978.

［3］Frederic Wakeman, Jr. and Carolyn Grant. *Conflict and Control in Late Imperial China.* Berkeley, Los Angeles, London：University of California Press,

1975.

[4] Ralph L. Powell. *The Rise of Chinese military Power 1895-1912*. Princeton, New Jersey: Princeton University Press, 1955.

[5] Bruce A. Elleman. *Modern Chinese warfare, 1795-1989*. London and Newyork: Routledge, 2001.

[6] Chinese Envoys Here In All Their Splendor, Feb.2 1906, *The New York Times*.

[7] Chinese Visitors See Our Museum, Feb.5 1906, *The New York Times*.

[8] Colin Mackerras. *China in Transformation 1900-1949*. Longman: London and New York, 1998.

[9] David Pong. *Shen Pao-chen and China's Modernization in the Nineteenth Century*. NewYork: Cambridge University Press, 1994.

[10] Douglas R. Reynolds. *China, 1898-1912: The Xinzheng Revolution and Japan*. Cambridge and London: Council on East Asian Studies, Harvard University, 1993.

[11] E.W.Edwards. *British Diplomacy and Finance in China, 1895–1914*. Oxford: Clarendon Press, 1987.

[12] Edward J.M. Rhoads. *Manchu and Han: Ethic Relations and Political Power in Late Qing and Early Republican China, 1861-1928*. Seattle and London: University of Washington Press, 2000.

[13] Immanuel C.Y.Hsu. *The Rise of Modern China*. New York: Oxford University Press, 1975.

[14] Jerome Ch'en. *Yuan Shih-K'ai, 1856-1916*. Stanford University Press, 1961.

[15] John H.Fincher. *Chinese Democracy: The Self-Government Movement in Local, Provincial and National Politics, 1905–1914*. Canberra: Australian National University Press, 1981.

[16] Joseph W.Esherick. *Reform and Revolution in China: The 1911 Revolution in Hunan and Hubei*. Berkeley and Los Angeles: University of California Press, 1976.

[17] Kojiro Tomito. 1945. *The Tuan Fang Altarpiece and the Accessories Dated A. D. 593*, *The Burlington Magazine for Connoisseurs*, Vol.87, No.508 (Jul.): 160–164.

[18] Li Chi. 1970. *The Tuan Fang Altar Set Reexamined*, *Metropolitan Museum Journal*, Vol.3: 51–72.

[19] Lydia H.Liu. *The Clash of Empires: The Invention of China in Modern World Making*. Harvard University Press, 2004.

[20] Mary Clabaugh Wright. *China in Revolution: The First Phase 1900-1913*. New Haven and London: Yale University Press, 1973.

[21] Michael H.Hunt. *Frontier Defense and The Open Door: Manchuria in Chinese-American Relations*, *1895–1911*. Yale University Press, 1973.

[22] Michael Gasster. *Chinese Intellectuals and the Revolution of 1911*. Seattle and London: University of Washington Press, 1969.

[23] Peter Zarrow. *China in War and Revolution*, *1895-1949*. NewYork: Routledge, 2005.

[24] Samuel C.Chu. *Reformer in Modern China*, *Chang Chien*, *1853–1926*.Columbia University Press, 1965.

[25] Sheng–hsiung Liao. *The Quest for Constitutionalism in Late Ch'ing*, *China: The Pioneering Phase*. The Florida State University Press, 1978.

后 记

在导师孙燕京教授的筹划推动之下，"满蒙权贵与20世纪初的政治生态研究书系"陆续出版。拙著能够选入书系，我深感荣幸。

本书是由我的博士论文修改而成的。作为孙老师的第一位博士生，搁笔之余，心犹惴惴，深恐辜负了导师的殷切希望。博士在读期间，孙老师一直对我严格要求，悉心指导，帮助我搜集史料、修改开题报告。论文写作期间，从用词句读到布局结构，孙老师不厌其烦地为我答疑解惑，逐字逐句地帮我修改完善。孙老师不仅是我学习上的导师，还是我生活上的导师。她开朗、乐观、豁达、方正的品格深深影响着我，使我学会感恩生活、品味幸福。她积极进取、锲而不舍的精神则激励我不断前行。这份师恩，永生难忘。

感谢求学路上遇到的诸位老师。在北京师范大学读博期间，中国近现代史研究中心的诸位老师为我提供了许多帮助与支持。老师们的渊博和睿智，使我受益良多，这份恩情我铭记于心。硕士导师张昭军引我进入史学之门，传授我研究方法，鼓励我不断前行。在我赴美访学期间，导师王冠华对我关心照顾，为我写作论文提供思路，令我倍受感动。美国康涅狄格大学历史系的诸位老师也为我搜集史料、撰写文章提供了诸多便利。

在此书写作过程中，学界同仁潘崇、张振斌慷慨赠予我相关书籍资料。我的学长、同门周福振、连振斌、周增光、何思源、莫亮、庞博诸君，也热情地为我提供了诸多帮助。在此向他们表示衷心的感谢。我的研究生王冰月、李征、宋英贤、张昌桃、杜长庆、井琳为本书查阅资料提供了诸多帮助，感谢他们的辛苦付出。本书的出版也算是史学精神传承的一种见证吧。

感谢我的家人。父母谦逊温厚的品格，一直影响着我为人处世的方式。弟妹们的鼓励和帮助给予我莫大的温暖和关爱。爱人陈首熹与我相识相知二十余载，在京十余年，我们孕育了可爱的儿子们，他们是我生活幸福感的来源，是我潜心研究最有力的支撑，为我奋力前行提供了不竭动力。未来的日子里，我们一家人会一直相互勉励，互帮互助，并肩向前。

感谢北京师范大学史学探索丛书和北京交通大学基本科研业务费人文社科专项基金项目（2019JBW001）的资助与支持。最后，对鼎力支持本书出版的北京师范大学历史学院的诸位领导、老师和华夏出版社的编辑老师杜晓宇、王敏诸君，以及提供诸多帮助的学界前辈与同仁，表示诚挚的感谢！

本书虽已出版，但囿于自身学识有限，疏漏错舛在所难免，敬请各位读者不吝赐教。

闫长丽

2022 年 9 月于北京陶然养心斋